知行路上

南京大学乡村振兴工作营
2019 I Rural Revitalization Building Workshop, SAUP, NJU

编 著 黄华青
编 华晓宁
周 凌

东南大学出版社·南京
SOUTHEAST UNIVERSITY PRESS·NANJING

目录

004	序言	周 凌
007	多彩朝阳，永绿桐木——星村镇乡村振兴工作营	孙磊等工作营成员
008	教师点评：武夷山星村镇工作营	华晓宁
010	1 朝阳村主题活动策划	
012	2 朝阳村标识系统设计	
014	3 朝阳村重点空间整治	
016	4 桐木村产业与旅游线路策划	
020	5 桐木村标识系统及宣传品设计	
022	6 桐木三港村民小组空间规划设计与单体设计	
030	7 茶产品策划与包装设计	
032	8 后记	
037	武夷茶歌——星村镇乡村振兴工作营	黎飞鸣等工作营成员
038	教师点评：武夷山星村镇工作营	冷 天
040	1 前期分析——上位规划分析	
042	2 宏观尺度——旅游路线规划及其标志系统设计	
044	3 中观尺度——沿街空间整治与沿河空间改造	
046	4 微观尺度——建筑设计与改造	
048	5 "点"——单体建筑改造·新建住宅	
050	6 "点"——公共节点塑造·老宅	
052	7 "点"——公共节点塑造·集市	
054	8 "点"——公共节点塑造·老村部	
055	9 "线"——村内导引系统＋茶山漫步系统	
056	10 "线"——导视系统设计＋环境美化设计	
058	11 "面"——文化标志＋文创产品	
063	茶乡筑梦——宁德乡村振兴工作营	王熙昀等工作营成员
064	教师点评：宁德竹管垅工作营	黄华青
066	1 乡村定位	
067	2 乡村旅游规划	
068	3 万亩茶海主题公园规划设计	
070	4 乡村公共空间总体设计	
072	5 建筑"微介入"与"微改造"——茶田守望	
076	6 建筑"微介入"与"微改造"——村民公共活动空间改造	
079	7 建筑"微介入"与"微改造"——卫生院改造	
081	8 品牌形象提升与文创设计	
083	9 后记	
087	煮茶话桥——谭家桥镇乡村振兴工作营	陈鹏远等工作营成员
088	教师点评：黄山谭家桥工作营	尹 航
090	1 西谭古村保护与开发规划设计	
098	2 西谭古村节点建筑设计与改造	
105	3 迄溪桥中心村老电影院改造设计	
112	4 适用于本地的乡村公厕设计	
113	5 品牌形象提升与文创设计	
114	6 汪氏宗祠测绘	
115	7 后记	
118	乡村振兴语境下的建筑设计下乡路径 ——第一届南京大学乡村振兴论坛及成果展侧记	黄华青 周 凌

序言

踏进乡间的河
——2019南京大学乡村振兴工作营知行实践

只要记忆的河在流淌，人就可以诗意地存在。
———申赋渔《半夏河》

我们为什么要下乡？

乡村是所有中国人的故乡。每个人都从一个叫"家乡"的地方来。那个家，少部分是城市，更多的是农村、集镇、县城。父辈、祖辈多来自于此。一个以农耕为底色的民族，不能离开土地，如费孝通所言，老农半身插在土地里，黏着在土地上。

乡村是美丽的。绿草上挂着露珠，小河里摆动着水草、星星、稻田、蟋蟀、布谷鸟……河边种满柳树，池塘里荷花盛开，槐树、柿子树装饰着村庄内外。乡村是有诗意的。弯曲的小河穿过村庄，三间瓦房、电线杆、操场、篮球架、稻草人……踏进这条河，就是踏进一段岁月，踏进一幅风景，也是踏进一个民族集体的乡愁。

乡村也是凋敝的。半边坍塌的房舍、泥泞的小路、杂芜的田野、村里只有孤独的老人和儿童，以及散养鸡犬的身影……留下来的村民，变成最需要获得社会呵护的群体。有的乡村在发展，有的乡村在衰退。不是所有的乡村都需要振兴，也不是所有乡村都能振兴；人是主体，人走了，乡村振兴没有意义。部分村民进城了，有良好的教育、医疗，是一件好事。需要照顾的，是留下来的弱势的群体。在很长一段时间内，乡村还会继续存在、继续凋零，对乡村的关注，会有存在的价值。

新时代教育，要回答"培养什么样的人"。习近平在2018年9月10日的全国教育大会上的讲话说道："要把立德树人融入思想道德教育、文化知识教育、社会实践教育各环节，贯穿基础教育、职业教育、高等教育各领域。"立德树人已经成为新时代教育的根本任务，也是首要任务。

同样，博雅教育也把大学教育定位在培养健全的人格、塑造健全的心智、培养社会需要的人的目标上。19世纪英国人约翰・亨利・纽曼（John Henry Newman）在《大学的理念》(The Idea of a University) 这本书中说道："如果要给大学的课程确定一个实际的目标，那么我认为，这个目标就是为社会培育良好的成员。"纽曼认为，大学教育的根本宗旨是"智的培育"(cultivation of intellect)、"心的培育"(cultivation of mind)，以及"智的训练"(discipline of intellect)、"心的训练"(discipline of mind)、"智的改进"(refinement of intellect)、"心的拓展"(enlargement of mind)等。

青年下乡、大学生下乡，是对现实社会的关注，也是一种心智训练、一种心智扩展，是将知识的客观对象重新建构成为自己的东西，学习不应只停留在静态知识层面，还应该把握知识之间的联系，学会用联系的、整体的眼光看问题。乡村就是一个小而综合的对象，微观而复杂的问题。对学生来说，进入乡村是学习和锻炼，是全面认知社会的一个机会。对乡村来说，村民能够获得下乡学生在发展规划、产业规划、环境治理等方面的技术支持，得到直接的帮助，同学们用专业知识为地方发展出谋划策。乡村最需要的是产业、人才、文化、环境振兴。文字下乡、科技下乡、创新下乡，是帮助地方的几把钥匙，也是大学生下乡可以有所作为的地方。

南京大学建筑与城市规划学院发起了2019年乡村振兴工作营活动，工作营利用寒暑假开展社会实践，招募了不同专业、不同院系、不同高校的学生，在全国各地展开乡村振兴工作。结合地方发展需求，工作营师生利用所学专业，以全产业、全流程、全覆盖方式参与乡村振兴，为基层乡村振兴相关工作提供了产业策划、乡村规划设计、环境改善、科技服务、文化教育等方面的技术支持，并协助乡村开展文化挖掘、教育帮扶、社区营造、农产品包装、旅游产品包装等方面咨询服务。

具体而言，工作营开展了四个板块的工作：第一，产业促进方面，开展产业策划、产品推广、平台建设工作。服务乡村产业提升，协助打造特色产品、精品农业，开拓建设产品推广的途径及平台，推动乡村经济可持续发展，实现乡村产业兴旺。第二，环境改善方面，开展乡村规划、环境提升、建筑更新工作。服务乡村规划建设，打破"千村一面"危机，传承传统乡村风貌；协助乡村开展环境整治升级，共建生态宜居环境，留住青山绿水，留得住乡愁。

第三，文化建设方面，开展文化挖掘、乡村教育、文创设计等工作。服务乡村文化传承，帮扶传统文化挖掘整理，开发包装特色文创产品，推广当地文化；支持基础教育工作，培养本地乡创人才。第四，社区建设方面，开展乡村社区营造、乡村治理、集体经济组织建设工作。服务乡村社区营造，加强乡村公共文化建设，提升德治法治水平，推动乡风文明建设。辅助乡村党建宣传工作，服务基层组织建设，完善乡村治理体系。

工作初期，乡村工作营初步制订了一个五年计划，五年内在全国范围内建立约20～30个乡村振兴基地，举办30～50个工作营。目前，已与江苏张家港双山岛、福建武夷山星村镇、四川南充嘉陵区、江苏镇江句容茅山、福建宁德寿宁县、安徽黄山谭家桥镇、江苏南京六合冶山街道、江苏扬州仪征青山镇、江苏淮安金湖塔集镇、山东枣庄店子镇、江苏常州薛家镇、广东潮州饶平县、辽宁辽阳文圣区等共13个地方政府挂牌建立乡村振兴工作站，并且展开工作。从选址上来说，覆盖范围从东至西，东到福建，西至四川；从南到北，北至辽宁，南至广东。文化上跨越东西南北，从东部沿海武夷山茶文化到西部内陆南充山地文化，从北方辽阳辽金文化到南方潮州移民文化。

2019年寒暑假组织的乡村振兴工作营，招募了来自南京大学、东南大学、武汉大学、重庆大学、中国农业大学、西北农林科技大学、中国美术学院等20所高校的本硕在校生组成的实践志愿团队，共计15期，学生130余人次，带队指导教师30人次，覆盖中国东、西部7省11市（区/县），完成了共17个镇村级别实践点的乡村振兴实践任务。通过开展乡村社会及历史调研、规划与建筑设计、文创农产品推广等一系列实践，扎根乡村一线，服务社会。

四川南充嘉陵围子村，地处中国西南浅丘带坝地貌区，是清代已经形成的山村聚落。现在，围子村刚实现脱贫摘帽，正在寻找新的发展契机。工作营提出了休旅式发展的设想与规划，为赶峰人设计客栈，为蜂蜜设计包装盒，把人居环境改善和助农增收致富有机结合起来。福建宁德竹管垅乡，曾是大山深处的贫困乡镇，现在是高山上的白茶银仓，工作营帮助当地政府梳理公共空间系统规划，对建筑进行微介入和微更新，并对当地产品进行品牌形象提升和文创推广。安徽黄山谭家桥镇是一个位于黄山风景区东大门的传统徽派小镇，面临着旅游建设开发与乡村传统文化保护之间的矛盾冲突。乡村工作营以独特的视角审视了传统老建筑在乡村现代化发展中的位置，以老建筑为载体，复兴当地文化民俗的同时也推动当地经济的发展。辽阳市罗大台镇，自然山水条件优越，辽阳是辽金文化重要发源地，曾经是金太祖祖庭，也是清太祖祖庭。目前其城镇与人口规模较小，主要产业以第一产业为主，第二、三产业较不发达。乡村工作营提出集中打造"辽金文化"，并且探索发展以生态农业为基础的乡村文化旅游产业，实现第一产业与第三产业交融的发展道路。潮州大城所是明代抗倭御所，戚继光建立的防卫型城市，这个时期发展起来的卫城模式、建城技术，后来在北方长城和城市建设中被广泛采用。广东潮州大城所是全国46座有迹可循的明代海防聚落中保留最为完整的一座遗址，建城历史有626年，融合了复杂的移民、语言、民俗，孕育了独特的海防文化、民间习俗与民情关系，是中华农耕文明与海洋文明碰撞的叙事载体。乡村工作营旨在探索结合历史学、人类学、建筑类型学、城市形态学、建筑物理学的设计研究方式，获取总结了大城所民居类型、认知地图、室内建筑环境研究的第一手资料，为历史保护规划编制做到有益补充。

如约翰·亨利所说："大学教育是一个通向伟大而平凡的目标的伟大而平凡之手段。它的目标是提高社会的心智水平，培养公众的心智，提高国民的品位。"南京大学乡村振兴工作营，正是这样一个通向伟大而平凡的目标的伟大而平凡的乡间小路，它通向远方，通向未来。

周 凌
2019/10/14

多彩朝阳，永绿桐木

星村镇乡村振兴工作营

乡村印象

朝阳灼灼，隐在云翳。
傍晚的暴雨过后，茶山上出现瑰丽景色，三层云，一层笼在山头，不动，一层是晚霞，一层是下过雨的云，从种茶人的笠帽边飞掠——这就是朝阳。朝阳村下辖7个自然村，是以茶叶种植产业为主，经济结构较为单一的行政村，村落现有约100个生产干毛茶的家庭作坊。

裂谷孕生灵，菁楼散古香。
桐木村，自古以来承载了太多的赞誉——全世界最早的红茶出自这里，正山小种作为开端，墙内开花墙外香，享誉海外；而后面世的红茶新贵"金骏眉"更是带动了国内整个红茶市场。位于山脉裂谷间的桐木村，是诸多生灵物种的资源样本库，鸟、蛇、昆虫等6000多种动物和谐地栖居于此。96%的植被覆盖率，千米的垂直高差，植被分布伴随海拔梯度呈现视觉奇观。

村庄信息

村庄地点：福建省武夷山市星村镇朝阳村
村庄方位：E 117°50′51″，N 27°38′07″
村庄地点：福建省武夷山市星村镇桐木村
村庄方位：E 117°41′15″，N 27°45′08″
主要产业：茶叶、毛竹

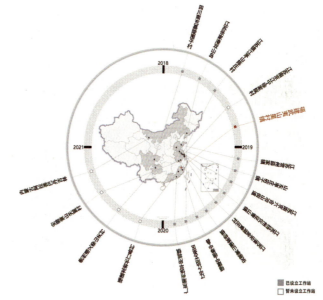

工作营所在位置

实践信息

朝阳组成员：杨瑞东 张思琪 戴嘉辉 董一凡 胡杜娟 吕洁淳 吕抒衡 许姚静
桐木组成员：孙 磊 王培露 李子璇 韩 旭 王 熙 李舟涵 刘是亨
指导教师：华晓宁 刘 铨 黄华青
实践时间：2019/1/16—1/21

教师点评
武夷山星村镇工作营

华晓宁

对于中国现代建筑的发展历史而言，武夷山无疑是一个极为重要的坐标点。近 40 年前，以杨廷宝、齐康、赖聚奎、陈宗钦等为代表的东南大学建筑研究所教师群体来到这里，配合武夷山风景区的开发建设，设计建造了大量优秀的建筑作品：武夷山庄、幔亭山房、九曲宾馆、天心路亭……在此过程中，杨廷宝教授凝练的"五宜五不宜"也成为中国当代风景建筑、乡土建筑、地域建筑创作的圭臬。东南大学建筑研究所在武夷山的实践，创造了著名的"武夷风格"，定义和影响了武夷风景区、度假区乃至整个武夷山周边广大区域的建筑风貌，这在中国现代建筑史上极为罕见。

作为建筑人，当我们接到武夷山星村镇乡村振兴的任务时，别样的兴奋和责任感油然而生。时光流转，物华荏苒。40 年后，武夷山庄已是中国 20 世纪建筑遗产。而在当下乡村振兴的浪潮前，武夷却也面临着新的困境与挑战，突出表现在产业发展的瓶颈：茶产业尽管历史悠久、知名度极高，但其受众依然较为局限，不适应当代青年群体的需求，也面临着海量同类产品的激烈竞争，产品的文化内涵、科技内涵、地方特色有待进一步提升；旅游业虽然十分成熟，但也相对比较老化，内容和体验亟待提升和创新。另一方面，2017 年武夷山被确定为国家首批国家公园试点区，国家公园严格的生态保育政策与作为人居环境的乡村产业发展产生了一定的冲突。如何在国家公园政策体系下，寻求乡村产业的发展路径，达成保护与发展的良性循环、人与环境的和谐，是本次乡村工作营面临的最大挑战。此外，在建筑学的层面，如何在经典的"武夷风格"基础上，进一步深入挖掘武夷山地域建造体系、传统和特色，探索"武夷风格"迭代创新的可能性，也是我们怀有的一点小小期待。

本次工作营两个小队对星村镇桐木村和朝阳村展开深入调研。桐木村拥有极佳的生态条件、深厚的红茶历史文化、传统烟熏制茶工艺和"菁楼"这一特有的地方产业建筑类型，但位于国家公园核心区则是其发展最大的限制因素。朝阳村拥有"祭茶喊山"这一特有的民俗活动，但空间缺乏整合。两个村庄各有不同的条件、特色和需求。工作营小分队经过深入思考，提出了极具针对性的差异性策略。桐木村的振兴策略立足于尽可能小的空间干预，在保持原有红茶产业优势的基础上发展低生态扰动的自然教育和科普观光。朝阳村则聚焦传统民俗活动对乡村产业的带动，以其时

武夷山星村镇

桐木村航拍

星村镇航拍

朝阳茶垅

航拍纪实

调研路上

卫生所测绘

茶村走访

空动线整合乡村物质空间，以空间整合激发乡村活力。工作营的成果丰富而充实，既有乡村产业策划，又有整体的空间规划，既有物质空间整合和节点建筑设计，又有农产品的文创设计。所有这些成果都深深扎根于武夷山当地深厚的文化土壤，并通过统一的理念有机整合。更为难能可贵的是，这些成果极富针对性和可行性，甚至在理念和策略层面上对整个武夷山地区乡村振兴和发展都具有普适的借鉴意义！

在整个工作营期间，来自不同院校的同学们表现出了饱满的热情、踏实的作风、谦虚的态度、扎实的专业技能和极强的创造力。我相信通过本次工作营的锤炼，他们未来必将在我国的乡村振兴这一伟大事业中做出更大的贡献！

短短七天，从相聚、相识到相互熟悉，我们与星村镇的山山水水，与这里的风土人情结下了不解的情谊。永驻心间的，不仅是唇齿边那茶的滋味，更多的是乡民淳良的笑，是来自建筑、规划、景观的各路小伙伴集结到一起的如火的力量。这力量，催人成长；这把火，烧得旺，烧得狂。星村镇的质朴与灵气仿佛一首写不尽的长诗，我们加入这诗中，成为它的一行，为了它的未来踌躇满志、挥斥方道。乡村振兴并非易事，也绝非口号，因此更需要我们的共同努力，让乡村呈现出最美的天空。未来，我们或许会再次相聚桐木，思考更多这次实践中未能涉及的东西，比如：废弃的菁楼如何再放异彩？当地传统的建筑风貌如何在各自然村中延续？如何帮助弱势茶农卖出茶叶？乡俗村韵该如何创新和传承？

星村，再见时，愿你更美。

1 朝阳村主题活动策划

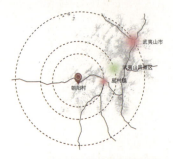

朝阳村区位图（戴嘉辉绘）

朝阳村地处武夷山风景区上游，村庄连接风景区要道，山清水秀，自然环境优良，区位优势明显。朝阳村由7个自然村构成，人口在1100人左右。年龄分布均衡，青年劳动力流失较少。

朝阳村产业以茶产业为主，也有少量的毛竹产业。茶山每户占有量少则20～30亩，多则70～80亩，平均每亩茶田产量为800～1000斤。整个村庄拥有茶厂（作坊）100余个，其中年产量2万斤的茶厂有10余个。

当下，朝阳村出现了发展困境。生态保育与产业发展之间出现矛盾，个体经营呈现出弱势状态，难以适应市场需求与产业多样化发展，缺乏独特的产品文化等。

实践小队根据朝阳村"祭茶喊山"的独特风情民俗，进行主题活动策划，梳理重要节点，优化旅游线路，延续"祭茶喊山"活动的时间参与度。此外，实践小队进行与"祭山喊茶"主题活动相配套的标识系统设计、神仙庵的修缮改造及再利用策划、朝阳小学和幸福院的空间整理及再利用策划以及产品包装设计。

实践小队结合朝阳村的茶叶种植加工产业基础和景观区位优势，以"多彩朝阳"为村落主题统筹发展，聚焦现代农业智慧茶园、服务加工、文化旅游三大板块，促进茶叶种植、加工、文化、旅游、田园、自然教育六产融合，以期最终将其打造为武夷山地区独具特色的魅力乡村。

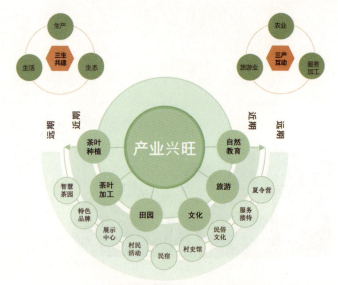

近远期规划图（杨瑞东绘）

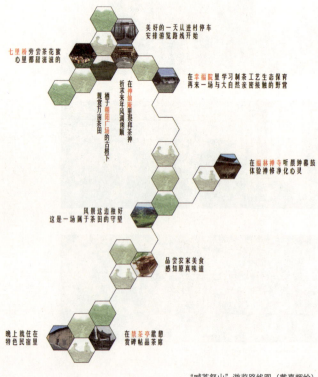

"喊茶祭山"游览路线图（戴嘉辉绘）

朝阳村自然村总平面图（戴嘉辉 / 许姚静绘）

2 朝阳村标识系统设计

标识系统设计看似是浩大的乡村整治工程中微小的一环，却极富落地性与实用价值。小队为朝阳村量身打造了由朝阳村平面路径形状抽象而成的"丹凤朝阳"logo，并进行以标识系统为主的景观节点改造，主要体现在对朝阳村"祭茶喊山"仪式路线上标识系统、街道家具和口袋公园的设计。通过这些设计，打造出宜居、宜游的朝阳村。

通过村牌和路牌的置换，使村口更具有识别性。

喊山路线的节点均设立统一的标牌，以抽象的茶叶为原形，可放置二维码提供场所介绍，也可以放置地图以标明地点路线。

古樟树邻近朝阳广场，人群聚集，通过墙绘营造场地氛围，增设坐椅供人休息。

喊山台不宜放置过多设施，以植物围合场地营造场所感。

入口处设置路牌，通过路标、坐椅、路灯的布置，增加灌木的种植，营造场地氛围。通过标志牌，介绍茶种等茶叶知识，使游客在喊山路线中也能学习参观，同时可以放置二维码推销品牌、销售茶叶。

考虑到游线距离较长，可在沿途平台设计趣味的节点，供人拍照、休息，平时附近村民也可使用。形式可以多样化，采用原生材料，与环境相融合。

"丹凤朝阳" logo（吕洁淳 / 胡杜娟绘）

标识系统及景观节点设计（吕洁淳/胡杜娟/许姚静绘）

3 朝阳村重点空间整治

我们重点选取了人口相对分布集中的上坋村进行了物质空间梳理，并最终敲定村口广场场所营造、神仙庵修复性保护设计、朝阳小学空间规划设计作为设计命题。虽然目前三处选点都或多或少地存在产权纠纷，却已经在村民们的面前铺开了一幅近景可期的画卷。或许，微小设计力量的介入正是犹如蝴蝶振翼，希望我们的所为能在村民自发组织营建过程中，在思维引导、观念吸引方面起到绵延的作用。

朝阳小学和幸福院是"祭茶喊山"仪式路线上的重要节点。目前朝阳小学仅有一个教学班，幸福院也处于半闲置状态，其余建筑与场地处于完全闲置状态。通过实践小队的更新改造，在朝阳小学和幸福院内植入新的功能，使得废弃空间成为新的活力空间。

神仙庵是"祭茶喊山"仪式路线的起点，同时也是村民宗教活动的场所。目前神仙庵建筑状况良好，内部空间开敞，但是空间利用效率极低。通过实践小队的改造更新，改善了建筑内部通风与采光，提升空间利用效率，赋予神仙庵新的价值与功能。

上坋村改造节点分布（戴嘉辉 / 许姚静绘）

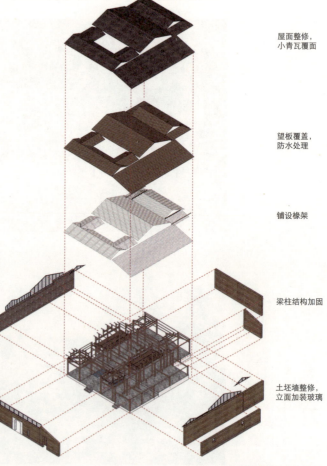

屋面整修，小青瓦覆面

望板覆盖，防水处理

铺设椽架

梁柱结构加固

土坯墙整修，立面加装玻璃

神仙庵改造设计（杨瑞东绘）

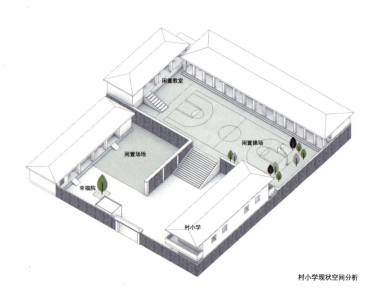

村小学现状空间分析

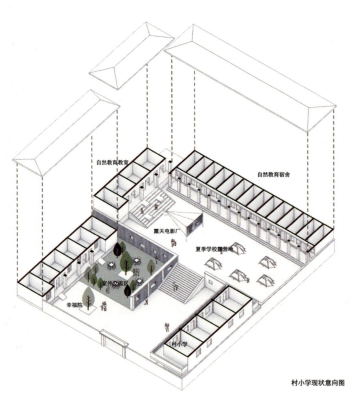

村小学现状意向图

朝阳小学和幸福院改造设计（张思琪绘）

4 桐木村产业与旅游线路策划

武夷山国家级保护区建立于1979年，被誉为"鸟的天堂、蛇的王国、昆虫的世界"，森林覆盖率高达96%。这样优越的资源条件得到了国家环境部门的高度重视，近年来的监管力度日趋加强。平日出入园区都需要经过严格的登记和预约，外来游客是很难进入的。这样高强度的管控体制使得试点区的保护工作取得很大成就，但同时，也不可避免地出现了一系列"发展""更新"与"保护"之间的矛盾。这样一块天然宝地，却不能够为大多数民众所欣赏与体验，也很难为当地经济发展带来创收，总会让人感到些许遗憾。

保护区内现存的传统建筑带有浓厚的区域特征。传统民居以三开间的穿斗式木构建筑为主，传统茶厂则以石木结构的"菁楼"为代表。值得注意的是，不少民居被改造为"厂宅"，即将"菁楼"的某一开间并置于宅旁，将生产空间与生活空间巧妙地结合在一起。然而，"菁楼"并没有得到很好的传承与更新，而是随着产权的混乱变更、科学规划的缺失，逐渐衰败。我们不禁自问，新兴国家公园体制下的乡村建设，能否做到坐拥"绿水青山"，不丢"金山银山"，同时让更多的人共享自然与文明的盛典？我们陷入了思考。

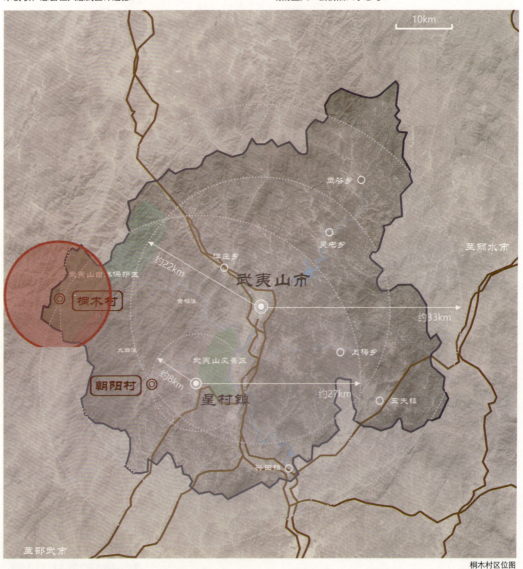

桐木村区位图

我们发现，"国家公园"并非如我们想象中的那般威严到不可触碰，而是需要将"保护"和"利用"统筹兼顾。《建立国家公园体制总体方案》中提到，可以进行的开发建设活动包括"不损害生态系统的原住民生活生产设施改造和自然观光、科研、教育、旅游"。同时，《武夷山国家公园总体规划（征求意见稿）》中也在徒步科考探险游和环境教育游中，都把桐木村作为重要的线路节点。这给我们对于桐木村的定位和策划带来了很大启发。

根据调研和访谈结果，我们对桐木村现状进行了SWOT分析。桐木村限于上位政策与目前茶产业营销方式落后等原因，发展遭遇了一定瓶颈。为解决这一困境，我们初步为桐木村拟定"永绿桐木"的主题，合理开发与保护村庄原有的丰富自然资源基础，并充分发挥桐木村"唯一红茶发源地"的产业优势，策划出与红茶文化旅游相关的"问茶之道"和科普教育参观相关的"访绿之旅"。这样一来，桐木村便得以在国家公园的政策引领下完成"第一第二产业主导"向"第一第二第三产业联动发展"的产业转型了。

由于桐木村域面积较大，自然村数量较多且较为分散，规划应渐进式推进。我们根据村庄情况进行了近远期的建设安排，为规划设计更好地落地提供参考意见。桐木村的规划建设可按照近远景规划逐步进行，渐进式建设。前期应先把资金投入重要节点的建设与改造中，利用运作后获得的收益与社会集资和政府拨款进行下一步建设。在规划建设过程中遇到问题时应及时对方案和政策进行分析和调整，进行动态更新。

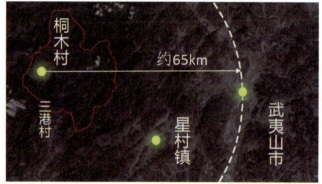

SWOT分析示意图（王培露绘）

桐木村区位图（王培露绘）

规划年限	预期建设项目
近期规划（5年）	·桐木村发展规划审批与启动
	·桐木村游览线路景点初步整治
	·三港村局部建筑改造、游览配套设施建设、土地权属的整理与流转
	·茶产品销售创新平台建成（线上+线下）
中期规划（10年）	·桐木村旅游线路基本建设完成
	·三港村貌改造完成，服务设施建设完善
	·茶产业销售平台建设成熟，在全国范围形成知名度
远期规划（20年）	·桐木村旅游线路完善与更新，绿色生态示范村建设完成
	·三港村完成服务型示范村转型
	·茶产业形成规模，并扩大国内外市场，形成品牌效应

近远景规划一览表（王培露绘）

017

正山问茶，桐木访绿。

承接武夷山国家公园相关及各项上位规划，合理开发与保护村庄原有的丰富自然资源基础，并充分发挥桐木村"唯一红茶发源地"的产业优势，以"永绿桐木"为村落主题，改善村庄生态环境。聚焦社区更新与治理，适当发展旅游业，将桐木村打造为富庶、和谐、有特色的生态和谐示范村。

游览路线规划：

A 线："问茶之旅"
村口—三港（菁楼群与茶文化体验）—江墩（骏德生态茶园考察）—庙湾（桐木最大菁楼参观）—正山堂生态茶园考察—古茶道遗址—三港入住

B 线："访绿之旅"
DAY 1：村口—生态定位站（中亚热带常绿阔叶林）—黄溪洲（古木屋群落）—桃源峪（索桥、吸氧）—三港（珍稀植物园）—挂敦（生物之窗）—先锋岭（观看大峡谷断裂带）—大竹岚（毛竹林、蝶类昆虫考察）—三港入住
DAY 2: 三港自然博物馆—三港野生动物园（观猴）—花树窠—华光庙古树群—桐木关—双泉寺

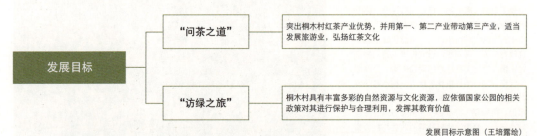

发展目标示意图（王培露绘）

产业活动策划（王培露绘）

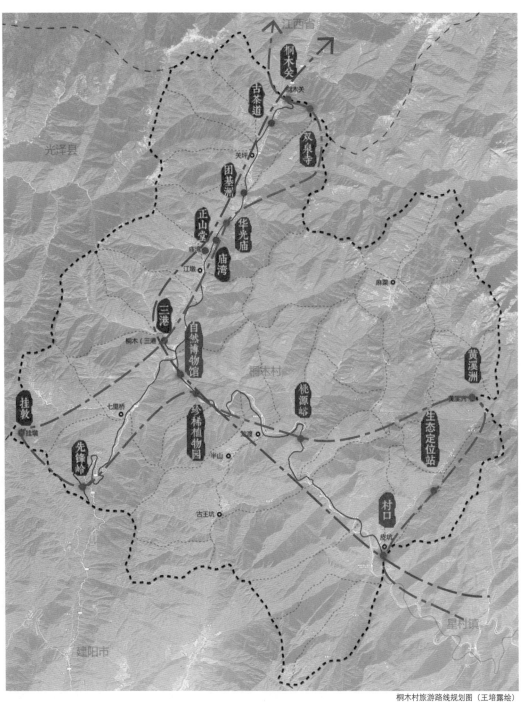

桐木村旅游路线规划图（王培露绘）

5 桐木村标识系统及宣传品设计

在梳理和串联了桐木村的旅游路线后,我们还设计了与之匹配的宣传要素,包括桐木村手绘地图、桐木村村口牌楼设计、桐木村路牌设计。

手绘地图

手绘地图希望强调出武夷山大裂谷的自然特征和12个村民小组的布局特征,再将"问茶之道"与"访绿之旅"的重要旅游节点放大绘制。在短短的两天内绘制出初稿,计划在征求村民意见并修改后,作为村落导览图和文创产品供当地使用。

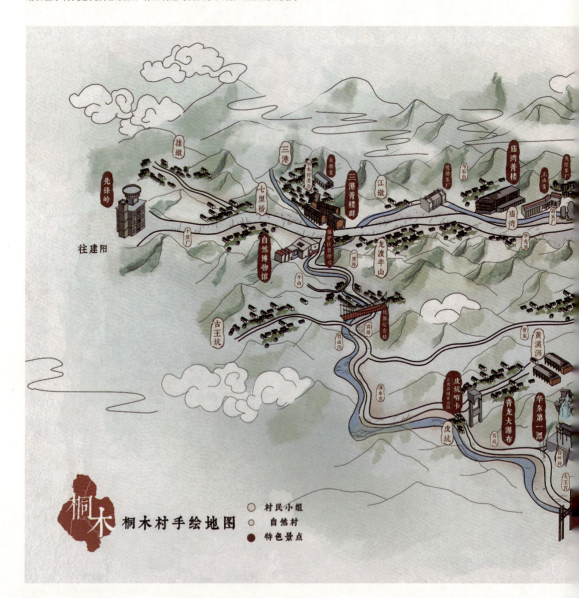

村口牌楼

原村口牌楼较为简陋，用地局促，很难让游客记住。新设计的村口牌楼从传统木梁架结构中提取灵感，使用当地盛产的竹子，加工成工业竹材建造，突显桐木村的生态性、文化性。

村路标牌

新标牌的灵感同样提取自传统木梁架结构，纵向设计可减少对山林景观的视线干扰。

村口牌楼设计示意图（韩旭/王熙绘）

村路标牌设计示意图（韩旭/王熙绘）

手绘地图（孙磊绘）

6 桐木三港村民小组空间规划设计及单体设计

在桐木村的整体旅游策划里,两条线路均把三港村民小组作为游览的中心集散地,作为外来访客获取餐饮、住宿、游憩、科普宣教等服务的重要基地。并且,由于三港村民小组是桐木村的村委会所在地,具有重要的地位,在近期建设中应该优先考虑整治。因此,小组全体成员经过讨论,决定选择三港村民小组作为我们接下来进行规划设计的重点目标。

三港村村域范围内主要布置了三种类型的建筑:公共建筑、厂房和民宅。其中,厂房里很大比例与茶产业相关,村域范围内留有大量菁楼建筑,可通过改造作为茶工艺展示与延续的空间载体。后期改造应基于建筑原有的功能进行适当调整与权属流转。

通过三港村民小组的现状分析,我们发现村庄目前存在几个问题:
(1)村集体土地稀少,公共功能稀缺,村部广场风貌较差;
(2)村委会收入来源较单一,集体财产较少,不利于村庄的建设和管理;
(3)村庄缺乏整体规划,业态分布不合理;
(4)最具特色的菁楼群现已衰败。
我们对现状建筑进行调研,绘制出了公共建筑、厂房和民宅的分布图。

我们结合村庄现有基础和规划目标,将整个村庄功能划分成六个部分:旅游服务区、村民活动区、滨河游览区、茶文化体验区、特色民宿区和特色茶产业区。村北主要是村民日常生活生产空间,南部则主要承接了对外的旅游服务功能,内部与外部空间巧妙结合的同时又适当分离,减少了相互的干扰。

在空间结构上,通过梳理路网与调整功能配置对村庄的空间结构进行了重塑。在明确了各部分的服务对象和承载功能后,将村政府广场及其周边建筑作为三港村民小组的中心节点,并配置康养院、活动中心、食堂等重要的公共建筑;次要节点为三港菁楼群所在地,以期于今后策划为游客参观体验茶文化的中心。

道路交通的规划中,通过道路将各个节点串联起来,使之成为一个相互连接的系统。

村庄的道路主要分成三个层级:车行道、人行道和乡间小径。其中,车行道与外部主要车行道相连接,方便外人到达,并保证村民的生活方便。步行道则便于游客游览观光,同时不对村内环境产生干扰。增设乡间小径,可以一定程度上增加乡村游览的趣味性。这样一来,不同的人群可以在三港村民小组中选择适合自己的不同的游览体验。

肌理:三港村是典型的自由生长的线形肌理,沿着主要道路连续生长,建筑多平行于主要干道。
材料:三港村的传统建筑材料丰富,有木材、石头等多种材料。在建筑改造中,应尽可能地应用这些传统材料,保持三港村的传统风貌。
细部:三港村的传统建筑,如菁楼,有着独特的地域特征和使用功能。这些都是在改造过程中可以借鉴学习并重新演绎的部分。

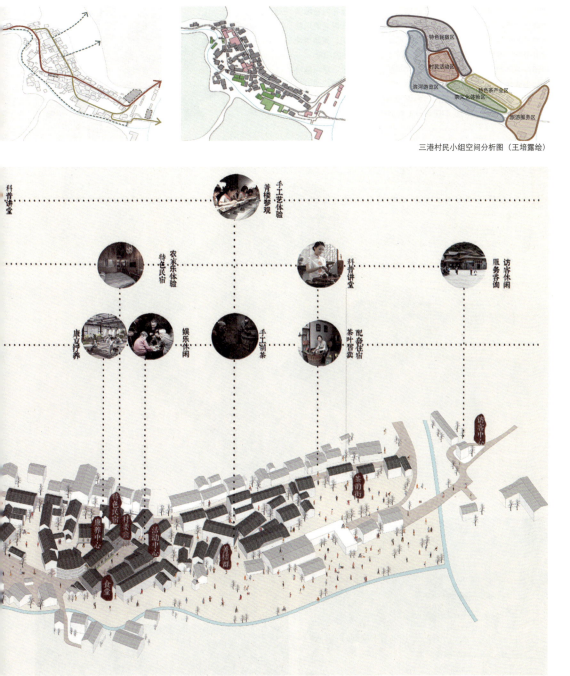

三港村民小组空间分析图（王培露绘）

三港村民小组空间规划图（韩旭绘）

我们从村集体用地着手,将村核心空间——村部广场作为整治和改造的目标。目前村部广场较为拥挤,停车不便,四周建筑风貌不协调。原卫生所无人使用,村部活动中心部分出租,集体用地没有很好地发挥它应有的便民服务、对外接待和宣传的职能。

村部广场风貌整治：首先,在村部广场的优化设计上,尽可能统一周围建筑立面的风格,利用不同的材质铺装划分村部广场的功能分区,增加绿化和休憩空间,并设置停车位,从而高效地解决村部广场的问题,为村民们营造一个舒适的交往空间。

村部广场改造

村部广场轴测图（韩旭绘）

村部广场改造（孙磊绘）

村部广场大门设计（韩旭绘）

村口空间改造——以团基洲自然村村口空间为例

作为重要的村口空间和村民、游客喜爱的夏季乘凉场所，这里缺乏景观和空间设计。我们对场地现存的古树名木进行保护、整修铺地，并增设休憩空间、茶田游览空间，为游客与村民提供了良好的休闲场所。

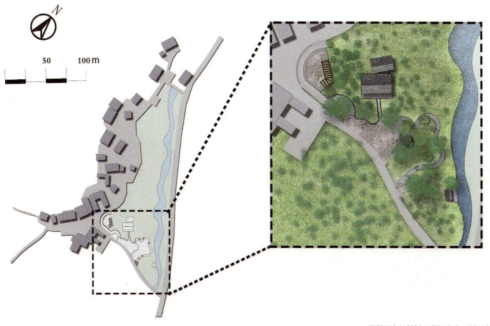

团基洲自然村村口空间改造（刘是亨绘）

村民活动中心

通过小组成员的测绘，发现荒废的卫生所存在以下几个弊病：室内地坪低于外部改造，层高局促，屋面与楼板脆弱，有极大安全隐患。因此，不论是在高度还是空间属性上都更适合改造成为村民活动中心，因此实践小队提出三个递进方案。
1. 初期：保留结构，去除室内木隔墙和楼板，形成一个通用大空间，功能上则可以作为村部礼堂、集会厅使用；
2. 中期：利用传统四坡屋顶的空间特点，屋脊下做二层处理，两侧做通高空间；
3. 后期：将原结构抬高，角部加钢柱，加强结构稳定性，屋顶与墙面脱开，大面积的落地窗，让更多的阳光进入石头盒子中。在功能上可以作为村民娱乐活动中心，同时划分更多空间，满足不同功能的使用。

改造策略

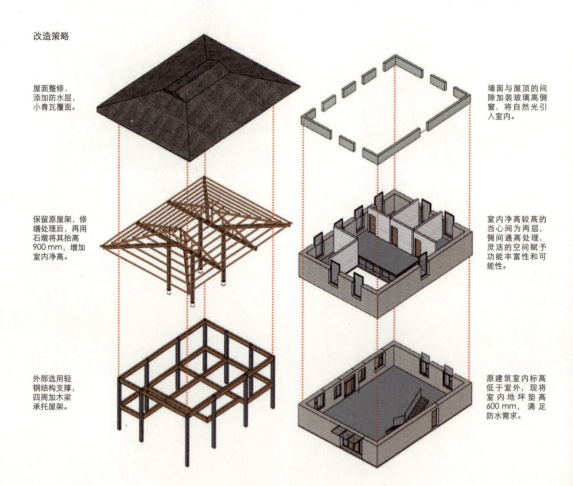

村民活动中心改造轴测图（王熙／孙磊绘）

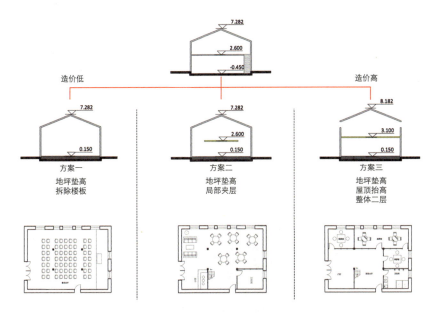

村部广场改造策略图（李子璇绘）

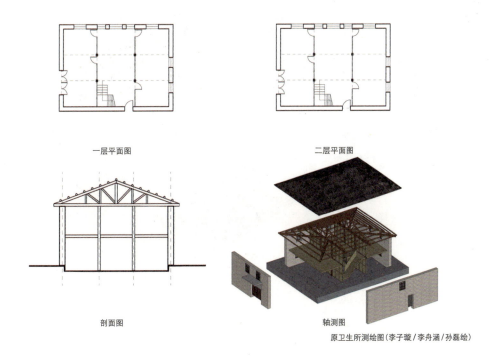

原卫生所测绘图（李子璇/李舟涵/孙磊绘）

村康养中心

实践小队将原村活动中心改造为村康养中心，原卫生所的功能并入康养中心。一层抬高至三层，替换原结构，保留原石墙面，二、三层借鉴当地传统茶厂菁楼的做法，设置外廊。坡屋顶、竹材门窗扇、马尾松墙面，这些当地元素的引入，使得改造建筑与周边的建筑风格相统一。二、三层新增的康养功能，不仅加强了村的公共服务职能，也能为三港村委会带来可观效益。

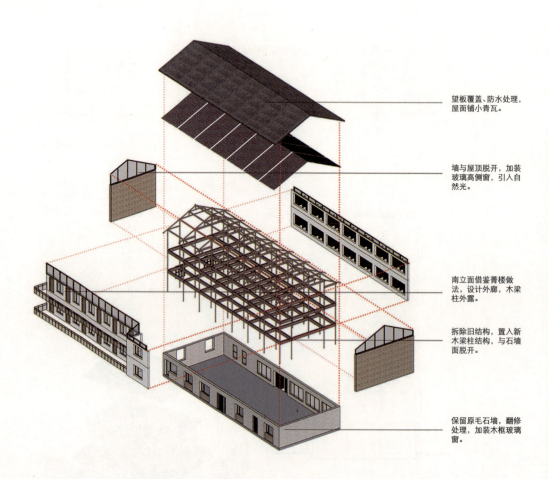

望板覆盖、防水处理，屋面铺小青瓦。

墙与屋顶脱开，加装玻璃高侧窗，引入自然光。

南立面借鉴菁楼做法，设计外廊，木梁柱外露。

拆除旧结构，置入新木梁柱结构，与石墙面脱开。

保留原毛石墙，翻修处理，加装木框玻璃窗。

村康养中心改造（李子璇 / 孙磊 / 韩旭绘）

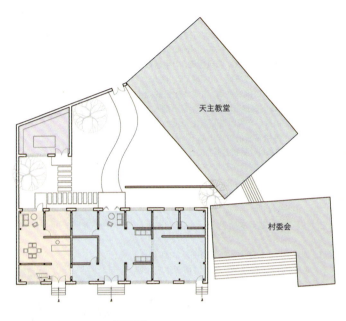

一层平面图

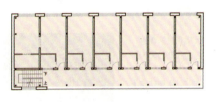

二层平面图

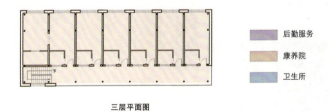

三层平面图

后勤服务
康养院
卫生所

村康养中心改造（李子璇 / 孙磊 / 韩旭绘）

7 茶产品策划与包装设计

在国家公园"茶叶种植面积不能增加"的限制下，桐木村的茶产业似乎遇到瓶颈。而利用红茶发源地的优势，增加茶产品的文化附加值，减少二次销售则是大家为桐木红茶找到的方向。

与朝阳村有差异，桐木村产红茶，以金骏眉、正山小种、大赤甘、小赤甘等中高端茶叶为主。我们提出的发展目标则是：中端红茶年轻化，高端红茶品牌化。销售渠道方面，可发展P2P模式，建立茶农与消费者的直接联系；销售模式层面，自媒体平台的线上销售，借助高端茶室、酒店的线下销售可同步进行。至于切入点，则应着重宣传红茶产地优美的自然环境以及红茶发源地的故事。

当然，年轻化的产品包装在传统革新的过程中必不可少。应桐木村茶农的要求，我们为其自家茶叶"禹润名茶"设计了logo及包装。该茶叶品牌以中端红茶为主，面对的消费群体有一定的购买力，但很难辨别红茶间的细微差别，选择产品的主要依据是品牌和"颜值"。因此，我们采用了扁平化的插画风，对茶山景观进行了抽象，并且佐以中国茶文学开山之作《荈赋》一诗——毕竟，茶叶不只是商品，更是茶文化的传承载体，将红茶赋予文化意义也是桐木红茶的价值所在。

不知何时起，"养生"俨然成为一代年轻人新潮的生活方式。因此，能否让"放下可乐，端起茶杯"的健康的生活方式得到年轻人的推崇呢？或许红茶包装的革新正是一个契机。

为朝阳村村民设计的年轻化茶产品包装，主题自左至右依次为"请神、拜树、喊山、茶席"。

请神：不去描绘请神的具体场景，意在展现祭拜茶神背后所蕴含的朴素的敬畏自然的思想，以手和一片茶叶为主体，沿对角线构图，对手的形进行夸张，即展现"神将那片神奇的树叶带到了人间"。

拜树：祭拜乾隆时期的古茶树，图面用光阴构成祭拜的场景，以此体现某种虔诚感，营造神圣静穆的氛围。

喊山：图片中仅有一人站在山头喊山，营造一种忧郁空灵的氛围，单独的一个人与自然环境的对比则体现朝阳村自古以来的天人合一的生态思想。

茶席：平面化处理茶席的情景，平面场景借用人的手，体现茶席上人的交流，突出温暖人心的生活气息。

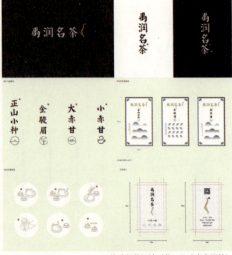

茶叶包装设计（董一凡 / 李舟涵绘）

茶叶包装产品样品（李瑛绘/孙磊摄）

8 后记

李子璇：结束了收获满满的工作坊，跟有趣的小伙伴们和超有爱的老师一起工作很舒服也很安心，没想到我们可以在短时间内做出丰富且较为完善的成果。村民们都很和善，同时感觉自己的专业似乎真的可以为他们做些什么，也许村民们的生活真的会因为此次相逢而有些许改变呢……

王培露：通过这次工作营深深感受到一个真正有用的规划真的需要深入当地去感受"人"的诉求，发掘地方的故事。
乡村振兴绝非易事，因此更需要专业与之相关的我们去努力。
会想念和各位各怀绝技的小伙伴们一起熬夜画图、上山下乡的日子，超级耐心又对我们很照顾的老师、村镇领导和村民们，还有就是，超级好喝的武夷山红茶，哈哈哈……

戴嘉辉：从乡村出发，从世界回来！

许姚静：在浸润在茶香里的乡村，感受陆羽《茶经》的传统文化信仰，带着对乡建的向往，在武夷山度过了脚踏实地、收获满满的一周。悉心教导的老师、志趣相投的同学和热情的村民，期待再次相遇。

孙磊：走入武夷山的乡村，来到制茶人的故乡，了解到光鲜背后，乡村发展的矛盾和困境。一个优秀的乡村实践，必须要融入乡村的生活、产业、文化。吸一口氧，心怀热情、虚心学习、解决问题，原来乡村是最好的课堂。

董一凡：七天真的很短，很难给两个村子带去实质性的改变，但在这七天内，整个团队所做的一些设计和规划工作还是给武夷山带去了一些新鲜的思想。总体汇报结束后，我真切感受到了村书记的感激之情——乡村振兴需要我们所有人的关注和共同努力，这是我的一点粗浅的感受。七天中，我从学长、学姐们和老师们那儿学到了很多，也从当地的村民那儿学到了很多。很充实、很快乐的七天，意义非凡的七天。

杨瑞东：参与这次乡村振兴工作营，最深刻的体会就是让我充分认识到了实地调研的重要性。在现阶段的发展中，乡村所面临的问题往往是在产业、人才、文化、生态、组织等多个层面之上的，且在不同的群体中又具体地转化为不同的矛盾与问题。这些都只有通过深入乡村内部并进行细致的调查研究才有可能被认识到。不然，乡村振兴规划就有可能陷入一种危险的境地，即成为专业者自娱自乐的活动。

朝阳村喊山台

全队成员合影留念

张思琪：武夷山工作营启示我，乡村建设不是对城市的拙劣模仿，它是一场深刻的社会变革，绝非只依靠单一学科领域就能完成。建筑学是乡建生态链条上承前启后的一环。

韩旭：在福建武夷山乡村振兴工作营中意识到乡村振兴远远比想象的复杂。桐木村人口逐年减少，老龄化严重，年收入结构单一，而产业振兴的过程中又面临着本地茶商巨头和外来资本的竞争……此次工作营的时间较短，因而还是较多地满足了当地政府的意愿，较少地关注了普通百姓的真正需求。

王熙：为期一周的工作营，要完成茶村调研、设计、业态引入、旅游发展规划和茶产品包装设计。我们克服巨大压力，加班加点，甚至通宵完成了100页汇报PPT，8张A1图板和茶产品包装小样。当成果得到书记和村民的高度肯定时，内心的喜悦之情溢于言表，深切地感受到将设计落到实处，做实事的重大意义。

吕洁淳：这是我第一次经历与现实紧密相连的规划设计，意识到设计结果或许将影响着每一个村民，心中不免踌躇，但也因此更加用心地投入。同时，乡村问题复杂多样，如何创新、因地制宜地振兴乡村，也令人深思。

李舟涵：乡村是最接近大地、最贴近材料、最触及人体活动和体验的场所，在此我试图理解材料和尺度的真实感。乡村不同，却也没什么不同。我们要做的不是定义某个建筑为"乡村建筑"，而是创造一个系统。最初参加乡村振兴，正是希望能为这个世界带来小小的改变。因此你问我这个世界会好吗？会更好。因为大地在沉睡，我们仍在行路。

摄影作品

《山中一夜雨》
摄影：华晓宁

《雨后清溪》
摄影：黄华青

摄影：陈健

武夷茶歌

星村镇乡村振兴工作营

乡村印象

红星村地处武夷山市星村镇，位于星村镇最重要的车行线路——星桐线沿线。红星村辖区面积 51.63 km²，位于星村镇西北部，地处九曲溪上游，介于风景区和自然保护区之间，公路沿线长达 10 km。红星村是武夷山全市 19 个中心村之一，规划以生态和茶文化、古村镇、红色乡村、农业休闲旅游为主的特色职能，由于红星村丰富的自然旅游资源，我们对于红星村的定位以农业休闲旅游为主。

曹墩村是福建省武夷山市星村镇所辖的行政村，地处武夷山西北、九曲溪上游，东临黄村，南连朝阳，北靠红星，是通往保护区、龙川、玉龙谷等景区的必经之路。曹墩村具备特色鲜明而深厚的人文风貌，村内现存董公亭、老牌坊、明山庙等历史建筑，同时毗邻九曲溪上游，有着秀美的自然风光。

村庄信息

村庄地点：福建省武夷山市星村镇红星村 / 曹墩村
村庄方位：E 119°03′35″，N 32°15′25″
主要产业：茶叶种植、售卖及其相关产业

实践信息

工作营员：黎飞鸣 陈健楠 张 岩 朱雅芝 刘晓芬 俞 悦
　　　　　李 天 李澜珺 陈 晓 姜晗斐 付雨萌 游子隽
指导教师：冷 天 华晓宁 黄华青
实践时间：2019/7/1—7/12

工作营所在位置

教师点评
武夷山星村镇工作营

冷 天

农业农村问题是关系国计民生的根本性问题,南京大学建筑与城市规划学院组织的乡村振兴工作营,切实关注国家、社会当下发展的具体情况,以自身的专业能力,分析把握不同地域之乡村的差异性,因村制宜,提出各具特色的规划建议和振兴策略,具有重大的现实意义,也凸显了高校服务社会的巨大价值。

今年的武夷山市星村镇之乡村振兴工作营,由两个相对独立的小组构成,其研究对象分别为曹墩村和红星村。两个村庄虽相隔有一定距离,但都身处武夷山国家风景名胜区之内,拥有类似的自然风土和人文积淀,可资类比互鉴。两个小组的踏勘、研究及提升策略的提出,均能有针对性地寻找各自村落的特点;最终的成果也呈现出组员们不同的专业构成,具有较强的综合性和可实施性,并得到了星村镇政府及曹墩、红星村各级人员的一致认可和高度评价。

曹墩村作为武夷制茶第一村,拥有较为丰厚的历史人文积淀,村内散落不少历史建筑和宅院。工作组深入挖掘了茶叶背后的制茶工艺,结合单体建筑改造及公共节点塑造,试图建立一个村内导引系统和茶山漫步系统的网络,引导、开拓并提升未来的茶旅体验,逐步建立品牌化的产品服务,以及有格调的标志性文创。其中,对老宅、集市和老村部的公共空间改造,既保存了历史空间格局,又引入了新的生活模式,具有鲜明的特色和较强的可实施性。

红星村位于曹墩村上游,地处"九曲溪上游保护地带"。该村在历史文化遗存上虽不如曹墩,但周边自然环境条件优越,介于国家森林公园和风景区之间,四周茶园环绕,有很好的发展潜力。工作组梳理了红星村基础情况,进行了大量实地调研和村民访谈,围绕人居、产业、旅游三个方面提出发展建议,进而分别在微观、中观和宏观层面,制定了具体的实施策略。其中,在生态休闲骑行线、沿街公共空间精细化改造、九曲溪生态堤岸设计、民宿烟塔及景观小品设计、云种植和定制茶园概念打造等方面,都做出了非常有新意和特色的探索。

乡村振兴战略是一个持续的过程,武夷山地区的乡村工作营计划,无论从深度和广度上,未来还有非常大的发展空间。本次曹墩村和红星村的工作,在保留乡村风貌和自然环境的同时,探索了具有本地特色的振兴举措,不仅为当地百姓打开了视野,提供了可实施性的方案,也为未来武夷山地区乡村工作营的进一步开展,奠定了扎实、良好的基础。

村落面貌(陈健楠)

传统夯土建筑(黎飞鸣)

屋瓦(朱雅芝)

红星村调研照片　　红星村航拍照片

曹墩村调研照片　　曹墩村航拍照片

指导老师与全体营员合影

心路历程

本次乡村振兴活动武夷山支队要负责对接两个村子，分别是曹墩村和红星村，既要分别完成每个村子的调研考察与振兴策略，也要统筹考虑两个村子在武夷山大背景下的宏观策略。

红星、曹墩两村，各具特色，曹墩村历史悠久，文物保护建筑众多，历史资源丰富；红星村是近代才形成的行政村，自然资源富足，外来人口众多。两个村子也有相似之处：都以茶叶种植、加工作为主要经济收入，居民生活条件、收入水平尚可，基础设施基本满足需求，因此，我们需要面对的问题是，经济状况良好、村民生活富足的乡村，是否需要振兴，我们该如何振兴？

这次行程引发了我对乡村振兴和建设的思考。当下很多建筑师去做乡土建筑，乡村振兴也成为当下的热门话题，我认为其中包含但不限于这两点原因，一是城市已经饱和，建筑师很难在城市的语境下表达自己的设计语言，改造更新项目成为主体；二是中国建筑师在国际舞台上力图寻找本国的根系和立足点，乡村往往成为中国建筑师的乡愁情怀。在这个过程中，"乡土"自然而然成为中国建筑师寻求自我突破和发语的立足点，乡村不只是游客的"桃花源"，也是建筑师的"乡愁"，乡村就这样在各方的介入和角力中逐渐失去了本真的面貌。当然，乡建的现状也绝不是哀鸿一片，我们越来越意识到乡村的意义，对其逐步建立起正确的认知，而乡村也不再是建筑师的试验田，乡村能够脱离城市语言的束缚，自有一种原生的力量。当我们在面对乡村时，要努力摆正位置，把自己放到一个使用者的角度，将主要议题和目标聚焦在降低建造成本、保留历史信息、利用本土技术、传承当地文脉等方面。

1 前期分析——上位规划分析

武夷山市城市总体规划（2016—2030年）

五级城乡规模：中心城区—重点镇—一般乡镇—中心村—基层村。
星村镇：1万～1.5万人的重点镇，依托武夷山风景区，以旅游和茶产业为主导产业。
红星村：全市19个中心村之一，规划以生态和茶文化、古村镇、红色乡村、农业休闲旅游为主的特色职能。根据其现状优势及上级部门的规划，红星村未来的定位与农业休闲旅游村更加接近。

市域城镇体系空间结构图（张岩绘）

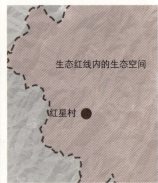
市域三区三线管控规划图（张岩绘）

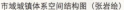

生态和茶文化旅游　　古村镇旅游　　乡村红色旅游　　农业休闲旅游

武夷山市国家级风景名胜区总体规划

对星村镇发展控制意见：(1) 居民迁入、迁出按总体规划实施，鼓励居民外迁；(2) 产业上服从景区总体规划与旅游发展需求；(3) 建设用地只能沿江兴公路南侧；(4) 加强污水收集和垃圾处理，控制茶园面积，保护九曲溪水；(5) 建设风貌采用武夷山乡土风格，并与周围环境协调。
按照规划总体布局，红星村位于武夷山风景名胜区的外围保护地带中的"九曲溪上游保护地带"。规划要求：溪流沿岸两侧30 m为重点保护区，其他用地为一般保护区，分别依照风景名胜区二级、三级保护区规定。
红星村位于九曲溪生态保护区，介于国家森林公园和风景区之间。

与世界遗产之间关系图（张岩绘）

星村镇《关于全民参与城乡人居环境整治大会战的倡议书》

包卫生：包门前环境卫生。
包绿化：包门前屋后树木、花草种植和养护。
包秩序：包门前无乱堆乱放、乱倒乱排、乱停乱占、乱搭乱建等现象。

区位条件分析

红星村位于福建省西北部的闽北山区，隶属于武夷山市星村镇。区位优势明显，距离武夷山市火车站、高铁站只有1 h车程，距周围的南平市、上饶市和鹰潭市需2.5 h车程。4 h内可抵达福建、江西、浙江的多个地市。

武夷山市区位图（张岩绘）　　红星村区位图（张岩绘）

社会经济文化分析

通过对村内居民的采访，我们可以看出，多数村民对生活条件以及村庄内基础设施比较满意；社区活动场地较少；村庄内基本的基础设施建设较为齐全，但质量有待提升；产业单一，高度依赖茶叶种植；没有显著的历史文化背景；邻里和睦，关系和谐；很少有人出村务工，出村多为子女教育。

现状总结及战略定位

(1) 分散布点，不成系统
(2) 产业单一，不成品牌
(3) 街道杂乱，不够优美

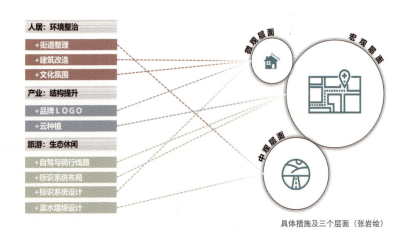

具体措施及三个层面（张岩绘）

2 宏观尺度——旅游路线规划及其标志系统设计

自驾线路标识系统分为三类，基本覆盖村域，以较大的车行标识为主。
导览图：为游客标出自驾游的总线路，采取非真实空间和具有特色的大幅牌匾；
景点介绍牌：介绍散落分布景点的主!情况与历史文化、自然生态内涵；
方向里程导引：接近交叉口的道路一侧，为行车指引方向与里程。

骑行线路标识系统分为四类，主要覆!村庄核心区，以小型的精致标识为主。
导览图：为游客标出骑行总线路，介绍AB路线的主要特点与沿途景观；
景点介绍牌：介绍散落分布景点的主!情况与历史文化、自然生态内涵；
里程标识：在骑行线路的中途，采用!有特色的标识增加趣味性；
方向导引：在骑行线路的交叉口处，扌引各个方向的景观节点。

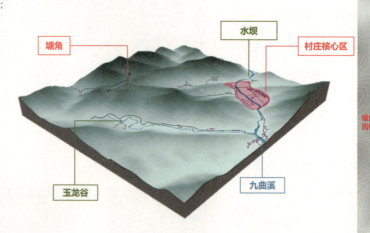

红星村旅游资源分布图（张岩绘）

交通条件分析图（张岩绘）

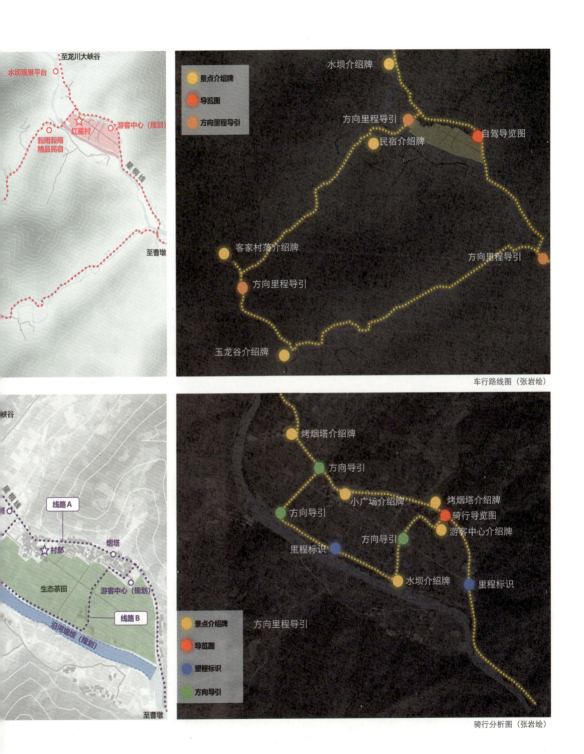

车行路线图（张岩绘）

骑行分析图（张岩绘）

043

3 中观尺度——沿街空间整治与沿河空间改造

村子的主要区域仅有一条公路串联起两边的住房。从村民的口中我们得知,很多居民对道路两边的卫生与公共设施建设不满意。同时,由于星村镇实行门前三包的政策,村领导对于沿路美化、沿路立面统一等问题也有很多建议。根据我们的观察以及与村民、领导的沟通,村子道路现存主要问题有以下三点:公路用地与住宅用地之间界线不清晰;各户门前杂物摆放随意;界面没有统一设计。为了方便设计,我们将沿路至建筑立面分为三个界面:界面1,住宅立面;界面2,宅前空地;界面3,公共道路。

地块主要分为三种类型:
A:地块呈长方形,没有外围护,自宅领地与道路用地之间的边界模糊,需要明确二者之间的界线,并且针对随意摆放、落水管污染等情况进行细部设计。
B:地块呈方形,但出于村民生活习惯的需求,场地内部可操作性较小,可实施范围局限于场地周围。
C:地块呈长方形,有外围护,但是与道路之间尚有一段距离,用地狭长,将种植、景观、休憩等功能整合在一起,提升使用效率。

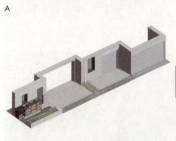

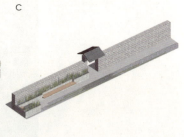

沿街改造示意图 (黎飞鸣绘)　　沿街改造示意图 (黎飞鸣绘)　　沿街改造示意图 (黎飞鸣绘)

沿街改造示意图 (黎飞鸣绘)

A 上游西边乱石堆，水势平坦

B 直坡直走到西边，有高差，垃圾多

C 田埂小路通往西边，田地泥泞，蚊虫多，西边杂草丛生

━━ 桥梁　▲ 可到溪边的位置　● h=238 m 绝对标高

九曲溪现状：溪中央或泥沙堆积、杂树丛生，或礁石乱叠、水势湍急，并不适合船渡；溪水位于茶田中央，离两端民居较远；目前溪水的使用率为0，南岸只有两三处田埂能直接通达溪边；雨天则田地泥泞，不适合行走；部分地段高差较大。

防洪堤注重生态保护，利用卵石和低层混凝土条作为缓冲区固壤，防洪堤倾斜面亦设有湿地植物格栅墙，尽量不破坏原有水生植被与湿地植被。防洪堤上方设有架空的步道（可为格栅木板步道或者金属网步道），架空层不影响排水以及土壤表面植被生长。

溪岸改造策略示意图（刘晓芬绘）

溪岸改造效果图（刘晓芬绘）

溪岸改造效果图（刘晓芬绘）

溪岸改造效果图（刘晓芬绘）

溪岸改造效果图（刘晓芬绘）

溪岸改造效果图（刘晓芬绘）

4 微观尺度——建筑设计与改造

在规划的旅游路线以及河道景观交汇处（即现存桥梁处），设置一个带补给功能的景观亭，这一多层的景观亭既是亲水平台，又提供了从高处眺望村庄的视野。景观亭瞭望口的方向，取决于桥、河流、村庄、远山等视觉景观的位置，形成多层扭转的形体。

景观亭效果图（陈健楠绘）

景观亭轴侧拆解图（黎飞鸣绘）

夯土民居改造效果图（陈健楠绘）

院落改造效果图（陈健楠绘）

红星村村口的三栋夯土墙体房屋，是良好的视觉标志，可将其视觉强化形成独特的村口景观。将它们的结构重新整修，场地重新整理，用作未来的游客服务中心以及小型精品民宿。

村子里的烟塔大多建于20世纪七八十年代，由于近些年红星村产业转向茶叶种植，烟塔已经没有实际功能，逐渐废弃。经过调研发现，现存烟塔大多分布在我们规划的骑行线路沿线，因此我们考虑用立面彩绘的方式重新改造烟塔，将其重塑为骑行路线的标识与村内景点。

标识设计

村口指示牌：分布在红星村主村落以及各个自然村的村口，用以介绍村子的整体概况、历史由来以及旅游、人文资源。

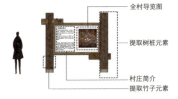

景点介绍牌：分布于村内旅游景点，主要有两种类型，分别用以介绍自然景点以及未来茶园中的骑行线路。

方向导引牌：主要分布在村内的骑行线路以及车行路线沿线，标识景点方向以及里程数。

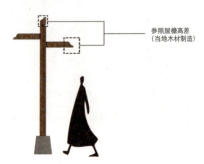

里程标识与客家村落标识设计：里程标识的设置与方向导引标识结合，提示旅行者距离景点的距离。

标识系统设计（朱雅芝 / 陈健楠绘）

5 "点"——单体建筑改造·新建住宅

曹墩村的新宅多是底层家庭制茶作坊和上层生活区域相结合,这为参观者亲身体验与感受制茶工艺提供了良好的场所,可以开展入户参观制茶工艺的茶旅文化活动。新宅建筑立面多为素混凝土,可做墙面绿植,并悬挂制茶工艺和制茶大师文创标识,强化村内制茶传统文化。

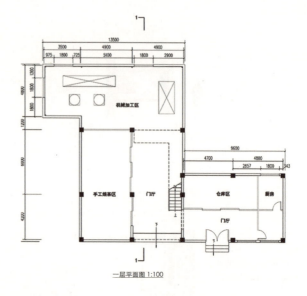

一层平面图 1:100

住宅现状

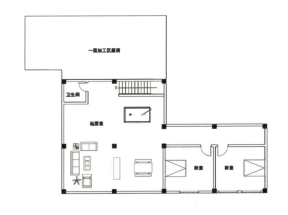

二层平面图 1:100

1-1 剖面图 1:100

住宅测绘（李天绘）

场景意向（李天绘）

6 "点"——公共节点塑造·老宅

曹墩村的老宅均有百年的历史,具有丰富的历史底蕴,可以说一座老宅就是一段历史。对老宅的改造则是从"感受历史特色"出发,塑造村史馆,让参观者细细品味这座宅子和村落的历史。

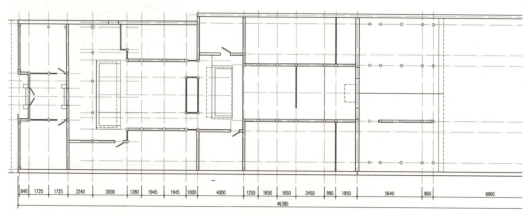

平面图 1:100

老宅内院

形象标识

1-1 剖面图 1:100

老宅测绘（李天绘）

精品茶席

村史陈列

场景意向（李天绘）

7 "点"——公共节点塑造·集市

每到特定日子，来自周围村庄的客贩聚集在这里，俗称"赶集"；而集市在过去是村庄放映电影的场所。无论是过去还是现在，这里总是人群的聚集地。设计也正是从菜市场的"前世今生"出发，在无农贸活动的闲时恢复其放映功能，成为复合空间。可使用成模数的竹编箱子，自由组合成可供儿童娱乐、大人休息、农贸售卖的桌椅凳席。

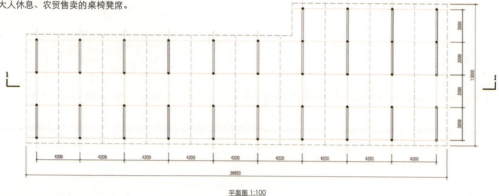

平面图 1:100

集市现状

阳光板

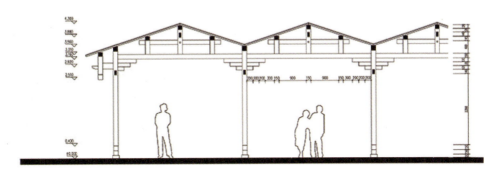

1-1 剖面图 1:50

集市测绘（李天绘）

电影放映

竹编箱子

场景意向（李天绘）

8 "点"——公共节点塑造·老村部

对于1950年代就存在并作为抵御敌人的炮楼,而如今已荒废20年的老村部,村民们提起来总是充满怀念与遗憾。对老村部的重建设计一是为了满足村民们对于村庄提升的意愿,二是重整曹墩村的集体记忆,重塑村民的归属感,内部可设置精品茶席,以公共空间推广村庄品牌。

老村部现状

场景意向(李天绘)

9 "线"——村内导引系统+茶山漫步系统

通过村内导引系统+茶山漫步系统，塑造曹墩村"自然圈+人文圈"，从茶山漫步、采茶、村跑到村内古建筑、制茶体验、茶席品鉴形成一套完整的茶旅路径。村口广场、老宅、集市、老村部聚集在一起，与河岸堤坝串联成入村观览的核心区。

曹墩村现状

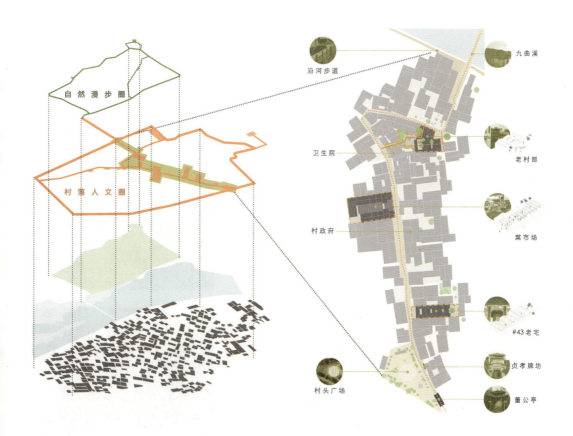

策略概念（李斓珺绘）

10 "线"——导视系统设计 + 环境美化设计

导视系统分为三个空间层级：村口、重点公共空间、拐角和路口。分别对应三种导视标志：村口标识、重点公共空间复合功能的指示（公共长椅）、拐角和路口指示。配合村落"宜跑"的目标，同时设计了村跑的标志，以及沿途的景观亭，提供休憩场所。人居环境提升针对门前环境的改善，设计多功能的收纳壳，为柴火堆提供防潮贮藏，也方便居民放置物品，或充当坐椅。材质如图所示，耐候钢耐大气腐蚀，具有物美价廉的优点，也能消隐于自然环境中。

人居环境提升

门前改善（陈晓绘）

路口指示白天

路口指示夜晚

标识系统（陈晓绘）

11 "面"——文化标志 + 文创产品

"面"则集中在我们为曹墩设计的品牌标志方面,"点"与"线"的策略更加关注村内物质空间的状态,而"面"的策略是希望通过标志和文创产品把曹墩茶旅体验的模式推广开来。

我们以曹墩村制茶工艺独特突出、历史悠久、不断创新,以及当地特色的老宅建筑为基础,进行了多元化的文创设计,并包含为曹墩出产的茶叶品种设计的字体。

村落铭牌设计

曹墩村村庄形象
茶文化教育基地
茶工艺大师认证

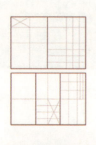

字体/包装设计

以木格窗为原形设计
茶叶名称字体;可用
作茶叶包装装饰

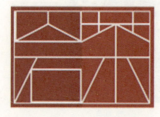
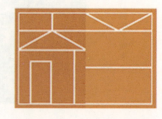

茶　山　　　萎　凋　　　摇　青　　　揉　捻

焙　火　　　拣　剔　　　茶　席

制茶工艺提取
以圆融的形态表现武夷曹墩制茶最具特色和难度的步骤；可用于制作纪念品、茶工艺教学

鸣 山 庙　　　　大　桥　　　　菜 市 场
葡萄酱紫+万寿菊黄　蝶翅蓝+大理石灰　雄　黄　+　蛙　绿

董 公 亭　　　老 村 部　　　　老 宅
银　朱+荔肉白　龙睛鱼紫+水红　火泥棕+纯白

建筑形象提取
以点和线条的形式，转译村内建筑形象，可用作村落标识系统或开发村落文化文创产品

摄影作品

《一线天空》
摄影：华晓宁

《老宅》
摄影：陈晓

摄影:华晓

茶乡筑梦

宁德乡村振兴工作营

乡村印象

竹管垅村位于福建省寿宁县东南部，处鹫峰山脉南麓，海拔 300～700 m，年均气温 16℃，常年云雾缭绕，土壤富含硒、锌等微量元素。竹管垅村下辖 5 个自然村，全村现有 623 户 1813 人。竹管垅村拥有茶园面积 1.3 万亩，人均拥有茶园面积 1.5 亩，是寿宁的老区乡和闽东的知名茶乡，茶产业是当地的主要产业，2018 年荣获"省级美丽乡村"称号。

2017 年 10 月，竹管垅乡结合乡情和白茶价格上涨趋势，启动"白茶银仓"扶贫项目，依托茶叶产业，对扶贫模式进行精细化设计，将白茶的存储销售与现代银行的经营管理方式相结合，形成政府搭建"银仓"，村委投资建厂、贫困户种植、茶企生产、第三方销售的共同受益模式。目前已成立茶叶专业合作社，建档立卡贫困户以茶园入股，按有机茶园标准管理种植茶叶，已建成标准化茶园 800 多亩。

村庄信息

村庄地点：福建省宁德市竹管垅乡
村庄方位：E 119°34′7″，N 27°20′15″
村庄人口：623 户，1813 人
人均年收入：12653 元
主要产业：红茶、白茶、绿茶等茶产业

实践信息

工作营员：王熙昀 王云珂 邵夏梦 陈文君 戈仕钊
　　　　　陈露茜 顾天奕 陈佳晨 许玉露 祖佳乐
指导教师：黄华青 华晓宁
实践时间：2019/7/3—7/14

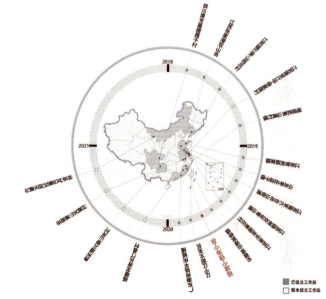

工作营所在位置

教师点评
宁德竹管垅工作营

黄华青

竹管垅是一个云上的茶村。在万亩高山茶园中漫游,云海在脚下缓缓飘过;夯土老村藏在山坳里、溪水旁;说着土话的村民热情地邀请我们到家里做客。而与此形成鲜明对比的,是当代建成环境的无趣和单调,它作为我国城镇化进程中成千上万平凡乡村的一个,在高速发展中忘记了自我。这是我们初到竹管垅时的景象。

乡村为何要振兴?如何振兴?振兴之后又如何?这是竹管垅乡工作营的同学们在十多天时间里密集思索的问题,成果中已有精彩呈现,无须多言。庆幸的是,当地人和我们一样,不甘于自己的家园继续平庸。同学们所做的只是从基础做起,从"小"开始,从乡村资源的盘点和盘活开始——乡村大都不缺乏自然资源、旅游资源、历史资源,但它的价值挖掘、串联和激活却需要专业眼光的介入。我们希望,乡村不仅着眼于短期内的脱贫和环境改善,更要放眼长远的将来,考虑如何对接城镇,打造城乡融合的新型产业模式,进而为乡村发展注入源源不竭的生命力。这就需要整合更多资源,也有我们更多发挥空间。乡村的可持续发展,不仅是同学们的愿景,也是生活在拥挤城市中的中国人共同的愿景。

有幸的是,在宁德市委组织部和各级领导的支持下,工作营的星星之火正在竹管垅产生实际的影响——大到万亩茶园规划、乡村闲置卫生站的民宿改造,小到印着"南大X竹管垅"logo的水杯,同学们的设计已在当地生根发芽。这是让所有师生欣慰的结果。竹管垅的乡村振兴之路或才刚刚开始!

传统民居和古廊桥

万亩茶海公园

竹管垅航拍

高山茶树

心路历程

茶山调研　　团队工作

入户调研　　中期汇报

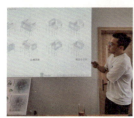

成果汇报　　挂牌仪式

全队成员合影留念

邵夏梦：陌生到熟悉，不适到习惯，一群人集中一段时间在一个陌生的地方集中精力做一件事，一段充实又酸甜的经历，已成为记忆中难抹的一笔！

陈文君：真体验了一把知青下乡的感觉，生活条件在濒临崩溃的边缘。从一开始一桌菜只吃两口，第一天晚上集体尖叫＋失眠＋被狗拦着回不去宿舍，到走的时候天天一样的菜吃到光盘＋对没有飞到身上的虫子无动于衷＋大黄依依不舍天天守在门口送我们回宿舍……认识了一些可爱的小伙伴。希望竹管垅可以越来越好。

陈露茜：第一次参加十人大队的工作营，组队体验舒适。每天顶着真正的大雾出门再在大雾里回来，除了下个没停的雨和永远晾不干的衣服之外，山里小村子的气候实在宜人。我们也不知所做的对这个村子而言是不是真正正确的方向，至少尽力做了一些，无愧来此一遭。

陈佳晨：十一天的乡村振兴实践让我更贴近地了解了乡村发展的意义，知晓了规划对于乡村的意义；同时因为为乡村振兴做出了贡献，因为在实践中学习到了知识而感到愉快；想念同一个团队的成员们，想念竹管垅的乡亲、云雾、竹蝉和每天陪我们回宿舍的狗。

王云珂：今夏组团去乡村，有幸加入宁德队。茶山翠色晨光耀，云雾绕缠清雨坠。众人调研总晚睡，测绘排版不嫌累。改造规划齐上阵，产品设计也在内。放眼未来愈完备，此去归来定回味。感谢队友小伙伴们相伴的这一周时间。我学会了很多规划知识，也变得更坚强。我会记得这个炎夏的一切美丽存在。宁德队冲鸭！

1 乡村定位

经过前期调研，进行 SWOT 分析，我们得出：竹管垄村当地历史资源匮乏；茶产业发展面临白茶品牌的竞争；乡村旅游业的发展也面临周边异质性优质景区的客源分流竞争。

因此，我们认为竹管垄村应该以产业为基础结合旅游业发展地方经济。在此基础上给出定位：打造以现代庄园经济为主体的茶旅田园特色小镇。以打造产业茶庄和精品茶庄为抓手，借鉴葡萄酒庄园的发展模式实现创新发展。

产业茶庄模式图（陈文君绘）

SWOT

- S: (1) 美丽茶乡初见成效 (2) 基础设施日渐完善 (3) 茶产业发展条件良好
- W: (1) 产业基础与配套相对落后 (2) 发展项目后备土地匮乏 (3) 当地历史资源匮乏
- O: (1) 政策优势 (2) 电商发展带来新商机 (3) 乡村旅游的发展
- T: (1) 面临白茶品牌的竞争 (2) 面临异质性景区的客源分流竞争

SWOT 分析（陈文君绘）

产业茶庄的打造：一方面注重品质提升：联系高校合作经营试验田，鼓励校企合作；另一方面注重茶产业链的延伸；最后，还需细化产品定位：结合花茶，吸引年轻顾客，IP 联名宣传，打造明星产品等。

精品茶庄模式图（陈文君绘）

精品茶庄的打造：当公共服务水平提高后，远期在北侧村口利用老村打造精品茶庄，采取长期整租农宅的形式，聘请茶农代管茶园。可以实现种茶、采茶、制茶全过程体验，喝上自己种的茶，同时也可以体验自家拥有果树菜园的田园生活⋯⋯还可以与艺术院校联系举办乡村艺术活动，打造乡村的现代文化品牌。

现代茶庄的经营模式（王云珂绘）

2 乡村旅游规划

定位：
以现代庄园经济为主体的茶旅田园特色小镇

模式：
旅游＋周边特色联动

（1）促进和周边知名特色地点交流，更加清晰地发掘竹管垅村的发展潜力；
（2）串联具有较高可达性的景点（半小时车程，可考虑周末公交线路）；
（3）带动周边经济发展，充分发挥得天独厚的自然资源，形成各地特色之间的交流与循环。

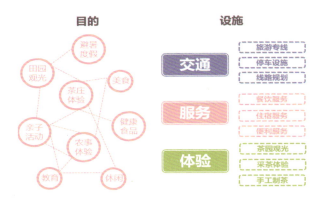

现代茶庄的经营模式（陈文君绘）

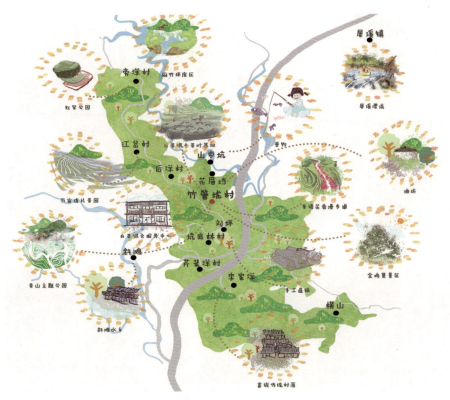

竹管垅村旅游规划图（王云珂绘）

3万亩茶海主题公园规划设计

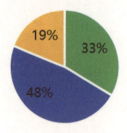

村庄公共设施满意度表（陈文君绘）

公共服务设施类型现状表（陈文君绘）

通过定点取景的手法对公园进行整体的景观规划，根据景观品质和视野广度的区别分别布置全景观景亭、单侧观景亭、观景平台、休息坐椅、卫生间等设施。并在北侧补种成片桃林，利用高树对新村景观进行层次上的优化。建议沿景观道路种植低矮灌木、花期长的花木，如月季、杜鹃、山茶等，注意不同季节花朵的配比，形成路径的指引。同时根据功能策划进行分区规划和分期建设规划。

竹管垅村公共设施规划（王云珂绘）

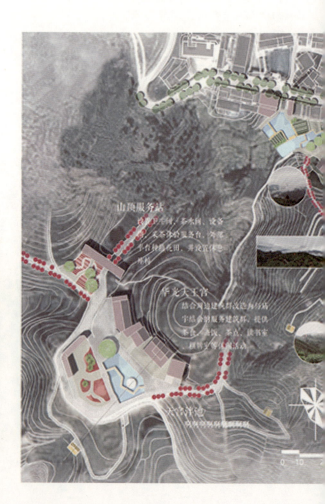

068

期建设方案（陈文君绘）

公园功能分区规划（陈文君绘）

公园设施建设规划（陈文君绘）

万亩茶海主题公园规划（陈文君/祖佳乐绘）

069

4 乡村公共空间总体设计

结合村民的公共活动需求、现代茶庄的发展需求和乡村旅游的设施需求，我们对竹管垅村的公共空间进行了系统化的梳理，并细化设计了空间节点，包括：远期建设的村口荷塘·精品茶庄、公园的主次入口（在展现产业茶庄特色的同时结合了乡村内部需求）和茶青交易市场·旅游服务中心等。

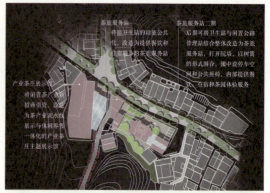

公园主入口规划图（陈文君/王云珂绘）

村口荷塘·精品茶庄规划图（陈文君/王云珂绘）

公园次入口·壹规划图（陈文君/王云珂绘）

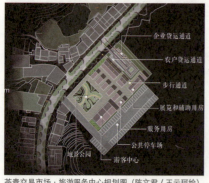

茶青交易市场·旅游服务中心规划图（陈文君/王云珂绘）

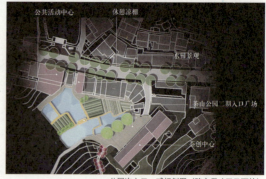

公园次入口·贰规划图（陈文君/王云珂绘）

竹管垅村公共空间总体设计（陈文君/王云珂绘）

5 建筑"微介入"与"微改造"——茶田守望

茶山四面景观皆宜,为了更好地呼应场地景观,将凉亭彻底向景观面打开。结合茶山路径规划,将道路引入凉亭之中,使其成为观景制高点。在设计中把凉亭一分为二,公共部分作为路径节点和观景平台,此为"虚"的部分。同时插入由当地竹编工艺围合出来的盒子,作为休憩品茶和观景的部分,此为"实"的部分。虚实结合,在路径上产生不同的观景体验,不同的围合程度也会产生不同的景观变化。在公共空间游客处于景观之中,到了休息空间,则由竹墙框景,限定出茶山画卷。由环境和路径限定出的空间设计呼应环境,利用景观来增强茶山公园体验的层次感。

茶山透视(戈仕钊绘)

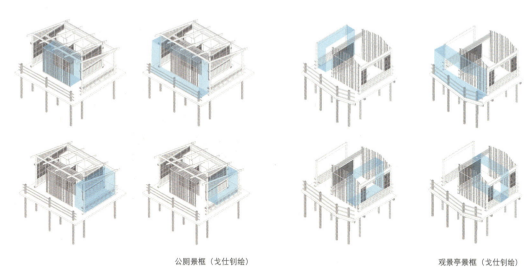

公厕景框（戈仕钊绘）　　　　　　　　　　　　观景亭景框（戈仕钊绘）

剖面图（戈仕钊绘）

073

茶山公厕效果图（戈仕钊绘）

茶山观景亭效果图（戈仕钊绘）

铺设小青瓦

铺设屋面板

竹木结构

竹围护结构

钢木基座

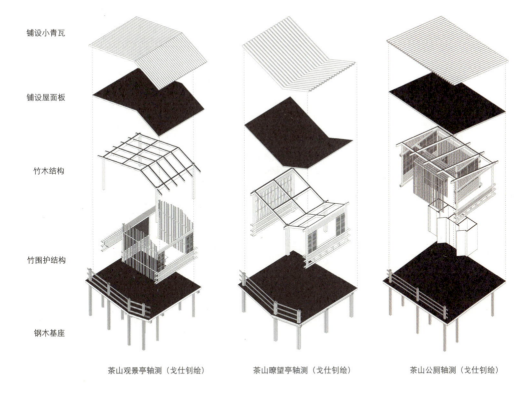

茶山观景亭轴测（戈仕钊绘）　　茶山瞭望亭轴测（戈仕钊绘）　　茶山公厕轴测（戈仕钊绘）

瞭望亭效果图（戈仕钊绘）

075

6 建筑"微介入"与"微改造"——村民公共活动空间改造

车棚和旧供销社位于整个茶山公园的一个出口处,希望结合茶山公园景观和池塘木栈道打造一个村民和游客休闲观景节点。车棚本身为村中老人驻足闲聊之处,下层堆放杂物,但层高较低,不方便人进入,同时原有的木结构和瓦屋面损坏较为严重,有一定的安全隐患。改造采用原来的木结构体系和小青瓦屋面,将原有层高提高,采用双层叠落的两个观景平台,夹层空间为公共厕所,希望成为一个村民和游客闲聊观景的地方。供销社目前闲置,已是危房,对面是中学和幼儿园。改造保留原有石质墙面,赋予其新的内部功能,初步想法为结合茶文化打造一个茶吧书咖,既能为村民和小孩提供一个阅读休闲之所,也能成为后期游客喝茶闲聊观景之处。

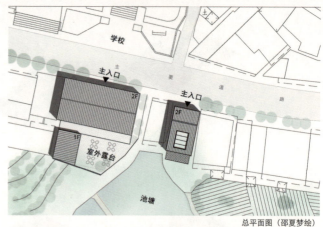

总平面图(邵夏梦绘)

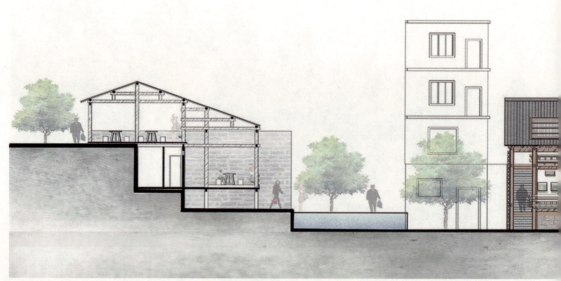

剖面图(邵夏梦绘)

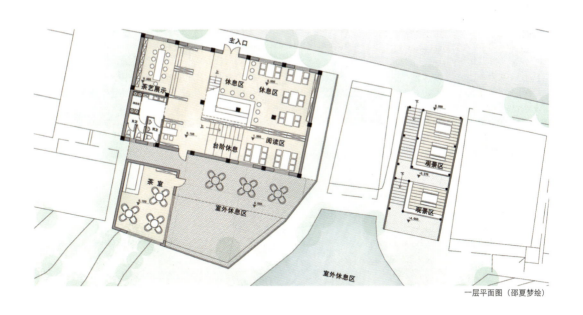

一层平面图（邵夏梦绘）

南立面图（邵夏梦绘）　　　　　　　　　　　　　　　　　　　　　北立面图（邵夏梦绘）

效果图（邵夏梦/陈佳晨绘）

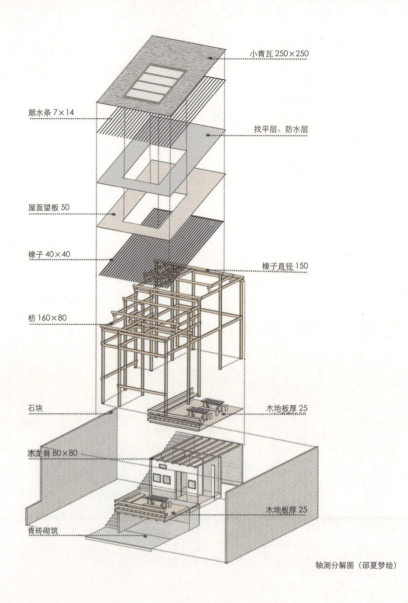

小青瓦 250×250
顺水条 7×14
找平层、防水层
屋面望板 50
椽子 40×40
椽子直径 150
枋 160×80
石块
木地板厚 25
木龙骨 80×80
木地板厚 25
青砖砌筑

轴测分解图（邵夏梦绘）

7 建筑"微介入"与"微改造"——卫生院改造

我们将卫生院改造成一楼为餐厅、二三四层为住宿房间的民宿,主要作为对外接待使用。

原建筑为接近于梯形的不规则四边形,由于它是砖混结构,无法对空间划分做过多修改,我们选择在原有房间的基础上通过家具的摆放和不同材质的选择营造出不一样的空间体验。

一层设有一个包厢、一个用餐大厅,我们还在入口处增设民宿接待处和吧台供人短暂休整。我们大致保留了二、三、四层的原有格局,修改了二层小部分隔墙使之更方便使用,分别划分出四五个房间提供住宿,除此之外,四层露台被作为屋顶小花园使用。我们还对立面进行部分改造,通过不同房间的划分,在沿街立面加建阳台,并通过固定在阳台外围的竹子的阵列,使之在和窗户的错落关系上营造出不同的视觉效果。

总平面图(陈露茜绘)

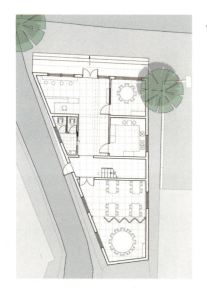

一层平面图(陈露茜绘)

二层平面图(陈露茜绘)

四层平面图(顾天奕绘)

整体透视图(陈露茜绘)

北侧房间(顾天奕绘)

入口透视(陈露茜绘)

露台透视(顾天奕/陈露茜绘)

南侧房间(顾天奕绘)

西侧房间(顾天奕绘)

北立面图(顾天奕绘)　　西立面图(顾天奕绘)

入口透视(陈露茜绘)

8 品牌形象提升与文创设计

根据茶叶、竹子、仙宫等当地特色来设计产品包装以及相关文创设计。

巧克力茶饼的形式吸引年轻消费者,同时方便掰取、冲泡。参照巧克力的包装形式,内部为满版的纸包装,可以留言传递信息。外部为硬卡纸盒,方便储存。

茶片具有方便携带和冲泡的特点,适合年轻消费群体,因此选取茶片作为包装设计的对象。针对都市白领和年轻消费者的品牌形象提升,我们引入银票的概念,使包装与白茶银仓的品牌形象相符合,同时又扩展年轻人的市场需求,打开销路。

通过挖掘当地茶文化底蕴,结合竹管垅的气候和地貌,将茶农一天的劳作活动进行插画设计。分别描绘了在晨雾、昼雨、夕照、晚风的意象下竹管垅茶山的景色。

茶片茶包包装设计(许玉露绘)

   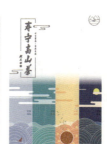 

金蝉花包装设计(陈佳晨绘)   通版包装设计(王熙昀/许玉露绘)

书签文创设计(王熙昀/许玉露绘)

logo 设计由竹管垅当地特有的梯田、云雾、群山、茶、毛竹等主要的元素构成。梯田茶园生长于高山上，常年云雾缭绕，顶部竹管开口的位置写有"竹管垅"，寓意这里风调雨顺、聚财聚宝。

印章的意象包括本次工作营设计的竹管垅 logo、茶山公园瞭望台、云雾、竹林和古廊桥。可以用于游客纪念、手账设计、包装印章认证和纸杯区分等。

延续银票的概念，做成标签贴纸，可以作为封条贴在外包装上，同时方便人们在上面填写信息。

纸杯文创设计（王熙昀／许玉露绘）

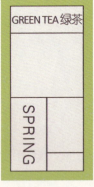
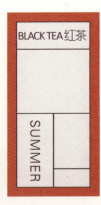
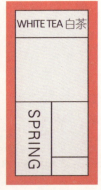

竹管垅　　瞭望亭　　云雾纹　　毛竹林　　古廊桥

文创手账印章胶带设计（王熙昀／许玉露绘）

9 后记

工作营的工作成果得到了参会领导的高度评价。领导们指出：短短一周余的时间，同学们成果丰硕，不怕艰苦、深入乡村的工作精神令人感动；工作成果从竹管垅乡实际出发，形成了从规划到建筑到产品的完整体系，具有极高的专业性、可操作性和远期发展潜力，极具启发意义，值得在县域内广泛推广。与会领导表达了与南京大学建筑与城市规划学院深入合作的意愿，希望推进项目尽快落地，并向同学们提出了与乡村建立情感联系、记住乡愁的殷切希望，并鼓励大家理论与实践相结合，积极投身到乡村振兴事业中来。

摄影作品

《调研进行时》
摄影：王云珂

《云中茶垅》
摄影：华晓宁

摄影：刘颖琪

煮茶话桥

谭家桥镇乡村振兴工作营

乡村印象

谭家桥镇隶属安徽省黄山市黄山区，近黄山风景区，是进入黄山风景区的东部门户和二级旅游服务基地，也是中国名茶"黄山毛峰"的原产地。

坐落在黄山脚下的谭家桥镇是宁静的。群山环抱，云雾缭绕，徽派建筑坐落其间，形成一幅水墨画。山脚坡地上三三两两人影，有农夫在耕作；村口老树下人来人往，有孩童在嬉戏；门前溪水潺潺，远处传来捣衣声，有人家在浣洗；院儿内人声鼎沸好生热闹，探头一瞧，原来是在品茶话家常。待到傍晚日落西边，炊烟袅袅升起，那是人家在生火；夜晚静得不像话，没有了人，田间树上的虫都活跃起来了，整个村除了它们都睡了下去。然而这样的村落现有的年轻劳动力却已不多，年轻人都去城市发展提高经济收入和生活水平。乡村振兴，振兴的不仅仅是经济，更是人，如何在吸引大量人口发展经济与保留原有的风俗风貌之间寻找平衡点，且看后续。

村庄信息

村庄地点：安徽省黄山市谭家桥镇
村庄方位：E 118°27′，N 30°17′
村庄人口：现有人口 8058 人，常住人口 7682 人
人均年收入：13414 元
主要产业：旅游业、现代农业、茶产品加工业

实践信息

工作营员：陈鹏远 陈应楠 刘颖琦 龙　沄 莫　默
　　　　　胡高颖 朱菁菁 郑志成 张正琦
指导教师：尹　航
实践时间：2019/7/1—7/13

工作营所在位置

教师点评
黄山谭家桥工作营

尹 航

黄山市黄山区谭家桥镇地处黄山东麓，2019年7月，南京大学在镇上建立了乡村振兴工作站。从此，来自南京大学、武汉大学、安徽工业大学的9位青年，开始习惯于这样一种生活：早起推窗远眺，远处的黄山在云雾中隐现；下楼吃点油条小菜，看餐厅旁的河水涨涨落落；背上电脑，挎上相机，来到斑驳的桥头，跟村口闲坐的老者招招手；穿过新修缮的村口祠堂，走过废弃破旧的古居，走进悠远而亲切的皖南乡村生活。很有幸，我也在这里，和几位同学一起，用十几天的时间，了解了谭家桥独特的资源禀赋，也畅想其丰富而美好的未来。谭家桥西邻太平湖、东枕黄山，是黄山风景区周边土地资源最丰富的地区；它古属太平，没有歙、黟那么显赫的地位，默默无闻；1949年后，却因上海知青茶场逐渐成为新街与古村共存的半现代化城镇；改革开放后，过境的205国道引来了黄山的游客，而合黄高速又把这些客人送去了汤口；而黄山东大门又一次给了谭家桥无限的可能。谭家桥的村民和干部，对家乡都有着深沉的感情，这里空巢老人比例相对不高，女儿往往远去沪宁，儿子则就近在黄山市区工作，美丽的山水是他们割舍不掉的家园，我们走乡串户感受到不同村民对乡村未来的渴望：新街上开农家乐的，希望扩大接待规模，保护建筑里的老人，希望守望历史，享受自然；村里的干部，则想着游客来不只是为上黄山，而是要走进谭家桥。如何让他们美丽的乡村"既容下灵魂，也能容下肉体"，这是我们乡村振兴工作营十多天竭力思考的问题。我们选取了远离新街、远离黄山东大门开发区域的西潭村进行"适度介入"的保护与开发规划，保护古建肌理，维持传统生活，引入精品民宿，营造茶文化体验游。在汜溪桥村，我们改造了老影院，让它成为村民的礼堂或未来的游客接待中心。时间太短，未来很长，西潭的古村等着我们，徽杭古道等着我们，知青茶厂的小楼等着我们，罗村河景等着我们；谭家桥，等着我们回来，一起再来完成乡村振兴的约定。

谭家桥镇破损的徽派古建筑

谭家桥镇废弃的徽派老建筑

谭家桥镇新建徽派建筑风貌

开营合照　　　　　茶山调研

古建实景　　　　　古建筑测量

黄山谭家桥挂牌仪式

心路历程

2019年7月1日，来自南京大学建筑与城市规划学院的工作营员集合于黄山市谭家桥镇，帮助解决谭家桥镇目前所面临的问题。

谭家桥镇位于黄山东部，随着黄山旅游业陷入瓶颈期，打开黄山东大门是提高游客承载量、旅游升级的关键。为此，谭家桥镇全面旅游开发的规划提上日程。在此背景下，本次工作营的主要工作内容：一是谭家桥镇内西谭传统古村落保护开发规划与建筑设计，二是谭家桥镇迄溪桥中心村的老电影院改造项目，并且结合实际需要，设计适合当地的乡村厕所以及路牌店招。除此之外还对具有当地特色风貌的传统古建筑进行了测绘。

以调研分析为基础，营员们集思广益设计方案，并于7月10日下午，参加中期成果座谈会，进行初步成果的汇报并听取相关领导与当地村民的意见和建议，结合各方意见，修改方案细节。

7月12日，全体营员前往镇政府参加最终成果汇报会。当地政府高度肯定了工作营的总体方案，同时就其实施的可行性给出了建议。随后，宋镇长和指导老师尹航对此次工作进行了总结性发言，并共同为谭家桥镇乡村振兴工作营举行挂牌仪式。

1 西谭古村保护与开发规划设计

村落介绍

西谭中心村范围南北至自然山体,西至黄山茶林场卫生服务中心,东至自然农田,总用地面积 12 hm^2。西谭中心村是 2016 年省级中心村,建设范围涉及东黄山村西一、西二两个村民组,共 116 户 372 人。建设理念主要是:按照传统古村落的规划要求,对照省级美丽乡村验收标准,围绕特色小镇的开发建设,重点打造民宿旅游和乡村体验游。

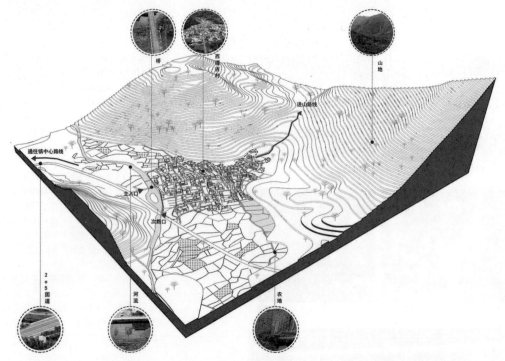

西谭村现状一览(陈鹏远绘)

西谭村鸟瞰

西谭村古建筑

村落开发模式对比研究

西递景区

宏村景区

松阳·飞鸟集

桐庐·先锋云夕书店

特点：
(1) 整体开发
(2) 拥有大量保存完好的古建筑资源
(3) 成立村集体企业或引入社会资本
(4) 门票收入为主
(5) 商业化开发程度较高
(6) 更偏重观光游览

宏村景区开发范围

特点：
(1) 针灸式的点状开发
(2) 乡村现代化程度较高，风貌完好的老建筑遗存较少
(3) 政府与艺术家、建筑师进行合作
(4) 无门票，着力拉动当地乡村发展
(5) 商业化开发程度较低
(6) 更偏重感受乡村与体验民宿

适度介入点式开发示意图

政府负责乡村旅游的规划和基础设施建设，优化发展环境；乡村旅游公司负责经营管理和商业运作；农民旅游协会负责组织村民参与地方戏的表演、导游、工艺品的制作、提供住宿餐饮等，并负责维护和修缮各自的传统民居，协调公司与农民的利益。这种模式可以实现多方共赢，但是实际操作中，因为涉及的利益主体比较多，因而协调困难，阻力比较大，且大众渐渐对走马观花式的旅游方式失去兴趣。

松阳在乡村振兴中提倡"中医调理、针灸激活"，就是不希望对乡村进行大动干戈地建设，而是通过点位上的适度刺激，慢慢恢复其生命力。在充分尊重当地传统、文化、产业和空间肌理的基础上，艺术建筑在乡村以微小的方式介入，提取和诠释各个村庄的特色文化、特色产业，形成一系列小而精、小而美、小而特的文化空间、生产空间，重现文化的力量和乡村的价值。

调研问卷结论分析

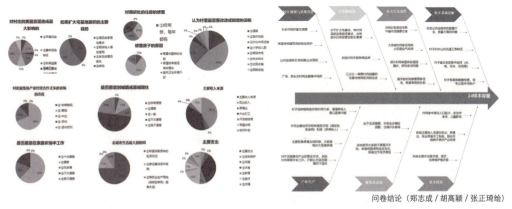
问卷结论（郑志成 / 胡高颖 / 张正琦绘）

适度介入模式

(1) 资源禀赋有限。西谭村仅有古建筑11栋，而宏村有保存完好的明清古民居建筑140栋，西递有224栋。西谭村的古建筑资源不足以支撑整体开发，但适合打造点式的精品项目。
(2) 传统旅游模式逐渐疲弱。随着经济的发展和旅游业的粗放式经营，宏村等皖南古村落由于过度的商业开发而失去了原有的乡村古朴风貌，游客对这类旅游景点有着审美疲劳。
(3) 村民希望留在家乡生活。在对当地村民调研过程中，发现他们不是很愿意改变生活方式，离开家乡去城镇生活。
故而对于西谭村的乡村振兴，采取"适度介入"的策略。

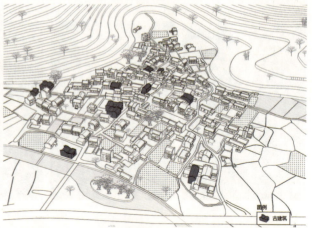

西谭村清代古建分布（陈鹏远绘）

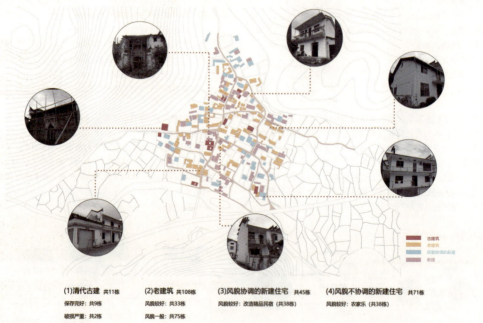

(1) 清代古建 共11栋
保存完好：共9栋
破损严重：共2栋

(2) 老建筑 共108栋
风貌较好：共33栋
风貌一般：共75栋

(3) 风貌协调的新建住宅 共45栋
风貌较好：改造精品民宿

(4) 风貌不协调的新建住宅 共71栋
风貌较好：农家乐（共38栋）

西谭村房屋风貌分析图（莫默/胡高颖绘）

建筑调研与村民访谈

(1) 建筑调研：为了解西谭村现存建筑的情况，包括古建筑数量和年代、老建筑风貌情况、新建建筑风貌及质量情况等建筑基本信息，工作营开展了为期两天的建筑调研，对西谭村内所有建筑梳理了一遍，编号并记录各项信息。一方面指导后续设计，一方面也为当地政府留存了一份资料。
(2) 村民访谈：在开展建筑调研的同时，工作营同学也同时对村民进行访谈，了解村民的基本生活情况。访谈针对与村民相关的七个方面"村庄规划与景观营造、宅基地情况、农宅生活条件、村庄基础设施、产业生产、城镇化意愿、基本情况"展开。

建筑分类改造策略（陈鹏远 / 张正琦绘）

保护及开发的原则

（1）总体原则以保护为主，开发只是保护的一种手段。

（2）开发方式强调低强度开发，选取西谭村内较有价值的节点或亟待开发性保护的建筑进行点式的新建或改造，以点带面，拉动乡村整体发展。

（3）保护与开发都建立在以人为本的基础上，充分尊重当地村民的意见，充分保护当地村民的利益。

（4）对于西谭村内 11 栋古建筑中保存完好的 9 栋进行修缮维护，不做业态开发，仅面向游客开放参观；完善其内部水电设施、防火设施，提高村民生活品质，保护建筑的同时也要保留属于西谭村最本真的生活方式。

（5）对于西谭村内的 2 栋破损严重的古建筑进行改造，置入新的业态。将其重点打造为西谭村内的公共性建筑，形成西谭的公共活动中心。

（6）将西谭村内风貌较好的老建筑打造为高端精品民宿。

（7）对于西谭村内风貌一般的老建筑及风貌协调的新建建筑，帮助有意愿的村民开发农家乐。

（8）对于西谭村内风貌不协调的新建建筑进行外部立面改造，拆除现代西式立柱，按照统一标准增加马头墙等当地传统风貌元素。

（9）对于西谭村内质量差且风貌不协调的建筑进行拆除。

建筑分类改造策略（张正琦绘）

民宿改造选点（陈鹏远绘）

精品民宿选点

从西潭村老建筑中选取 15 栋保留较完整且风貌较好的建筑改造为精品民宿，为游客提供高端住宿服务，从而创造更舒适的旅游体验。在精品民宿的建筑改造与设计方面，外观和室内如示意图所示，强调高标准与舒适性；在精品民宿的定位方面，价格标准定位在 1000 元 / 晚以上。精品民宿的打造投入较大，建议村民以集体的名义，在政府的协助下，与社会资本合作进行开发。

公共节点改造选点（陈鹏远绘）

规划节点选取

本次设计我们选取了较有价值的村口广场、两栋破损严重待改造的清代古建、可以俯瞰全村的高坡和游览流线结尾处的一栋清代古建 5 个节点进行初步设计，为西潭村加入新的业态，一方面为民宿的发展提供服务支撑，另一方面以点带面拉动西潭村的整体发展。除此之外，我们还选取了红庙、滨河段、村中心竹林、田野景观等 4 个具有潜力的未来意向节点，以待后期继续设计。流线设计考虑整合村中两条主路，将大部分设计节点串联起来，使游客游览范围覆盖村子大部分地区。

总平面图（刘颖琦绘）

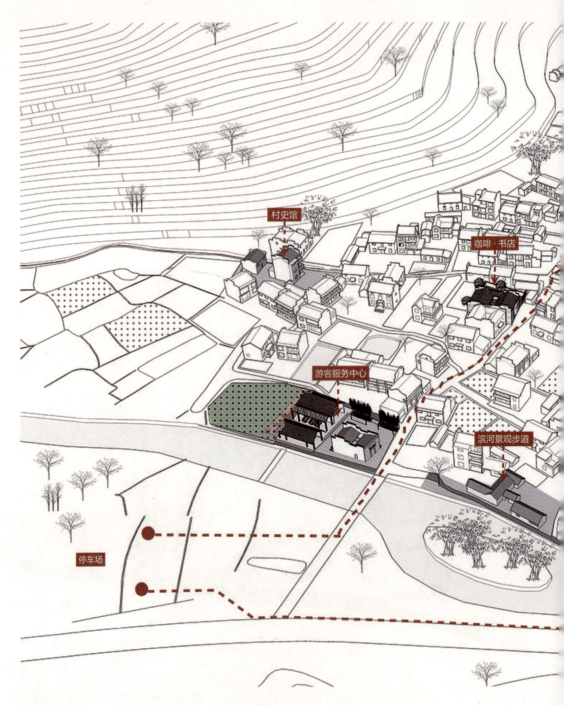

规划内容
村子中心的两栋古建将置入公共性的服务空间——咖啡文化书店、绿茶工坊和茶亭,形成西谭村的功能中心。村口的游客服务中心,不仅为游客提供服务,也为村民提供活动的场所。村子北侧的高坡上将新建一个瞭望塔,借地势俯瞰全村,成为极佳的观景地。

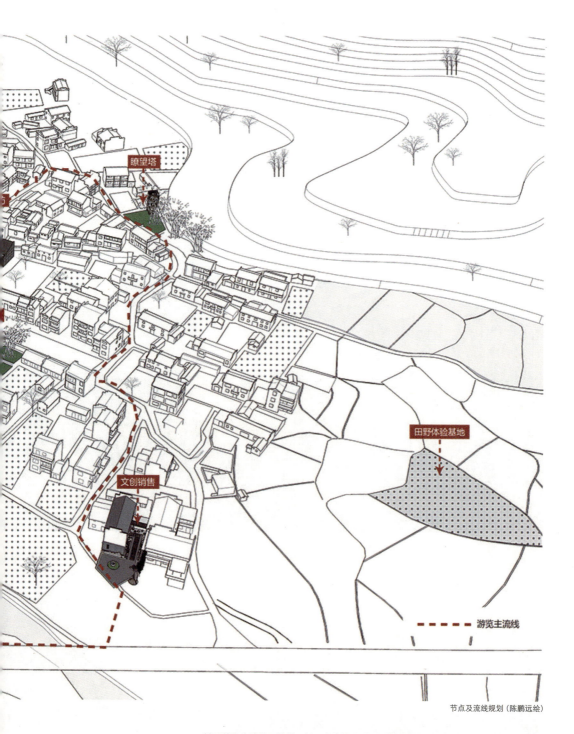

节点及流线规划（陈鹏远绘）

村子游览流线结尾处的一栋不住人的古建，计划置入文创销售功能，在不改变其结构风貌布局的前提下，进行合理的利用。滨河景观步道、田野体验基地、村史馆、茶亭都属于我们认为具有潜力，后期可以细致规划的节点。

2 西谭古村节点建筑设计与改造

咖啡书屋庭院效果图(莫默绘)

咖啡书屋效果图（莫默绘）

建筑现状

(1) 咖啡书屋节点设计

设计希望在原有衰败的古建筑上重建出一个新的书屋与咖啡休憩的地点。设计保留了原有古建筑中具有年代感的墙体与整体布局，保留乡村的记忆。与此同时，用新的造型与空间手法赋予建筑时代的特点。

书屋与周边建筑围合出一个休闲广场，给予旅客与村民一个能够近距离亲近老墙的空间。建筑用长窗连接室内外，打破了原本封闭的民居，赋予公共建筑的流动性与开放性，并用水池景观连接室内外，使室内外连成一体。建筑的室内空间借鉴了传统的抬梁式木构，同时用流动的空间穿插其中，丰富建筑内的活动空间，其中一层作为书屋，二层作为咖啡休憩的场所。

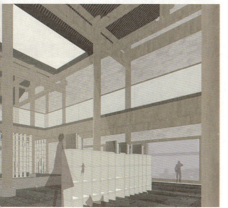

咖啡书屋室内效果图（莫默绘）

建筑现状

方案鸟瞰图

绿茶工坊效果图（莫默绘）

（2）绿茶工坊节点设计

设计希望在原有衰败的古建筑上重建出一个新的居民活动与制茶中心。设计保留了原有古建筑中具有年代感的墙体与两座建筑单体的布局，并通过室外的平台加以联系。设计主要包含制茶工厂、茶文化体验与饮茶三部分功能。吸引当地村民与游客以发扬黄山的茶文化。建筑设计了丰富的半室外半室内的空间，使村民或者游客在使用时能够与路上的行人有视线与活动上的交流。同时，还可以通过屋顶的天窗观看制茶工坊内的活动。

瞭望塔效果图（莫默绘）

瞭望塔点位示意

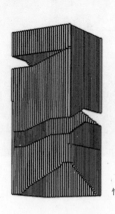

竹表皮

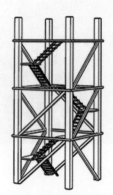

钢结构

瞭望塔拆解图（龙沄绘）

（3）瞭望塔节点设计

村子北侧大片竹林处地势相对较高，我们希望建设一个瞭望塔，满足游客俯瞰全村美丽景色的需求。并且，它也可以作为西谭村的标识。

瞭望塔内部为钢结构楼梯平台，表皮由竹片构成，结构简单，材料产于当地，节约造价，容易实现。沿向上方向设置空隙，游客在上行的过程中都能观览。瞭望塔总共三层，10 m 高。

游客中心效果图（刘颖琦绘）

（4）游客服务中心节点设计

村口节点地理位置优越，交通便利，临近河流、田野、远山等自然景观，风景优美。且靠近村内著名的古建筑——汪氏宗祠。基于上述有利条件，设计从当地村民及游客的需求出发，在功能上以村民活动中心与游客活动中心相结合。建筑风格呼应当地徽派建筑，采用白墙、灰瓦、坡屋顶的形式。

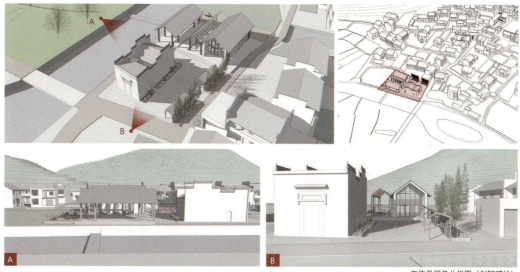

方位及视角分析图（刘颖琦绘）

滨河的长亭为游客及村民提供了视野极佳的观览空间。半封闭半开放的灰空间为多样的活动提供了场所。西侧沿田野设置了木平台，在稻米成熟的季节，木平台成为一个观景休息台。游客中心置于宗祠之后，突出了宗祠在村口的主要地位。不影响宗祠的同时，利用宗祠北侧的空地形成人流疏散广场，实现较好的流线布置。

文创销售说明图（陈鹏远绘）

(5) 文创销售节点设计

在流线的尾端设置文创销售节点，便于游客游览完毕之后购买纪念品。为了露出古建筑的大门，拆除了一栋新建房屋，腾出了一个小院子，设计围绕小院子展开。在东侧设置了一面片墙引导人流进入院子，并在道路上设计了一个广场，目的也是吸引人流驻留。

住宅立面设计说明图（郑志成绘）

(6) 新建住宅立面示范

在游客浏览的路线中，沿街的房屋可以置入新的功能，例如前店后坊式，游客可以方便地进入其中，观看村民制茶或其他农产品制作过程，观看之余，可以顺便购买。既不打扰村民的正常休憩，同时能带动西谭村的经济发展。我们为这种将自家房屋作为商铺的沿街建筑做了立面改造的方案设计，作为一种样式的尝试和探索，供后期建设参考。

3 迄溪桥中心村老电影院改造设计

迄溪桥中心村简介

长罗行政村迄溪桥中心村位于谭家桥镇西北部，是103省道沿线村，也是村委会所在地，交通便利，是由2008年村级规模调整后，本村外组前来建房居住的一个新型村庄，亦是黄帝源"鹿鸣谷"项目即将建设的安置点。在村庄的中心有一座约300 m²的老电影院，该电影院于1984年建成。

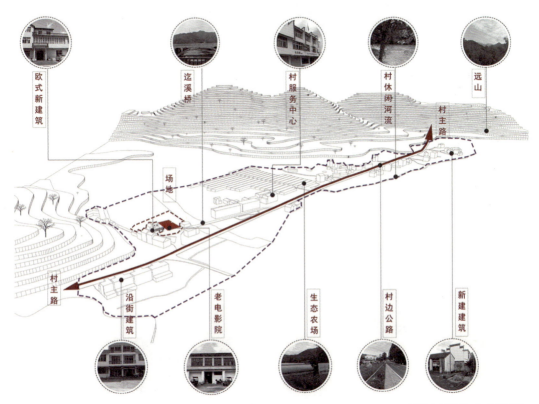

迄溪桥中心村现状一览（刘颖琦绘）

迄溪桥中心村布局分散，沿103省道呈条状分布，村民在村子内往来不便，也难以形成公共空间。老电影院所在的区域由于具有一块楔形空地及迄溪桥等休憩区域，承担起了村子公共核心的任务。

迄溪桥，桥二墩三孔，麻石砌成，是原徽（州）宁（国）古道上的一座桥，罗村河从桥下流过。老电影院与迄溪桥仅相隔数十米。

迄溪桥村村口鸟瞰

迄溪桥村村部

迄溪桥

迄溪桥村沿街风貌

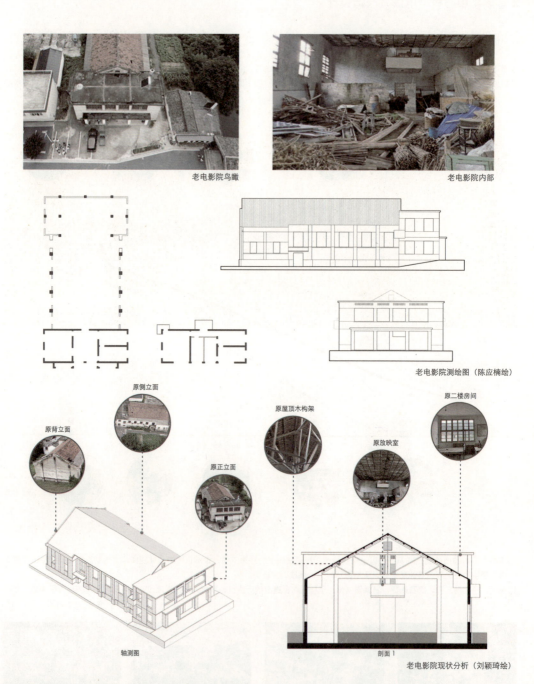

老电影院鸟瞰　　老电影院内部

老电影院测绘图（陈应楠绘）

原背立面　原侧立面　原正立面　原屋顶木构架　原放映室　原二楼房间

轴测图　　剖面1

老电影院现状分析（刘颖琦绘）

老电影院位于长罗村迄溪桥中心村的中心，整体面积约 300 m^2；
老电影院建成于1984年，在投入使用几年后，逐渐荒废，当地政府将其卖给私人，现作为仓库供村民使用；
目前，在政府的委托下，我们将对其进行改造。

老电影院改造效果图（莫默/陈应楠绘）

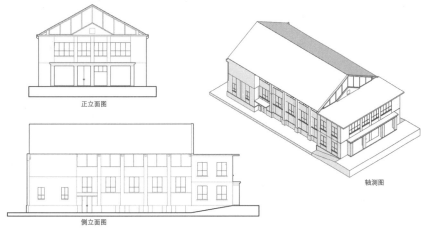

立面图与轴测图（陈应楠绘）

设计理念
（1）保留原有外墙及大空间。
作为1980年代的具有一定历史风貌的老建筑，其由坡顶和外墙所表现出来的外形是有历史价值的。而对于其中保留下来的大空间，我们认为对于村镇来说是非常难得且稀少的，决定再次利用。作为礼堂，供村民日常活动。
（2）屋顶抬升加侧高窗。
原建筑前后部分的交接处层次不清晰，高度上主次不明。设计将原观众厅的屋顶抬高，增加其轻盈感，也确定了礼堂空间的主要定位。
电影院的功能按照空间分为两个部分，在功能上，前厅作为附属，兼有为村民提供休息场所的功能，大空间则为礼堂。
（3）门厅通高。
前面附属建筑空间太小，为实现礼堂的门厅功能，这部分改为通高，以适应新的需求。

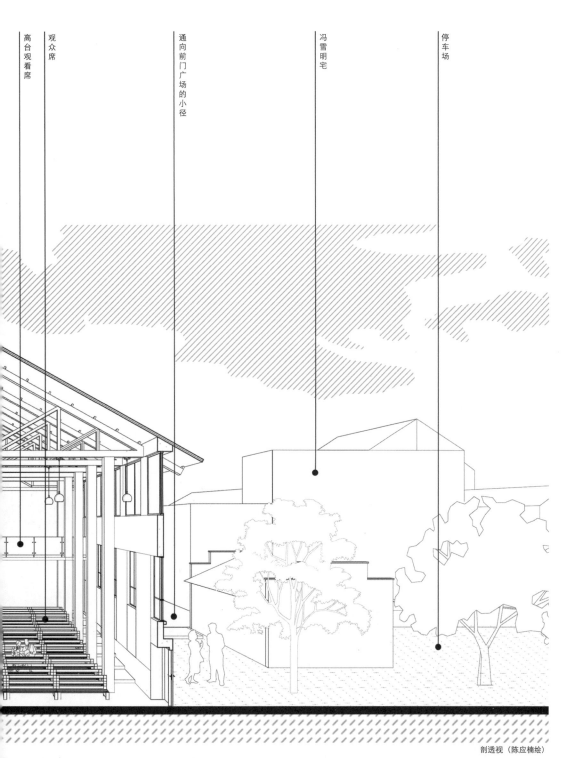

剖透视（陈应楠绘）

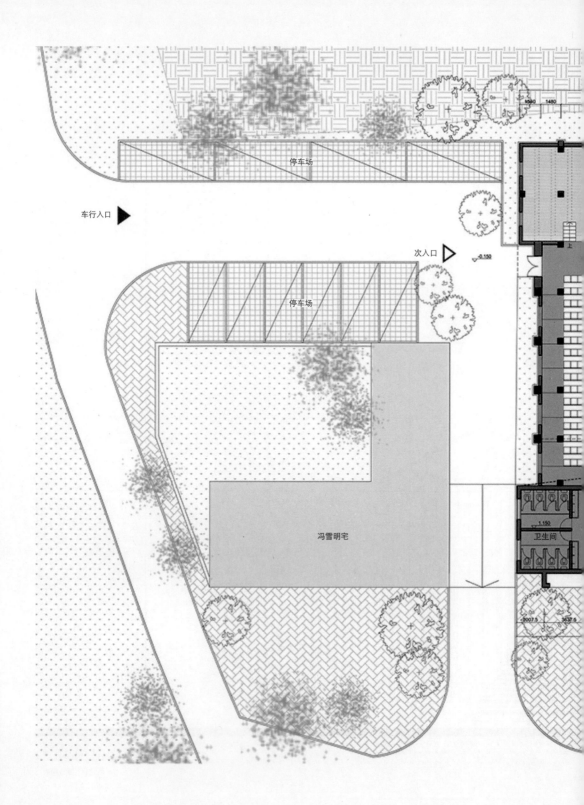

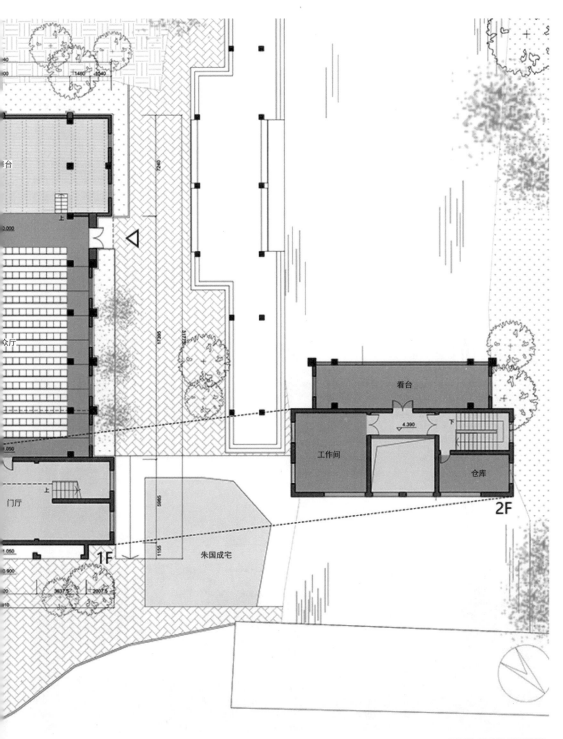

平面图（陈应楠 / 张正琦绘）

4 适用于本地的乡村公厕设计

在适用于本地的乡村公厕设计中，由于希望该厕所可适应于未来在多个场地上的建造而加入了许多普适性上的考虑。如：

（1）规整紧凑而宜人的平面构成

（2）易于搭建的形式与容易取得的材料

（3）与本地建筑类似的建筑风貌

此外，在该厕所的设计中将厕所的各功能块分开，创造出公共空间的同时试图规避传统公厕给人带来的机能感和僵硬感。在人眼高度以上引入天光，让整个建筑更活泼明亮而保持隐私。

马头墙在传统的建筑中起到防火、防风和分隔空间的作用，如今在无防火、防风需求的情况下仍可简化用于分隔和暗示空间关系。

在民居中，坡顶下为主要使用空间，而坡顶之间的院子则是过渡部分，在设计中也遵循了这种语言与形式的关系。

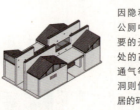

因隐私性考虑，公厕中应采光需要的开洞为屋架处的高窗，而应通气等需要的开洞则借鉴本地民居的砖砌小窗。

公厕平面图（陈应楠绘）

风貌分析（陈应楠绘）

公厕效果图（陈应楠绘）

5 品牌形象提升与文创设计

根据当地政府所提的要求,考虑到实际情况,工作营临时将文创产品的设计任务改成了路牌和店招设计。这两个标志物的设计融入了传统的徽派元素和色调。店招的店名位置以带有祥云边框的青灰色为背景,将店名字体格式设置为行楷。同时,带有"东黄山"标识的暗红色印章居于店招右侧。另外,店招左右两侧又分别添入传统徽派建筑窗格纹样,增加丰富度与辨识度,显示出谭家桥镇源远流长的文化底蕴。而路牌设计,通过加入富有当地特色的鱼鳞瓦片和其基座采取底部砖垒的做法,在与城市路牌区分开来的同时,也展示出谭家桥独特的魅力。

当地文化 logo(陈鹏远绘)

店招设计(朱菁菁绘)

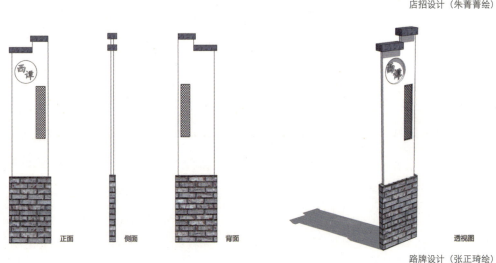

路牌设计(张正琦绘)

6 汪氏宗祠测绘

谭家桥镇西谭村村口的汪氏宗祠是一栋典型且重要的传统徽派建筑，工作营带队尹航老师认为其具有相当的历史价值，因此工作营决定对其进行测绘。一方面为当地村镇留存一份测绘资料以备后用，一方面作为研究，加深同学们对传统徽派建筑的理解。

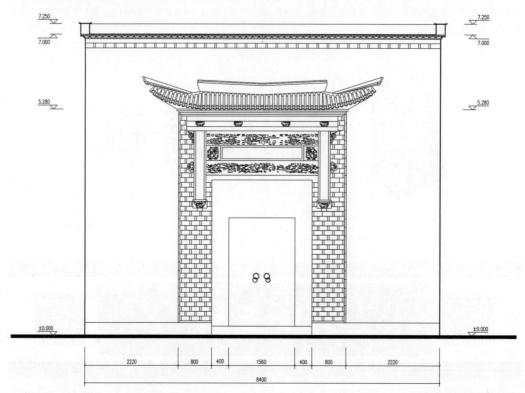

汪氏宗祠正立面图（郑志成绘）

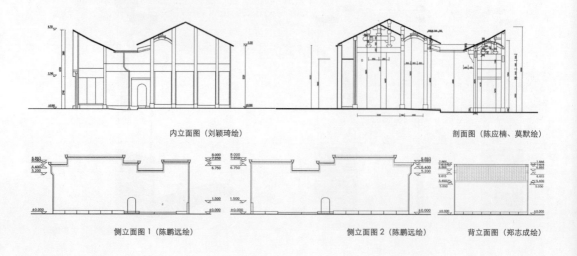

内立面图（刘颖琦绘）　　剖面图（陈应楠、莫默绘）

侧立面图1（陈鹏远绘）　　侧立面图2（陈鹏远绘）　　背立面图（郑志成绘）

7 后记

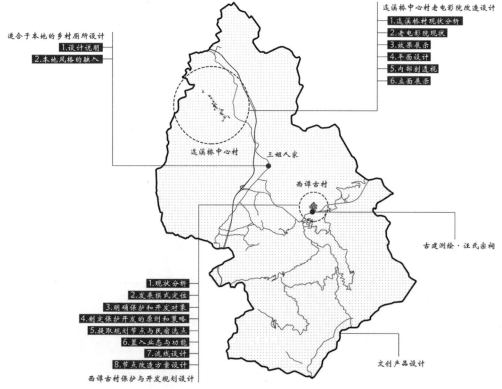

工作营成果一览（陈鹏远绘）

谭家桥镇乡村振兴工作站是南京大学建筑与城市规划学院在安徽省的第一个工作站，将致力于打造一个以学生为主体、教师引领、推动校地企合作的多院校、跨学科的新型平台，在新时期乡村振兴与民族复兴等国家重大战略实施中贡献高校师生的一份力量。而师生融入当地的乡振实践亦有助于学生在建筑学与城乡规划学的课堂教育之外，于实践中增长知识，打开思路。

黄山营2019年暑期乡村振兴实践活动圆满完结，此次实践亦为下一期更好的开始，我们关于乡村振兴的探讨从未停止，虽人去楼已空，但未来尤可期，乡振永不散场。

队员感想

陈鹏远

很幸运可以参与一次自由度这么大的设计，让我有机会真正地思考能为乡村做点什么。十二天的经历让我看到了乡村是如此的复杂，太多问题不是建筑师所能解决的。希望我们所做的能为当地村镇的发展提供一些思路和启发。

朱菁菁

时间飞逝，现在再去想，谭家桥的每一座山、每一片云、每一条溪流、遇见过的每一个人，我都会在一生中去铭记。

张正琦

关于乡村，有了更多了解，差距不仅仅存在于城乡，不同的乡村差距也很大，乡村开发需要平衡好乡土本色与经济效益。关于生活，结识了一群很优秀的伙伴，从他们身上学到了很多东西。总之，这是收获满满的一次出行。

龙沄

这十二天让我反思了很多身处都市没有思考过的问题，以前只有课堂学到的想法，乡村振兴给我机会去看见现实生活中遇到的情况。透过实践，对乡村有了许多新的体会，也认识了一群想法丰富、愿意分享的伙伴们，谢谢乡村振兴带给我满满的收获。

摄影作品

《潭》
摄影：刘颖琦

《"梦里"徽州》
摄影：陈鹏远

乡村振兴语境下的建筑设计下乡路径
——第一届南京大学乡村振兴论坛及成果展侧记

黄华青　周　凌

为发挥高等学校在人才培养、科学研究、社会服务、文化传承创新和国际交流合作等方面的作用，响应教育部2018年颁发的《高等学校乡村振兴科技创新行动计划（2018—2022年）》，南京大学建筑与城市规划学院于2019年4月26—27日举办了"第一届南京大学乡村振兴论坛"，同期进行了"2019年南大乡村振兴工作营成果展"。论坛的目的在于从理论与实践视角探讨新时代乡村建设中的问题，让乡村相关知识和经验实现多学科的交流互动。本次论坛和展览的举办有几方面原因：第一，党的十九大提出实施乡村振兴战略以来，中央农村工作会议紧接着做出具体部署，将实施乡村振兴战略作为新时代做好"三农"工作的总抓手、新旗帜；高校教师和学者应积极参与国家建设，以专业回报社会。第二，十八大报告与全国教育大会把立德树人作为我国教育的根本任务，教育部制订乡村振兴行动计划，鼓励学生参与乡村振兴社会实践，回应立德树人目标。第三，南京大学师生长期参与乡村研究实践，完成了多项课题与研究，乡村实践有一定的理论基础和实践经验。

本次论坛邀请了国内在此领域有成就的30余名著名专家学者与建筑师参加，包括来自北京大学、清华大学、东南大学、同济大学、南京大学、中国美术学院等高校的同行，涉及两个方面：一方面是宏观政策、乡村治理、乡村社会、乡村产业的探讨，主要报告人为长期从事乡村社会研究的著名学者、长期从事规划管理的住建部门老领导以及对最新乡村现象进行跟踪调研的教师；另一方面是乡村物质空间建设方面的讨论，由乡村参与建设的建筑师、规划师参与，主要涉及乡村环境改善、乡村建筑修缮改造与创新设计以及乡村建筑设计方法与建造技术的讨论（图1、图2）。

图1 论坛开幕式嘉宾与师生合影

图2 论坛现场

在高校举办乡村振兴论坛有独特的意义。高校不仅是乡土建筑、乡村社会等学术研究的阵地，也是各个层面乡村振兴实践的重要力量。南京大学乡村振兴工作营取得的阶段性成果就是理论与实践结合的有益尝试（图3）。如南京大学副校长邹亚军在开幕辞中指出，南京大学一直有关注乡村的传统，建筑与城市规划学院举办的论坛与工作营活动不仅在南京大学具有重要价值，更是响应乡村振兴国家战略的号召，在扶贫攻坚、全面建成小康社会的冲刺阶段贡献高校力量。先后致辞的南京大学建筑与城市规划学院院长吉国华、清华大学建筑学院党委副书记张弘、东南大学建筑学院副院长鲍莉等，也高度肯定并展望了高校在乡村振兴中发挥的积极作用。高校拥有跨学科背景及人才储备优势，为建筑师下乡的路径提供了一种参考和契机。

1 为什么要"下乡"

本次论坛和展览举办的背景，既是乡村振兴事业发展到一定阶段必要的回顾与探讨，也是在城乡关系和乡村内部剧烈变迁的新时期，对"建筑设计下乡"路径的反思与展望。在历史视野下，乡村振兴是民国以来近百年的乡村建设、新中国成立70年来的乡村变革、改革开放40多年来的城乡发展、近20年来的新农村建设等若干视野与使命下的必然选择。从19世纪末开始，晏阳初、梁漱溟、陶行知等一批知识精英为挽救衰败的乡村社会和经济而发起"乡村建设"运动；20世纪末以来，在温铁军、

图3 2019年南大乡村振兴工作营成果展

杜晓山、茅于轼、贺雪峰、李昌平等一批"三农"问题学者的研究与实践中得到延续和发展。近年来，"建设社会主义新农村""美丽乡村""特色小镇""特色田园乡村"等一系列乡村建设动议在国家力量推动下快速重塑着乡村的物质环境、经济产业与治理模式。当代乡村振兴的初衷，一方面是城乡发展差距的不断扩大，乡村空间与社会问题日益凸显，反哺乡村成为城市发展到一定阶段的必要责任。另一方面，受食品安全、住房紧缺、交通拥挤、休闲匮乏等"城市病"困扰的主观原因，和拉近城乡关系的高速交通网、互联网经济等客观条件的驱使，乡村成为城市人渴求而可及的桃花源；农村"空心化"亦为城市资本转移、农民创业兴业带来契机，资本下乡成为制度与市场的双重选择。据研究，中国乡村至城市人口迁移对城镇化率的贡献达到45%以上，乡村振兴是在建设农村人与城市人共同向往的一片美丽家园与精神归宿。

建筑师"下乡"一直是乡村振兴事业中的积极力量。1950年代中期，建工部就曾组织设计人员下乡辅助人民公社规划和建筑设计工作；1980年代，在"建设一个农、林、牧、副、渔全面发展，农工商综合经营，环境优美，生活富裕，文化发达的新农村"的目标下，新农村建设转向对农村环境建设、农民自建房问题的关注，建设部门多次组织乡村建筑设计竞赛、通用设计图集征集；21世纪以来，多次新农村建设浪潮将越发广大的建筑界推向"设计下乡"的前沿——从初期主要由慈善基金会赞助、集中在边缘地区和弱势社区的公益性探索，到十年前在大范围新农宅建设与灾后重建背景下的建筑师集体下乡，再到近年来在乡村旅游休闲、乡村产业振兴等促动下形成的愈发多元化、综合化的乡村建筑探索——建筑师参与的乡村项目不仅数量及规模急剧增加，地域范围从边缘拓展至全国，乡村建筑本体的功能类型、建构方式与价值取向亦呈现出百花齐放的姿态。

当代乡村内部社会构成及城市关系的变迁，给建筑师提出了新的命题和挑战。一个相关前提是城乡协调视野下乡村不断增强的混合性：包括产业功能的混合、人口构成的混合、形态风格的混合。在西方发达国家乡村，随着工业化改变乡村生活基础、逆城市化加剧乡村社会变迁、乡村旅游活动普遍增长、全球化、新闻媒体和互联网普及等因素的驱动，西方国家乡村从1990年代起步入"后生产主义"时代，传统的粮食生产功能被高品质的食物生产、美好宁静的公共空间、居住用地、环境保护等多样化功能取代。在当代中国，乡村的多功能化趋势同样与社会构成的多元化产生互动。一方面因农村进城务工人口和留村人口形成以代际分工、半工半农为特征的农村家庭经营模式，城市的农村移民与家乡之间的密切联系形成一个时空压缩的城乡空间混合体；另一方面，农村集体经营性用地、空闲农房及宅基地得到盘活利用，土地流转政策的落实和推行，带来对农村土地价值的普遍预期，带动城市人群进入乡村旅游、休闲乃至兼业、居住。可以预见，大量随城镇化发展而进入都市圈范围的农村、小城镇和居民点，不仅将负担农业职能，也要承接和疏解从城市中释放出来的作为城市经济发展提升的必要职能；未来乡村将成为一个由乡村居民与迁入者、农业工人、休闲游客、旅行者、土地所有者、政策制定者、媒体从业人员以及学术研究者等不同利益相关者的共同体验与表现所塑造的混合网络化空间。这为当代建筑师的"下乡"建构了新的前提。

2 乡村复杂性的多学科视野

在此语境下，建筑师需要重新认知乡村社会的构成，重新审视乡村建设的价值，重新反思乡村发展的路径。为此，三位跨学科专家分别从政府管理、基层治理、经济地理的视角，对如何认知和应对当代乡村的复杂性带来不同层面的启发。

江苏省住房和城乡建设厅原巡视员、中国城市规划学会副理事长张泉的报告《关于乡村三态的探讨——生态、形态、业态》探讨如何从生态、形态、业态的角度认知传统和当代乡村，并借助规划工具有效引导乡村保护和发展。生态层面包括环境生态、资源生态、景观生态、人文生态、社会生态等维度，强调在山水景观中的乡村规划要做到"六适"：功能适地、规模适度、设施适用、污染适治、景观适宜、管理适恒。形态层面，他提出"绿、土、小、曲、新"原则——"绿"强调乡村景观绿化的适生性、经济性、时效性、地方性；"土"指向三农文化、本地文化、土壤文化；"小"指乡村建筑体量不应太凸出；"曲"指向平面地形、空间地貌、建构筑物、植被绿化等多层次要素的设计原则；"新"则呼吁融入新观念、新生活、新科技，与时俱进。业态是乡村振兴的核心。产业发展是一个涉及文化保护、生产创新、人才培养、经营方式的综合性问题，需先进行包括产业规模、收入情况、生产组织方式、发展条件在内的传统产业梳理，进而制定发展战略、布局空间引导策略。最后他强调，乡村振

兴的核心是农民,关键在农业,如此才能借助乡村规划做好建设管理,寻求因地制宜、以人为本的长效发展策略。

北京大学社会学系教授、北京大学人类学民俗学中心主任朱晓阳的报告《关于乡村治理——从地势—生境视角》从乡村治理角度,重塑对乡村社会的认知以寻求介入乡村振兴的前提,从而实现有效治理,寻求乡村振兴的内生动力和可能撬动点。他指出,近20年乡村治理中的问题,包括国家下移、村政上浮等,造成行政村的"非社区化"及自然村被虚化,导致自治落空、法治不彰、德治无根。尤其是德治,依托于血缘/地缘性的乡村共同体(community),应有共同的生活方式和价值取向,是乡村治理内生动力所在。因此,自然村才是基层治理的自然单位,不能为了眼下的效率和直接效益,而牺牲国家安身立命的基础。他从"地势—生境"角度,认为大部分自然村并不"空心",原因是在当代中国的乡村两栖现象下,家庭的基本单位导致家庭成员在城乡之间的穿梭成为常态,自然村成为一个"空间上撑开的村庄",村庄的"生境"(niche)也扩张到一个包括乡下老家和县级城市的场域。最后他提出,要建立自治、法治、德治相结合的当代乡村治理体系,应确立自然村/村小组为社会治理的基层单位,以"空间上撑开的村庄"为基层治理单位,建设多元参与的基层治理组织——成立包括自然村/小组、村民代表、行政村代表、返村乡贤、"旅外人士"和驻村社会组织的村庄理事会。在清晰认知过去半个多世纪中国乡村社会的社区性及其空间边界的基础上,只有保障乡村作为空间/地势/生境存在,才能谈"振兴"。在此振兴即让其"自然存在",让其自治存在。

南京大学建筑与城市规划学院教授罗震东的报告《移动互联网时代的新乡村》面向未来,积极展现了移动互联网发展给乡村带来的机遇。他认为,移动互联网时代传播的去中心化、碎片化、高频化,使城乡营销的主体、模式、广度发生转变;移动互联网用户的分布下沉,成为农村网民传递和满足物质与精神需求的主要载体,给乡村带来多层面的机遇。例如"网红"现象促进了乡村及乡村美景的营销推广,淘宝村推动了普通乡村产业的兴旺,"直播"销售则重塑着当代城乡空间。这类新经济驱动的新乡村,正在掀起一轮迅猛的乡村产业化与城镇化浪潮,促发了乡村生活方式的系统变革,同时又反向促进传统产业的升级、产业链的延展。最后他总结了移动互联网对乡村社会的三方面积极意义:第一,乡村信息基础设施建设作为乡村振兴的重要阶段,有助于弥合城乡信息鸿沟,弥合地理空间阻隔;第二,高质量的内容生产日益凸显,如乡村传统手工艺、分散化生产设施得到复兴,乡村环境特色得到尊重和凸显;第三,乡村人居环境的改善更加迫切,对乡村公共服务设施和基础设施建设的需求日益提升,应致力于让乡村为完整的家庭日常生活提供良好的支撑。

3 建筑学的路径探讨

在多学科讨论的基础上,本次论坛邀请的八位建筑师结合在乡村中的实践与研究,主要从两个层面继续呈现了建筑师介入乡村振兴的基本路径。一方面是对乡土建构文化的传承与重塑,从建筑选址、布局到形式层面对乡村肌理的修复及对自然环境的融入,到在材料、构造、细部层面对乡村传统的传承及新技术体系的介入,试图通过建筑唤醒乡里人、城市人对乡村文化的认知及认同。另一方面是对社会性介入的探索,有些建筑师营造片段的、时尚的空间,以心无旁骛的方式复兴乡村的仪式感,塑造乡村对城市消费者的吸引力;有些建筑师则将建筑作为社会触媒,通过本地化、参与式的建造方式,直面当代乡村更严峻、系统化的政治/社会/经济问题,引导村民身份与场所感的重建。

清华大学建筑学院教授、素朴建筑主持建筑师宋晔皓的报告《可持续的乡村修复》认为,乡村修复不仅要应对在乡村空间环境凋敝遇下,对乡村肌理和公共空间的物理修补,也要针对乡村的空心化、老龄化等问题,寻求社会修补的可能性。在尚村竹蓬乡堂项目中,建筑从老屋废墟蜕变为村民公共活动场所的过程,带来从空间到社会层面修复的契机。一方面是村落空间的修补、场地的整理,决定了建筑的功能与布局;材料选择及形式创造则来自快速建造要求下的结构合理性。另一方面,在规划、建筑与社会学学者的共同介入模式下,村民全方位参与建筑的策划、建造到使用过程中;村中借此机会成立村民合作社,联合管理村内公共设施与资源,为村民自治打下基础。此外,宋晔皓教授将1990年代张家港生态农宅实践开始的对农宅性能的长期关注贯穿于设计中,如池州金峰村村史馆,在大部分保留修葺的情况下仅通过增加天窗,改善室内采光通风环境。他总结,建筑师在乡村的工作不只是形式创造,核心是如何在建筑层面对乡村居住舒适度有所贡献(图4)。

同济大学建筑与城市规划学院教授、创盟国际主持建筑师袁烽的报告以《数字人文时代的乡土建构实践》为题,阐述了数字化建造技术对传统技艺和当代乡村带来的变革。他认为,机器人建造技术作为一种新的技艺,为当代农村提供了更高的建筑品质和性能;由此,建筑未来的形态不一定是以完全协调的姿态面对,可以以全新的视角来看待乡村建筑。在成都竹里项目中,通过机器人建造的预制木结构体系,实现超短时间的、高质量的现场拼装建筑实验;同时它作为乡村产业复兴的引擎,让乡村拥有了能够承载新知识结构的新生产方式,继而构成一个社会生产体系,面向更大范围的田野场景,在农村、农民层面激发更深刻的内涵。他将建造作为一种产业化的研发过程,包括新技术、新工艺、新工具的开发与实验,进而大胆提出一种基于不同设计师、农民的能力与介入程度的超小型、定制化、批量化建筑服务体系,面向更广大的基层农村,以构想未来建筑与社会更可持续互动关系的前景(图5)。

图4 尚村竹蓬乡堂

中国美术学院建筑学院副教授、山上建筑事务所主持设计师陈浩如的报告《可持续的乡村建造》,指向另一种传承乡村文化与技术传统的路径,即建筑师与农民共同参与的一种自然主义自建活动。他提出,中国乡村不仅仅是个粮食生产基地,而且具有诗意和艺术的传统。乡村建筑一直倡导就地取材,本土而生,在山水之间自然融合。自然主义建筑,就是要寻求一种乡村中原真的、没有建筑师的建造状态。如临安太阳公社的猪圈、鸡舍、鸭寮等项目,用当地的竹子、茅草和农民劳动力,基于传统建构方式,不仅建造资金很低,也通过当地人的参与而将建造获益留在村里。他试图以建筑作为一种"乡建宣言",通过全村人参与的集体营造,保持乡村自建的传统;鼓励乡村不仅向城市输出劳动力,也要输出文化和技术传统。最后,他认为"没有建筑师的建筑"这一乡村建筑传统是由背后的社会体系及规则所塑造的。下乡建筑师应积极思索如何回归建筑师的责任,回归悟性的表达(图6)。

图5 竹里

南京大学建筑与城市规划学院教授、副院长周凌的报告《乡村的功能修复与风格修复》,从功能修复和风格修复两个视角,探讨建筑师介入乡村所面临的主要问题及可能的解决路径。他认为,修复不仅意味着建筑学意义上对真实的建构传统进行克制的、面向历史的恢复和重塑,也要探索在社会意义上如何恢复乡村的功能、乡村的秩序和在城乡体系中的位置。因此,乡村的风格修复是建筑学问题,乡村的功能修复则是社会学问题。他回顾了明清以来包括自治、宗教、语言等层面的乡村治理政策,到现代主义以来城市发展的空间结构经验,提出乡村的功能修复和风格修复是乡村振兴的一体两面。例如在南京江宁的苏家文创小镇,随着大城市近郊乡村被纳入都市圈的功能体系中来讨论,乡村提供面向城市的服务功能也就成为自然现象,成为建筑操作的前提;在徐家院特色田园乡村,他则探讨了在江苏这类风貌极为普通的乡村,如何借鉴宁镇地区民居的实用性建造传统,塑造一种当代而可溯的建构体系,并通过功能和业态的植入为这类乡村寻求出路(图7)。

图6 临安太阳公社猪圈

中国建筑设计研究院城镇规划总建筑师、本土中心研究室主任郭海鞍以《竹木砖瓦——新乡土文化改变乡村》为题,从建构文化与社会参与两个层面讨论了介入乡村的不同方式。他通过对近现代乡村所经历的经济衰败和"文化堕距"现象的剖析,发现乡村失去文化自知和自信,是导致乡村传统建筑材料衰败并转向城市材料的主因,乡村风貌也因此走向失序。在玉山昆曲学社项目中,基于对玉山雅集中的物境、情境的提炼,促进当地文化的复兴,在建构中探索竹、砖、瓦等传统材料的传

图7 南京徐家院村民中心

121

图 8 昆曲学社

图 9 唐山乡村有机农场

图 10 东梓关回迁房

图 11 蒋山渔村改造

承与现代演绎。通过这个项目，乡村肌理得到恢复，尤其是村民开始对昆曲、家乡和家乡的建筑有了认知和认同。在尚村的快速竹结构施工试验中，项目组只用一两天、一两名竹匠，探索一种以地方技艺、地方人力介入地方环境微更新的理想模式，继而在乡村栖居地激发出深远的社会人类学、现象学内涵。这种社会学视野的乡村介入，从与地方社会组织、村民个体以及个体栖居空间的互动场域中，寻求一种轻微、谦卑的介入模式，试图让建筑师在乡村消隐，从微小的设计开始慢慢改变乡村（图8）。

中央美术学院建筑学院副教授、建筑营设计工作室主持建筑师韩文强的报告《从城到乡》表达了面向乡村建筑的另一种坦然态度，以此在地方建构一种新空间场所的表达。由于其项目的非典型功能及使用群体，他得以剥离大多数乡村建筑面临的具身性和社会性环境，超然地坚持对于建筑品质及空间感的本体性追求。从旧城改造的扭院儿、曲廊院等项目开始，经历"从城到乡"的历史环境变迁，他认为建筑应是中性的，根本上是对新的变形、空间场景和复合使用的探讨。如唐山乡村有机农场，既是一栋缺乏周边环境限制的独立建筑，也是一个自成一体的小聚落，高水平的木结构施工确保了建筑的空间品质；水岸佛堂同样在抽象的自然场景中，试图从形态、功能、结构和材料层面接近一种自然的状态，营造一种自持的美学。在他看来，乡村在一定意义上是城市的延伸，尤其是在这类"在乡村而不是为乡村"的建筑，城市消费功能作为使用的主要面向，建筑的高品质、追逐时尚的空间感自然成为更真实和理性的选择（图9）。

gad•line+studio主持建筑师孟凡浩的报告《与日俱新，回应自然》讨论了如何在建筑形式操作层面，创造适于当代乡村社会条件的新传统，并在人工与自然之间寻求平衡。杭州东梓关回迁房作为移动互联网时代最成功的建筑现象之一，其价值不仅在于形成了一个具有乡村旅游价值的"网红"村，更在于如何在建筑层面协调解决低造价的工业化材料以及农民对性价比、公平性、日常性的需求与建筑形式及空间原形之间的矛盾，进而衍生出一种普遍性的推广价值。在另外几个地处风景优美的传统村落中的商业项目——如松阳陈家铺飞鸢集民宿、松阳揽树山舍、建德沉香茶舍中，他孜孜不倦地探索了如何借助建筑形式塑造"自然化的人工"与"人工化的自然"，用发展寻求真正的保护，也逐步形成一套适应于这种独特乡村环境的形式语言和建构体系（图10）。

图 12 圆桌论坛

米思建筑主持建筑师周苏宁的报告《乡村建筑社会性与体验性实践》，同样以新一代建筑师擅长的一种时尚、精致、内向的仪式感，提供了在近郊型乡村中面向城市消费人群为主的前提下乡村闲置空间再利用的设计策略。扬州春沁园休闲农庄改造是面向小城镇新兴行业需求的场景式表达，以奇观化的方式为当代乡村日益兴盛的公共娱乐活动提供所缺乏的大型公共空间。蒋山渔村的片段式更新实践中，面对作为城市空间延伸、环境单调乏味的城市近郊乡村，通过微小的更新策略在老屋改造中重塑内向、自持的礼仪性，营造符合当代美学的精致感和体验性，从而构想了修复当代乡村空关房的一种策略（图 11），寻求一种轻微、谦卑的介入模式，试图让建筑师在乡村消隐，从微小的设计开始慢慢改变乡村。

4 讨论与反思

最后，在南京大学鲁安东教授、同济大学戴春教授、东南大学李华教授共同主持的圆桌论坛中（图 12），进一步针对建筑师介入乡村振兴的论题进行了激烈讨论，主要集中在两方面。其一，乡村究竟仅仅是为当代建筑师提供了一个异质化的干预背景，还是作为乡村条件下一种新的建制，对建筑学本体问题带来另一种思考方式与可能解答？乡村建筑应作为从建筑类型、建筑形式、建造方式到建造技术等方面的自省性探索，还是回应社会性、回应使用端变化的一种开放性研究？是否需要、是否能够打破城乡建筑的边界？建筑学能否通过对乡村经济社会文化的综合回应，提供一个关于乡村未来的整体图景？建筑师介入乡村，收获的不仅是经验，还应展现新的理念。其二，建筑介入乡村的能动性问题。城市化建筑体系和美学的介入，尽管在面向城市消费者、具有地缘优势的近郊型乡村具有一定意义，但如何克服费孝通所谓的"文字下乡"困境，适应乡村这一"非标社会"的种种限制和机遇，挖掘和发挥建筑的能动性，进而融入和改变乡村生活，将成为一个长期的社会问题。在此意义上，要振兴乡村，贯彻以人为本的社会性思考，在功能和文化层面重建乡村的尊严、重建乡村在当代城乡体系中的位置，将成为建筑设计下乡应该坚持的原则；而建筑师作为乡村不可或缺的整合者和能动者，也必将在乡村发挥持续、重要的角色。

图片来源：图 1～图 3、图 12 孙磊、谢军、黄瑞安摄；图 4～图 11 由建筑师提供

图书在版编目（CIP）数据

知行路上：南京大学乡村振兴工作营·2019 / 周凌 等编著. — 南京：东南大学出版社，2019.12
（南京大学建筑与城市规划学院乡村实践丛书）
ISBN 978-7-5641-8751-4

Ⅰ. ①知… Ⅱ. ①周… Ⅲ. ①农村 – 社会主义建设 – 成果 – 汇编 – 中国 – 2019 Ⅳ. ①F320.3

中国版本图书馆CIP数据核字（2019）第285835号

书　　名：知行路上：南京大学乡村振兴工作营·2019
ZHIXING LUSHANG: NANJING DAXUE XIANGCUN ZHENXING GONGZUOYING·2019
编　　著：周　凌　华晓宁　黄华青
责任编辑：魏晓平　姜　来
出　　行：东南大学出版社
地　　址：南京市四牌楼2号　邮编：210096
出 版 人：江建中
网　　址：http://www.seupress.com
电子邮箱：press@seupress.com
印　　刷：南京新世纪联盟印务有限公司
经　　销：全国各地新华书店
开　　本：700 mm × 1000 mm　1/16
印　　张：27
字　　数：890 千字
版　　次：2019 年 12 月第 1 版
印　　次：2019 年 12 月第 1 次印刷
书　　号：ISBN 978-7-5641-8751-4
定　　价：150.00 元（全三册）

（若有印装质量问题，请与营销部联系。电话：025-83791830）

知行路上

南京大学乡村振兴工作营 2019 II
Rural Revitalization Building Workshop, SAUP, NJU

周凌 华晓宁 黄华青 编著

东南大学出版社·南京
SOUTHEAST UNIVERSITY PRESS·NANJING

目 录

004	序言	周 凌
007	静气同山——茅山乡村振兴工作营	刘 霄等工作营成员
008	教师点评：茅山乡村工作营	沈丽珍
	012　1 攀登环	
	013　2 骑行环	
	018　3 文教环	
	022　4 品牌形象提升与文创设计	
	025　5 后记	
029	山水青城——青山乡村振兴工作营	刘 洋等工作营成员
030	教师点评：青山工作营	张益峰
	032　1 内河景观提升与碎石滩公园设计	
	038　2 龙仪路沿街立面建筑改造设计以及环境提升	
	040　3 西门子旧工厂改造	
	042　4 品牌形象提升与文创研发设计	
	045　5 后记	
049	画乡石林——六合冶山乡村振兴工作营	李星儿等工作营成员
050	教师点评：六合冶山乡村工作营	孙 洁
	052　1 冶山铁矿风情街与铁矿公园改造策略	
	056　2 双墩村人居环境整治提升规划	
	064　3 石柱林国家地质公园旅游生态规划	
	072　4 南京冶山乡村振兴青年工作站室内设计	
	088　5 "冶"牌雨花茶品牌提升与文创设计	
	098　6 南京冶山观光旅游推广方案设计	
	105　7 后记	
109	水韵黄庄——黄庄乡村振兴工作营	施少鋆等工作营成员
110	教师点评：淮安黄庄乡村工作营	尤 伟
	112　1 导引系统设计	
	114　2 室内装修设计	
	118　3 特色农产品包装设计	
	122　4 推广宣传—微信小程序	
	123　5 后记	
127	脉连"枫"情——南京徐家院乡村振兴工作营	周雨岚等工作营成员
128	教师点评：南京徐家院工作营	申明锐
	130　1 产业优化与再设计	
	134　2 游线组织	
	138　3 文创产品设计	
	141　4 后记	
144	乡村振兴语境下的建筑设计下乡路径 ——第一届南京大学乡村振兴论坛及成果展侧记	黄华青 周 凌

序言

踏进乡间的河
——2019南京大学乡村振兴工作营知行实践

只要记忆的河在流淌，人就可以诗意地存在。

——申赋渔《半夏河》

我们为什么要下乡？

乡村是所有中国人的故乡。每个人都从一个叫"家乡"的地方来。那个家，少部分是城市，更多的是农村、集镇、县城。父辈、祖辈多来自于此。一个以农耕为底色的民族，不能离开土地，如费孝通所言，老农半身插在土地里，黏着在土地上。

乡村是美丽的。绿草上挂着露珠，小河里摆动着水草、星星、稻田、蟋蟀、布谷鸟……河边种满柳树，池塘里荷花盛开，槐树、柿子树装饰着村庄内外。乡村是有诗意的。弯曲的小河穿过村庄，三间瓦房、电线杆、操场、篮球架、稻草人……踏进这条河，就是踏进一段岁月，踏进一幅风景，也是踏进一个民族集体的乡愁。

乡村也是凋敝的。半边坍塌的房舍、泥泞的小路、杂芜的田野、村里只有孤独的老人和儿童，以及散养鸡犬的身影……留下来的村民，变成最需要获得社会呵护的群体。有的乡村在发展，有的乡村在衰退。不是所有的乡村都需要振兴，也不是所有乡村都能振兴；人是主体，人走了，乡村振兴没有意义。部分村民进城了，有良好的教育、医疗，是一件好事。需要照顾的，是留下来的弱势的群体。在很长一段时间内，乡村还会继续存在、继续凋零，对乡村的关注，会有存在的价值。

新时代教育，要回答"培养什么样的人"。习近平在2018年9月10日的全国教育大会上的讲话说道："要把立德树人融入思想道德教育、文化知识教育、社会实践教育各环节，贯穿基础教育、职业教育、高等教育各领域。"立德树人已经成为新时代教育的根本任务，也是首要任务。

同样，博雅教育也把大学教育定位在培养健全的人格、塑造健全的心智、培养社会需要的人的目标上。19世纪英国人约翰·亨利·纽曼（John Henry Newman）在《大学的理念》(The Idea of a University)这本书中说道："如果要给大学的课程确定一个实际的目标，那么我认为，这个目标就是为社会培养良好的成员。"纽曼认为，大学教育的根本宗旨是"智的培育"(cultivation of intellect)、"心的培育"(cultivation of mind)，以及"智的训练"(discipline of intellect)、"心的训练"(discipline of mind)、"智的改进"(refinement of intellect)、"心的拓展"(enlargement of mind)等。

青年下乡、大学生下乡，是对现实社会的关注，也是一种心智训练、一种心智扩展，是将知识的客观对象重新建构成为自己的东西，学习不应只停留在静态知识层面，还应该把握知识之间的联系，学会用联系的、整体的眼光看问题。乡村就是一个小而综合的对象，微观而复杂的问题。对学生来说，进入乡村是学习和锻炼，是全面认知社会的一个机会。对乡村来说，村民能够获得下乡学生在发展规划、产业规划、环境治理等方面的技术支持，得到直接的帮助，同学们用专业知识为地方发展出谋划策。乡村最需要的是产业、人才、文化、环境振兴。文字下乡、科技下乡、创新下乡，是帮助地方的几把钥匙，也是大学生下乡可以有所作为的地方。

南京大学建筑与城市规划学院发起了2019年乡村振兴工作营活动，工作营利用寒暑假开展社会实践，招募了不同专业、不同院系、不同高校的学生，在全国各地展开乡村振兴工作。结合地方发展需求，工作营师生利用所学专业，以全产业、全流程、全覆盖方式参与乡村振兴，为基层乡村振兴相关工作提供了产业策划、乡村规划设计、环境改善、科技服务、文化教育等方面的技术支持，并协助乡村开展文化挖掘、教育帮扶、社区营造、农产品包装、旅游产品包装等方面咨询服务。

具体而言，工作营开展了四个板块的工作：第一，产业促进方面，开展产业策划、产品推广、平台建设工作。服务乡村产业提升，协助打造特色产品、精品农业，开拓建设产品推广的途径及平台，推动乡村经济可持续发展，实现乡村产业兴旺。第二，环境改善方面，开展乡村规划、环境提升、建筑更新工作。服务乡村规划建设，打破"千村一面"危机，传承传统乡村风貌；协助乡村开展环境整治升级，共建生态宜居环境，留住青山绿水，留得住乡愁。

第三，文化建设方面，开展文化挖掘、乡村教育、文创设计等工作。服务乡村文化传承，帮扶传统文化挖掘整理，开发包装特色文创产品，推广当地文化；支持基础教育工作，培养本地乡创人才。第四，社区建设方面，开展乡村社区营造、乡村治理、集体经济组织建设工作。服务乡村社区营造，加强乡村公共文化建设，提升德治法治水平，推动乡风文明建设。辅助乡村党建宣传工作，服务基层组织建设，完善乡村治理体系。

工作初期，乡村工作营初步制订了一个五年计划，五年内在全国范围内建立约20～30个乡村振兴基地，举办30～50个工作营。目前，已与江苏张家港双山岛、福建武夷山星村镇、四川南充嘉陵区、江苏镇江句容茅山、福建宁德寿宁县、安徽黄山谭家桥镇、江苏南京六合冶山街道、江苏扬州仪征青山镇、江苏淮安金湖塔集镇、山东枣庄店子镇、江苏常州薛家镇、广东潮州饶平县、辽宁辽阳文圣区等共13个地方政府挂牌建立乡村振兴工作站，并且展开工作。从选址上来说，覆盖范围从东至西，东到福建，西至四川；从南到北，北至辽宁，南至广东。文化上跨越东西南北，从东部沿海武夷山茶文化到西部内陆南充山地文化，从北方辽阳辽金文化到南方潮州移民文化。

2019年寒暑假组织的乡村振兴工作营，招募了来自南京大学、东南大学、武汉大学、重庆大学、中国农业大学、西北农林科技大学、中国美术学院等20所高校的本硕在校生组成的实践志愿团队，共计15期，学生130余人次，带队指导教师30人次，覆盖中国东、西部7省11市（区/县），完成了共17个镇村级别实践点的乡村振兴实践任务。通过开展乡村社会及历史调研、规划与建筑设计、文创农产品推广等一系列实践，扎根乡村一线，服务社会。

四川南充嘉陵围子村，地处中国西南浅丘带坝地貌山区，是清代已经形成的山村聚落。现在，围子村刚实现脱贫摘帽，正在寻找新的发展契机。工作营提出了休旅式发展的设想与规划，为赶峰人设计客栈，为蜂蜜设计包装盒，把人居环境改善和助农增收致富有机结合起来。福建宁德竹管垅乡，曾是大山深处的贫困乡镇，现在是高山上的白茶银仓，工作营帮助当地政府梳理公共空间系统规划，对建筑进行微介入和微更新，并对当地产品进行品牌形象提升和文创推广。安徽黄山谭家桥镇是一个位于黄山风景区东大门的传统徽派小镇，面临着旅游建设开发与乡村传统文化保护之间的矛盾冲突。乡村工作营以独特的视角审视了传统老建筑在乡村现代化发展中的位置，以老建筑为载体，复兴当地文化民俗的同时也推动当地经济的发展。辽阳市罗大台镇，自然山水条件优越，辽阳是辽金文化重要发源地，曾经是金太祖祖庭，也是清太祖祖庭。目前其城镇与人口规模较小，主要产业以第一产业为主，第二、三产业较不发达。乡村工作营提出集中打造"辽金文化"，并且探索发展以生态农业为基础的乡村文化旅游产业，实现第一产业与第三产业交融的发展道路。潮州大城所是明代抗倭御所，戚继光建立的防卫型城市，这个时期发展起来的卫城模式、建城技术，后来在北方长城和城市建设中被广泛采用。广东潮州大城所是全国46座有迹可循的明代海防聚落中保留最为完整的一座遗址，建城历史有626年，融合了复杂的移民、语言、民俗，孕育了独特的海防文化、民间习俗与民情关系，是中华农耕文明与海洋文明碰撞的叙事载体。乡村工作营旨在探索结合历史学、人类学、建筑类型学、城市形态学、建筑物理学的设计研究方式，获取总结了大城所民居类型、认知地图、室内建筑环境研究的第一手资料，为历史保护规划编制做到有益补充。

如约翰·亨利所说："大学教育是一个通向伟大而平凡的目标的伟大而平凡之手段。它的目标是提高社会的心智水平，培养公众的心智，提高国民的品位。"南京大学乡村振兴工作营，正是这样一个通向伟大而平凡的目标的伟大而平凡的乡间小路，它通向远方，通向未来。

周　凌
2019/10/14

摄影：张胜越

1
静气同山

茅 山 乡 村 振 兴 工 作 营

乡村印象

陈庄村属于镇江句容李塔村，是句容、金坛、溧阳三市的交界地区。村子背靠方山，面朝李塔水库及九龙山脉，有背山面水的绝佳风水，山水田林齐备，景观环境良好，具有较大的潜力。

陈庄的农耕、家禽养殖规模小，多是各家各户分散打理。陈庄绝大部分村民曾以苗木、茶叶种植和经营为生，但近年来随着城市新增建设步伐减缓，苗木市场衰退。同时，茶叶经销收入也十分不稳定，青壮年劳动力基本上都进城打工，只在农忙时节回村打理村中产业，苗木、茶叶种植不再是主要收入来源。此外，陈庄的集体性收入较少，通过发展集体产业振兴陈庄的阻力较大。

陈庄所面对的难题正是中国大多数乡村的普遍困境：一方面，现代化的浪潮已经波及该区域，随着各种乡村振兴政策的实施，村民的生活质量已经得到很大改善；另一方面，在传统文化和生活方式衰落的同时，村庄并没有自发形成新的特色产业，因此村庄的发展受到很大阻力。因为陈庄本身的资源局限，我们试着将策划的思路放在了区域层面。

村庄信息

村庄地点：江苏省镇江市句容市茅山陈庄村
村庄方位：E 119°19'25", N 31°42'13"
人均年收入：7.9 万元
主要产业：苗木、茶叶种植

实践信息

工作营员：刘　霄　张胜越　孔圣丹　刘佩璇
　　　　　谢斐然　王月瞳　杨溢贤
指导教师：沈丽珍　刘　铨
实践时间：2019/1/21—1/28

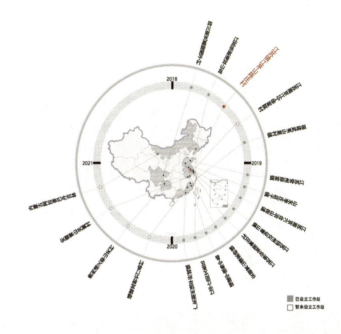

工作营所在位置

007

教师点评
茅山乡村工作营

沈丽珍

乡村振兴这个主题是近年学术界、规划行业界一个非常热点的主题。从美丽乡村、田园综合体到特色小镇，我们在不断探索解决乡村发展问题的方法。城市与乡村两个空间领域从对立走向统一，乡村规划将在学习城市规划的理论、技术与方法的基础上，探究乡村发展目标、过程及其动力机制。通过实践我们认为现阶段的乡村振兴自身动力比经济外援重要，乡村治理比环境整治重要，人口流动比资源封闭重要，阶段发展比终极蓝图重要，持续关注比一哄而上更重要。陈庄就是一个非常典型的案例。我们乡村振兴工作营的同学们，很多来自城市，对乡村一开始是雾里看花，也曾经出现过一些偏差性的认识，但是同学们适应很快，通过社会调查、焦点访谈等方法迅速融入对陈庄的专业认识中。他们积极尝试运用专业知识解决乡村发展过程中存在的问题，对产业、旅游、建筑等提出有益的规划与建设方案，有些方式和方法虽然看起来略显稚嫩，但是我们看见了新一代青年规划及设计工作者对于乡村建设的满腔热情。实践是检验真理的唯一标准，乡村振兴，我们在路上。

自然环境

特色资源

刘霄：
八天的乡振工作过程中，我一边尝试着去理解乡村，一边尝试着去理解整个设计下乡的活动意义。我有机会站在一个更加宏观的设计者的角度去体会乡村，理解潜藏在乡村建设背后的社会及经济问题。通过和规划专业的同学交流，一个更加"宽松"的观察问题的态度逐渐形成。受他们观念的影响，我逐渐从建筑学学科的教育框架中走出来，将乡村问题的中心放在区域上去考虑。

孔圣丹：
我和其他来自东南大学、南京大学的同学一起参与了茅山陈庄的乡村振兴实践活动，第一次深入接触乡村，了解乡村生活，同时也第一次有自主权，从村民的基本需求出发设想未来的乡村建设。此外，与负责规划的同学深入地进行交流，并且在刘铨老师的带领下一起挖掘方山这一当地特色的景观资源，为我们完成这次项目打下了基础。

张胜越：
"为什么所有人都集中在这个时间回家呢，真是挤死了。""过年嘛，大家都回家，我在城里都一年没回乡了。""您干嘛吃馒头就榨菜，能吃饱吗？""能，省钱给娃买文具、买好吃的好玩的呢。"回家的火车站里听到了诸多这样的对话，也许正是因为有了"家"，我国的城市才没有出现那么多流浪汉和贫民窟，也正是因为有"家乡"的概念，我们才更能满怀信心，相信乡村会更好。

刘佩璇：
八天结营，只能说我们尽全力利用了现有的资源，做出了设计，但是结果还要等待未来的验证。但愿这次的成果能够落地并为村民带来生活质量上的提升，所以结营并不是结束，还有更多待完成的实地建设和工作。

谢斐然：
我们大多在饭桌上讨论，这种活跃的氛围促生了许多灵感，也增进了我们对彼此的了解，短短几天大家已十分熟稔。虽然遇到了一些意料之外的阻力，但总体来说我们已经在自己的能力范围内做到了最好。毕竟对于乡村建设来说，要的不是夸夸其谈的高技，不是媒体上的好评，而是当地百姓的认可，是扎根乡土的踏实和一心为民的赤诚。我想我们做到了。

王月瞳：
这次工作营为我提供了一个不一样的设计环境和学习过程。从最初几天的频繁调研到后面几天的持续画图，浸入式的设计既高效又能把握住要点，看似短短的八天时间被充分利用。

杨溢贤：
八天的茅山陈庄悟道之行，感触良多。与村民和地方政府面对面，让我真正了解到村民需要什么，政府为村民们操劳了什么。书本上平面化的知识，在实践中变得立体生动。

三环聚气陈庄村 方山之下有人家

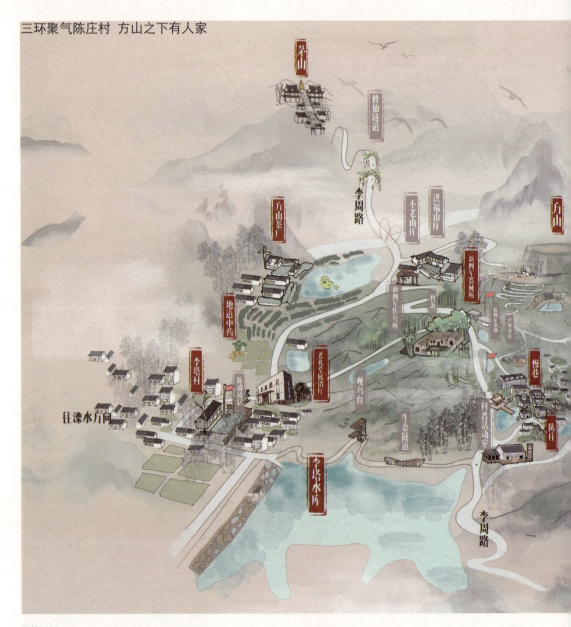

战略研判：

随后根据调研和进一步了解，我们对陈庄村现状进行了SWOT分析。由于村内现有产业基础薄弱，陈庄村的农产品缺乏规模，不能充分利用周边资源，发展受到阻碍。

为了解决这一问题，我们将"健康旅游"作为主题词，迎合当下注重健康旅游、户外运动的趋势，更好地将方山景色与"网红文化"等融合利用，为陈庄注入新元素。与此同时，充分发挥现有自然资源和文化优势，并结合自然农业基础，在政府的政策支持和多机构合作支撑下，形成以健康需求为导向、以维护和促进身心健康为目的、以旅游为载体、将健康服务和旅游融合发展的产业定位。

Montira Horayangura Unakul　　Ming Ho Yam　　　　　Jamie Donahoe (2000-2001)
　　　　　　　　　　　　　　　　　　　　　　　　Leanne Mitchell (2000-2001)
　　　　　　　　　　　　　Illustrations
　　　　　　　　　　　　　Pornthum Thumvimol

Contributors
Lavina Ahuja　　　　　　　Deland W.M. Leong
Anne Arnold　　　　　　　 Hangying Li
Susan Balderstone　　　　Kuanghan Li
Salman Beg　　　　　　　 Yeung Shin Li
Hiske Bienstman　　　　　Ziying Li
Patrick Brown　　　　　　 Laurence Loh
Tsz-chung Angus Chan　　Ying Xian Luk
Mark Chang　　　　　　　 Jun Mu

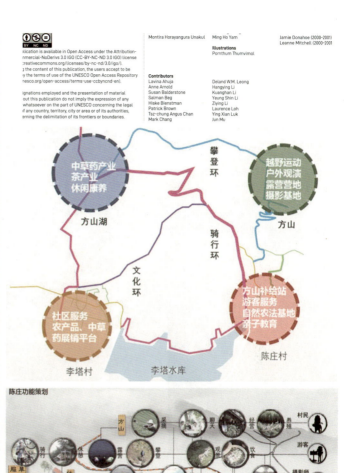

手绘地图（张胜越绘）

区域定位：	功能定位：	建设目标：	设计策略：
区域以方山湖、方山、陈庄村、李塔村为节... 以户外活动、中草药产业、自然农法作... 旅游服务为主要功能。协调各区域资源... 势，明确各点功能定位，形成联动之势。... 造为茅山全域旅游中以健康产业主导的重... 片区。	(1) 区域户外活动服务节点 (2) 自然农法示范村	(1) 一个户外健康活动的服务驿站 (2) 一个自然农法的种植展示园 (3) 一个安居乐业的生态自然村	(1) 宏观区域联动 (2) 中观特色环线 (3) 微观节点设计 (4) 观光展销结合

1 攀登环

在调研的过程中，我们发掘到了方山这一特色节点，它具有优美的原生态景观，并由于后期的采石工程形成了面积约 10 hm² 的平台，便于承载多种活动。因而，我们以它为核心，设计了一条串联陈庄、不老山庄的攀登环，其上可发展方山户外活动项目，如极限运动、音乐节、摄影展等。

同时，与陈庄慢巷结合，形成通山步行线路。在北侧设置户外服务驿站。未来可成为区域活动及时尚文化的名片。

攀登环功能规划（张胜越绘）

方山极限运动（刘霄绘）

方山电影节（刘霄绘）

2 骑行环

通过对现有环太湖自行车线路的利用，同时考虑参赛者和普通骑行游客的差异化需求，我们沿李塔水库，打造了一条轻生态影响的骑行道，形成约 7.5 km 的中长骑行环，同时在陈庄村为骑行者，设置骑行驿站和相关服务功能。以骑行活动带动乡村观光，从而助力产业发展。

骑行环功能规划（张胜越绘）

李塔水库景观道（张胜越绘）

2-1 骑行驿站设计

在骑行环上,我们选择陈庄村通往方山道路与村庄外部主路的交叉节点处,设计了一座骑行驿站,以满足自行车租赁、维修等功能需求。

在通往陈庄的柏油小路上,驿站屋为骑客提供车辆维修与休憩的地方,人们的目光将自然地被引向方山,并激起继续探索的欲望。

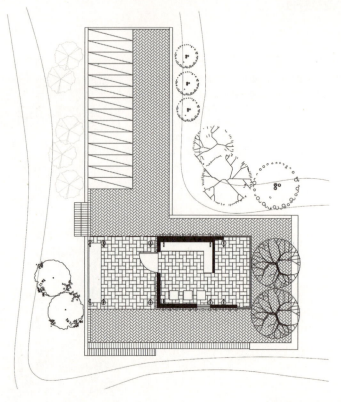

平面图(刘霄绘)

骑行驿站效果图(刘霄绘)

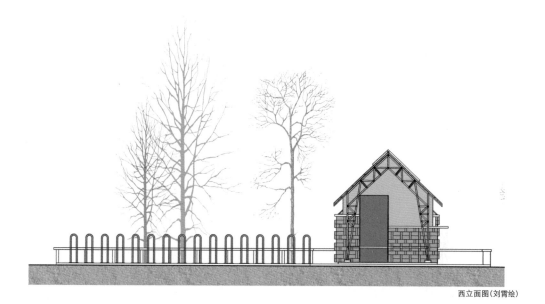

西立面图(刘霄绘)

北立面图(刘霄绘)

2-2 茶室设计

一座茶室坐落在朝向方山的羊肠小道上,原场址是一片废弃的茶田,干燥土壤仍然保持着一陇的形状,唯有一条小溪潺潺流过。小屋提供冥想之地和欣赏方山景色的平台,人们可以安心地在此被周边的山坡拥抱。结构上由三组两榀的桁架组成,便于快速搭建与平面自由组合。材料选择上主要以当地的竹材、木和青砖为主,加以玻璃更好地融入周边的环境。

茶室效果图(刘霄绘)

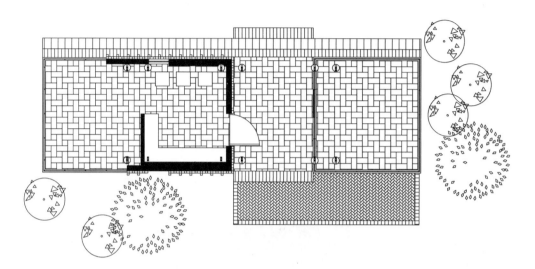

平面图（刘霄绘）

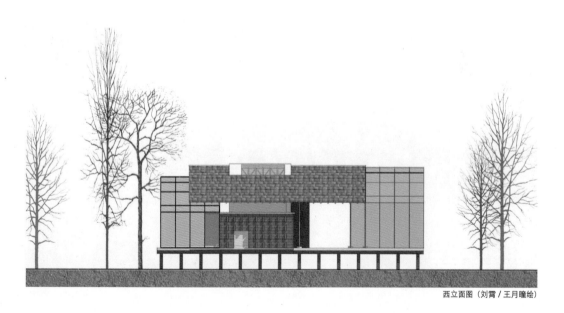

西立面图（刘霄/王月曈绘）

3 文教环

文教环：整合红色旅游节点，并新增科普性场所，形成文教环。主要面向亲子游及红色教育活动。同时改造李塔老礼堂，成为多功能活动的场所，为周边农产品提供展销平台。

特色产品展销　红色讲堂　历史剧表演

科普教育

行军段 联系红色旅游节点，沿途设置故事性标识及展示牌，展示当年新四军与日寇的战争故事。铺装为沥青路面。主打周末红色教育户外基地。

红色故事性雕塑　战斗机、坦克等残骸

文教环功能规划（张胜越绘）

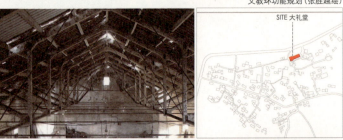

总平面图（孔圣丹绘）

效果图（孔圣丹绘）

3-1 李塔礼堂改造设计

对李塔村内原有的老礼堂进行维护改造，打造成为陈庄—李塔文教环中承载展销等多功能的大空间建筑。通过增加局部的夹层，创造了灵活使用的空间，可以作为当地农产品展销点，同时为骑行攀登线路上的游人提供休闲场所，建筑内也保留了茶加工设备作为文化宣传展示点。

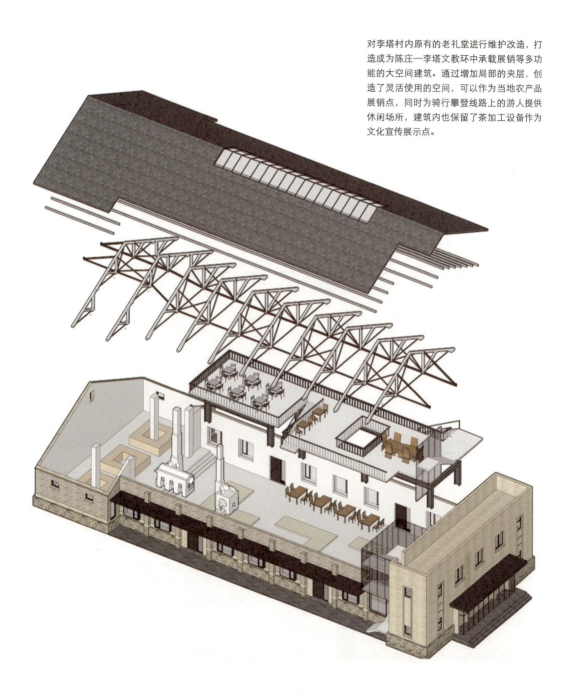

3-1 李塔礼堂改造设计

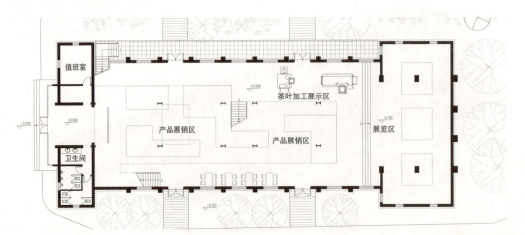

首层平面图（孔圣丹绘）

立面图（孔圣丹绘）

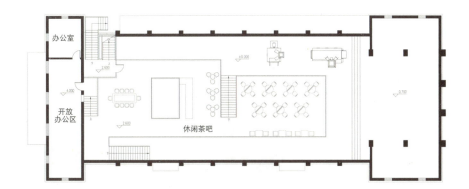

屋顶平面图（孔圣丹绘）

剖透视图（孔圣丹绘）

4 品牌形象提升与文创设计

经过对茅山特产的调查总结和当地特色的发掘,我们选择了葛根茶作为包装设计的产品,并从外包装、茶包、标签三个方面入手进行了设计。葛根茶具有改善脑部血液循环之效,于身心健康大有裨益。

方山之土有奇景,方山之下有人家
采石过后留下的独特几何形山石景观有一种寂寥的壮美感,仿佛这里是一个由神雕琢过的被世界遗忘的角落。立于方山之上,背后"悬崖峭壁"似的山体景观是摄影绝佳的幕布背景,不禁令人感叹人的渺小。

红旗漫卷茅山日,竹林医院忆峥嵘
为医治伤病员,新四军选择毛竹树林密布的磨盘山作为固定重伤组,当年许多战士、地下党同志和老百姓都得到过这个"竹林医院"的救助。如今,医疗所虽然已成遗址,但新四军为保卫家园、英勇战斗的英雄事迹广为传颂。

园中结庐,溪土青青草,醉里陈庄相媚好,山水人家娆娆
在慢巷之中缓步而行,抬头远望皆山景,四下环顾尽人家。慢巷,赏景,静心,养神。慢下来,与四下农家聊三两事,抛却浮躁,把玩时光。这里依山傍水、空气清新、风景宜人,人与自然和谐共生。村中保存了一批历史风貌建筑和反映时代特征的特色民居,别有一番风味。

纹样（谢斐然绘）

受方、山二字小篆字样启发，叠合二者形态，形成具一定动态活力的人形logo，并具有"山人自有妙计"的引申意义，一则与健康旅游的主题相呼应，二则体现出茅山的道教文化及智慧。

山字推演（谢斐然 绘）

方字推演（谢斐然绘）

logo 设计（谢斐然绘）

产品包装（谢斐然绘）

5 后记

产品包装(谢斐然绘)

一周时间,从萍水相逢到相互熟悉,除与陈庄村的山水人家结下不解之缘外,茅山陈庄之行亦成为我们的悟"道"之行。合作、实践、创新……多院校的合作,跨学科的碰撞。队员之间互通有无,综合各种知识技能,打开新思路,更加全面地探索陈庄村乡村振兴的各种可能性。

同时,针对陈庄村具体情境和客观条件的设计内容决策,既是优势又是挑战。陈庄作为省级特色田园乡村示范点必须彰显出其在区位、文化、生态等方面的特色。深入挖掘并传承本地文化,在发现陈庄村原生的秩序后,重整思路,植入当今人们的健康新理念,在保证了陈庄的原汁原味的同时,尝试找出乡村失落的价值,做出创新。

关于未来,有许多想象。但有一样是不变的——"仰望星空,脚踏实地"。正如道家语:"道生一,一生二,二生三,三生万物",遵循规律,循序渐进。茅山陈庄的未来,乡村振兴的未来,仍等待我们的实践和探索。随着更多乡村振兴活动的进行,或许陈庄村会与周边乡村之间形成网络共同繁荣,又或许陈庄村的乡村振兴故事会影响整个行业的思考。

上下用心,唯农是务,久久为功。

摄影作品

《开山》
摄影：刘霄

《晨曦》
摄影：张胜越

摄影：李晓

2
山水青城

青山乡村振兴工作营

乡村印象

青山镇位于仪征市西部，距离仪征市中心10 km左右，北接枣林湾生态园，南临长江。曾经有"九厂一矿"的辉煌产业历史。偌大的西门子厂房在沉默地昭告着它昨日的辉煌；沿街的店铺老旧，店主多在门口纳凉，街边还有聚在一起打牌的老人；青山隐隐水迢迢，被称为"青山最美地方"的龙山森林公园，沿路皆是绿色，与龙潭湖山水相映，很是惬意；与山相对便是长江，在政府的楼上远眺整片江景，江上货轮来往，时不时会听到轮船的鸣笛声，夜晚灯火闪烁，江风拂面，思绪随之飘远。

曾经因矿而兴，"九厂一矿"的辉煌能否再现？如何让绿水青山充分发挥经济社会效益，造福青山人民？怎样让青山镇民众更加直观地理解乡村振兴的深刻内涵？而我们又如何利用自己的专业为乡村振兴做出贡献？带着这些疑问，工作营的伙伴们投入了后续的工作。

村庄信息

村庄地点：江苏省仪征市青山镇
村庄方位：E 119°03′35″，N 32°15′25″
村庄人口：现有人口3.2万人，常住人口1.4万人
人均年收入：6.6万元
主要产业：建材、水产养殖、茶叶

实践信息

工作营员：刘 洋 卜子睿 王 微 邢思琪
　　　　　姜哲惠 郭梦婵 达热亚 李晓冉
指导教师：张益峰
实践时间：2019/7/1—7/10

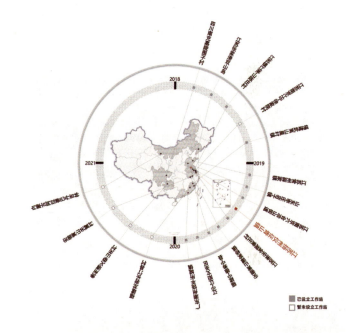

工作营所在位置

教师点评
青山工作营

张益峰

山水之间，长青之城，是对青山镇优良自然生态的最佳演绎。其地理区位绝佳，有着南临长江、北倚龙山的独特地理条件，未来将凭借龙潭过江通道全面融入南京中心城区。同时，大量的工业遗产存留给该小镇带来了些许神秘。但当前，随着老工业基地的衰退，城镇第三产业的萎缩，大量城镇人口快速外流，其发展亟待转型。在此背景下，南京大学青山镇乡村振兴工作营肩负城镇复兴的重任，全面开展工作。

本次青山工作营的规划成果，以全面对接南京为起点，以再塑"垄秀青山"为己任，充分发掘青山镇自然生态基质、历史文化要素、工业遗产基因，紧扣沿江生态特色小镇未来建设需求，交出了一份令人满意的答卷，为青山镇的规划建设提供了有力助推。

龙仪路沿街立面改造设计，不仅专注于道路交通功能的细化与建筑本体的深化改造设计，同时注意沿街景观界面的打造，更重要的是以人为本的城市公共空间的成功营造，塑造了城市新文化、再现了城市新活力。

内河景观提升与公园设计，以打造集生态、文化、居民参与为一体的滨江活力空间为目标，全面成功演绎青山的山文化、水文化、石文化。碎石滩公园的设计创意很好地解决了内河活力空间与大江生态空间之间的过渡问题。

西门子旧厂区改造规划，以未来建成融"展、创、居"为一体的区域文创中心为目标。其空间规划以玻璃廊道为特色，形如血管勾连各功能空间；同时对各主体建筑进行大胆设计改造，有效延续其工业基因，赋予其新的活力。

文创研发设计，提炼富有青山特色的山水文化、农耕文化、茶文化、渔家文化基因，提炼出一批元素符号，创造出一批富有特色与创意的文创产品，受到了一致好评。

镇域关系图

孙兴山镇长发言

与当地政府交流探讨一

与当地政府交流探讨二

心路历程

场地实地调研一

场地实地调研二

小组讨论方案构思

张益峰老师讲解青山镇基本情况

小组讨论方案构思

采访村民

合影

百闻不如一见,一见不如实践。为了能听见青山镇的"心声",7月2日,青山工作营全员出动深入居民走访调查。在我们表明来意后,镇子上的居民都表示了极大的热情。

虽然镇子依山傍水,但由于现阶段的施工影响与生活污染,内河景观质量较低;唯一横贯中心镇区的龙仪路,建筑老化,街区面貌杂乱,路段交通标示设施缺失;"九厂一矿"的辉煌产业历史留下了大量的厂房与工业遗址,现阶段都处于闲置状态,在用效能不高。

走访之后队员们便立即进行了研讨,大家就走访过程中的发现展开交流讨论,总结目前的工作并对初步构想进行了反思。根据现有的改造设计任务将队伍分为三个工作小组,分别负责内河景观提升与公园设计、旧厂区改造与文创研发、沿街立面改造设计。各组针对自己的任务版块再次进行资料研读与上位规划研究,分析并筛选国内外的相关案例,结合当地实际情况进行进一步的概念设计。

内河景观提升与公园设计将体现四个特性:生态环境的保护性、与沿岸建设环境的联系性、地域—文化的延续性、青山镇居民的参与性。沿街立面改造设计作为乡镇形象提升与品牌打造的重要一环,不仅是对表皮的改变,更需要结合内部空间与街道公共环境以实现整体景观提升。依托工业厂房独有的秩序美与机械美,将厂房改造方向定位为创意产业园。通过对规划道路划分的比对,设计将厂区一分为二,并增设廊桥将二者缝合起来。

1 内河景观提升与碎石滩公园设计

由于内河与长江相连,因此内河景观提升与公园设计小组依据长江进出水口、汇水点以及最低最高水位点将生态、当地环境以及活动结合,设计沿河两边的步行道、亲水平台以及末端入江口的碎石滩湿地公园。

场地解读(王微/邢思琪绘)

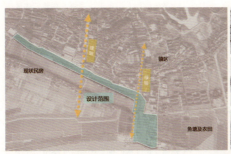

设计范围(王微/邢思琪绘)

功能布局(王微/邢思琪绘)

设计范围(王微/邢思琪绘)

方案构思(王微/邢思琪绘)

问题与现状(王微/邢思琪绘)

空间结构(王微/邢思琪绘)

主题设计

(1) 以青山镇最有优势的生态基底作为设计的核心理念；

(2) 提取青山镇中典型的山文化、水文化和石文化；

(3) 以一条贯穿场地的运动步道以及点缀其间的活动休憩空间，打造集生态、文化、居民参与为一体的滨江活力空间。

设计策略

(1) 提取龙山山形的轮廓进行扭曲变形并应用到路网布局；

(2) 提取鱼塘、农田纹理优化到碎石滩公园的原型中去；

(3) 将雨花石元素贯穿于整个设计中，如碎石广场、水边置石、石笼等。

针对此部分的改造设计，我们借鉴了成都活水公园经验。首先确定将青山镇最为优势的生态基底作为设计的核心理念，明确内河水来源为雨水汇集与江水汇入。这两种方式使得内河水中含有街道上的油污、垃圾、重金属以及鱼塘中的N、P元素，因此设计高低错落的河床形态以及可以有效缓解水体富营养化的植物。其次提取青山镇中典型的山文化、水文化和石文化，通过微地形的营造将龙山山脉延续到场地中并增加场地趣味性；通过江边鱼塘的网络状结构，将碎石滩公园与原码头连接起来，并与周围环境相互融合；通过在最佳观景点设计的碎石滩，迎合青山镇作为雨花石产地的特色。最后以一条贯穿场地的运动步道以及点缀其间的活动休憩空间，构成小镇居民的休闲生活的一部分内容，并且寓教于生活，将青山的文化以及生态文明的理念传达给居民，使之参与到青山镇的发展演变过程之中，打造集生态、文化、居民参与为一体的滨江活力空间。

设计策略（王微/邢思琪绘）

总平面图（王微/邢思琪绘）

035

长江汛期水位剖切(王微/邢思)

长江正常水位剖切(王微/邢思)

碎石滩公园鸟瞰（王微/邢思琪绘）

林荫步道（王微/邢思琪绘）

碎石滩公园（王微/邢思琪绘）

水中栈道（王微/邢思琪绘）

眺望平台（王微/邢思琪绘）

亲水平台（王微/邢思琪绘）

2 龙仪路沿街立面建筑改造设计以及环境提升

沿街立面改造设计小组聚焦建筑与环境两方面，将底商建筑以及不同功能分类设计，整体呈现玻璃结合深灰色金属效果；上层居住建筑立面粉刷为白色，空调机位结合窗洞口一体设计，解决空调机乱挂现象。沿街设置提供居民休闲娱乐的场所与空间，以及公交车站、休息坐椅、行道树、垃圾桶等设计。

基地现状（刘洋／卜子睿绘）

策略—道路（刘洋／卜子睿绘）

建筑模块化（刘洋／卜子睿绘）　　策略—景观（刘洋／卜子睿绘）

立面效果图（刘洋／卜子睿绘）

立面现状（刘洋／卜子睿绘）

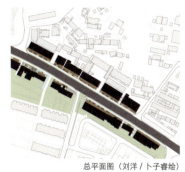

总平面图（刘洋/卜子睿绘）　　　　　　　　　　　　　　　　　　　　景观节点图（刘洋/卜子睿绘）

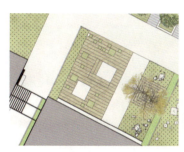

景观节点图（刘洋/卜子睿绘）

立面效果图（刘洋/卜子睿绘）

立面现状（刘洋/卜子睿绘）

3 西门子旧工厂改造

结合青山镇的区位优势以及近年发展形势，我们将本次的旧厂房改造设定为创意产业园区。我们为其大体设想了一些可能性，包括室内或是户外的跨媒体展览、艺术创作、文化交流，甚至是工作室和个人的"展一创一居"模式。一是利用架空的玻璃廊道，将主体建筑连接起来，像血管传输新鲜的血液一样，为旧厂区带来新的生命力。在青山镇的规划中，将会有一条新路从厂区中间穿过去，因此我们就此将厂区一分为二，一区较为开放作为主体展区，二区作为后备以及仓储。

总平面图园（姜哲惠/郭梦婵/达热亚绘）

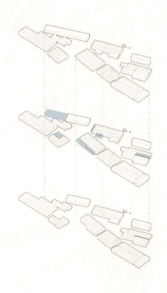 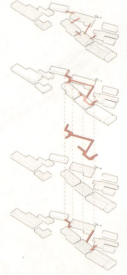

方案生成（姜哲惠/郭梦婵/达热亚绘）

厂区效果图（姜哲惠/郭梦婵/达热亚绘）

厂区效果图（姜哲惠/郭梦婵/达热亚绘）

厂区效果图（姜哲惠/郭梦婵/达热亚绘）

厂区效果图（姜哲惠/郭梦婵/达热亚绘）

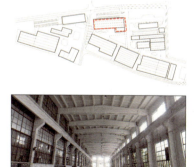

厂区轴测图（姜哲惠/郭梦婵/达热亚绘）

工厂现状图（姜哲惠/郭梦婵/达热亚拍摄）

厂房南立面（姜哲惠/郭梦婵/达热亚绘）

厂房北立面（姜哲惠/郭梦婵/达热亚绘）

厂房西立面（姜哲惠/郭梦婵/达热亚绘）　　　厂房东立面（姜哲惠/郭梦婵/达热亚绘）

4 品牌形象提升与文创研发设计

挖掘菜籽油、江鲜、半马赛事等当地特色设计产品包装、文化衫、手机壳等青山系列文创。

青山赛事文化衫——基于青山微马拉松项目、城市徒步走项目等全民运动项目和赛事做的文化衫,可以通过彩标或者袖面分辨不同活动或者工种。

青山创意文化衫——基于"九厂一矿"文化和青山镇面朝长江、背靠龙山的青山剪影制作出的撞色拼布文化衫和其他文创。

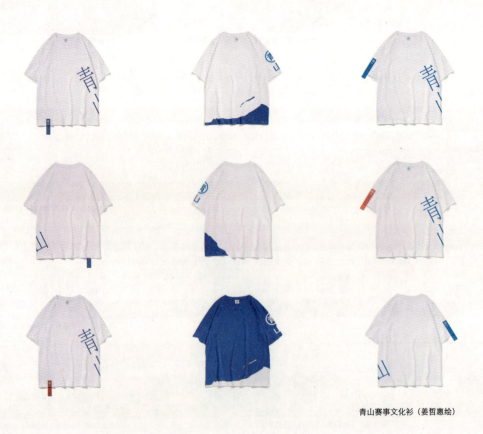

青山赛事文化衫(姜哲惠绘)

青山农副产品包装文案及其创意衍生——基于青山现存的自给自足的田园生活模式以及现代农家乐对于城市居民的吸引力，制作的青山农产品包装和原创纹样，并基于纹样衍生其他趣味文创产品，阐述更多可能性。

产品包装（姜哲惠绘）

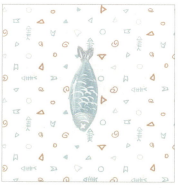

手机壳（姜哲惠绘）

043

厂区文化明信片（姜哲惠绘）

5 后记

孙兴山镇长对工作营的规划设计成果予以充分的肯定,并真诚地欢迎有创意、有想法的年轻人为青山注入活力,并就这一问题与工作营的同学展开互动交流。

潘天宏书记以"用心、用情"四个字对我们的工作给予高度评价,并希望能与工作营建立长期合作,以将这十天形成的方案继续深化,最终实现落地。

张益峰老师作为这次工作营的指导老师鼓励营员们,虽然这次工作营画上了圆满的句号,但同时也只是个逗号,我们做的还只是一个开始。

仪征青山乡村振兴工作营的帷幕已缓缓落下,但整个乡村振兴的大幕才刚刚拉开,我们做的不过是浩瀚星辰中的一点,只希望我们的微光能为青山镇撕开一道口子,用微光吸引微光,用微光照亮微光。

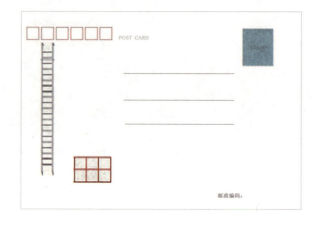

厂区文化明信片(姜哲惠绘)

摄影作品

《万物静默如初》
摄影：李晓冉

《独行》
摄影：李晓冉

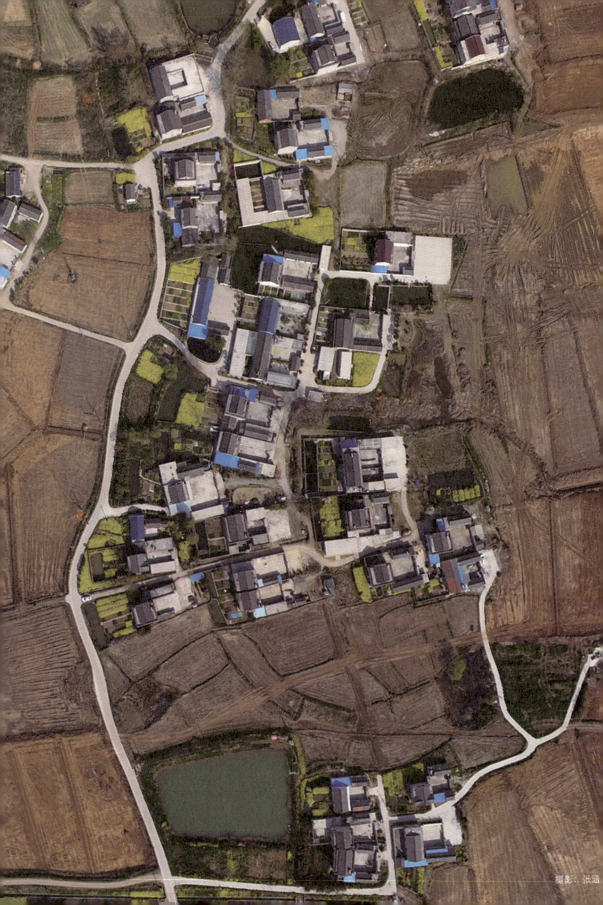

3
画乡石林

六合冶山乡村振兴工作营

乡村印象

自党的十九大提出乡村振兴的发展战略以来，如何发挥高校资源和青年学子的力量就成为各大高校讨论的焦点。

位于南京东北角的冶山街道，就在乡村振兴如火如荼开展的 8 月末，迎来了一行满怀着期待和干劲的带队老师和青年学子。

冶山街道作为美丽乡村的发展对象之一，在交通、卫生、医疗等很多方面在逐年进步，但它的综合发展水平却不及我们平常所生活的大城市。紧临南京大都市的冶山街道，即使坐拥了自然奇观桂子山石柱林、东王老街、南京冶山国家矿山公园、农民画艺术、雨花茶文化，但由于开发运营经验缺乏、村落空心化等原因，一直处于缺乏活力的状态。借着此次乡村振兴的春风，当地政府希望我们凭着青年学子的一番锐气和热情，提供一些新的思路和想法，助力冶山的发展。

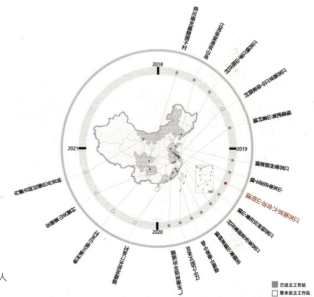

工作营所在位置

村庄信息

村庄地点：江苏省南京市六合区冶山街道
村庄方位：E 118°55′3″，N 32°30′42″
村庄人口：现有人口 4.37 万人，常住人口 3.32 万人
人均年收入：6.8 万元
主要产业：农业、茶叶

实践信息

工作营员：李星儿 张涵筱 谷雨阳 李霜宁
　　　　　连立锐 苏冠宁 徐乐嘉
指导教师：孙　洁 卞晓琦
实践时间：2019/8/15 — 8/27

教师点评
六合冶山乡村工作营

孙洁

本次乡村振兴工作营选址在南京市北郊六合区冶山街道。在工作营期间，学生们深入挖掘冶山地区的自然资源特色、产业特色、文化特色和村庄特色，完成了石柱林国家地质公园旅游生态规划设计、乡村振兴青年工作站室内设计、冶山铁矿风情街改造、双墩村人居环境整治提升规划、"冶"牌雨花茶品牌提升与文创设计、以及冶山观光旅游推广方案设计。总体来看，这次工作营既解决了冶山街道几个近期建设的需求，又对长远发展提出指引，近远期结合，实用性和理想性兼顾。本地乡村振兴工作营的工作经验可以归结为：

一是强调可操作性。根据冶山街道政府、社区提出的需求，在最短时间内设计出乡村振兴工作站的室内装修方案，并且把装修时间和成本控制在限制条件内，十足的"真题真做"。最后，"盒中绿意"的设计方案，突出轻奢时尚风格，引入"模块"概念，设计感十足，可操作性强，得到领导们一致点赞。另外，在双墩村庄环境改造过程中，学生们也充分调研了老百姓的需求，基于现实诉求分析，规划了村庄垃圾桶放置、路灯、广场、景观改造的合理方案。

二是强调创新性。针对石柱林景区最核心的资源"环形巨幕"地质景区，提出露天舞台、5D电影、闯关游戏、亲子游乐等天马行空的创新想法，打破常规景区现行规划，让政府眼前一亮。

三是强调多主体调研。一方面从雨花茶制作过程和冶山农民画中寻找灵感，设计出以农民画手法，图示讲述雨花茶制作工序过程的包装方案。另一方面深入调研了年轻网民对茶叶包装的需求和态度，设计了简洁、轻便的小茶袋、礼盒等包装形式。总之这次设计既能够符合市场客户需求，又体现了本地文化特色。

四是强调营销性。工作营充分挖掘冶山铁矿老街的历史符号、冶山雨花茶、小火车等特色要素，提出打造网红风情街、茶叶包装、网红文创产品、手绘地图、爱冶山APP、营销公众号等想法，试图多渠道、多方式实现冶山的对外宣传。

在短短两周时间里，七位同学挖掘冶山的自然与文化特色，分析冶山社区、景区、产品发展的问题，合理分工，发挥自己专业所长，从专业角度提出优化人居环境、包装冶山产品、推广影响等大量的想法。他们实实在在地为冶山的发展建设出了一分力，参与到乡村振兴国家大战略中。

与当地领导初次会晤

石柱林景区实地调研

终期结营汇报

心路历程

在到达初期，老师和同学们与当地负责同志会晤完毕就开展了一系列实地调研，并开始聚焦当地亟待解决的问题，包括南京冶山区乡村振兴青年工作站室内设计、石柱林国家地质公园旅游生态规划设计、"冶"牌雨花茶品牌提升与文创设计，以及冶山街道双墩村人居环境整治提升规划。

在一边调研测绘一边辛勤工作了一周后，同学们向当地街道主要领导简单汇报了工作营初期的成果。当地主要领导对同学们的整体工作表示了肯定，尤其赞扬了室内设计组"盒中绿意"的方案，同时也发表了一些中肯的改进意见，为同学们往后的工作指明了一定的方向。

调研工作之余，同学们还登上了一直有所耳闻的"冶山小火车"。小火车曾经是贯穿冶山工业园区的大动脉，是一道铸就了冶山从前辉煌的生命线。随着社会经济的发展和转型，如今的火车路线自然已经废弃，小火车也成为一个过去的符号，被用作游客观光。慢悠悠的小火车驶入无尽的沿途玉米地，唤起了同学们对于田园牧歌的诗意想象，激发了大家的思考和讨论。或许曾经打通冶山与其他地方交通壁垒的火车，如今也可以作为解决冶山地区景点间交通问题的关键因素，为冶山重新注入活力。

经过为期13天的工作营生活，圆满的成果汇报后工作营第一阶段的工作暂时告一段落，但六合冶山小组在乡野田园间所留下的点点滴滴的记忆才刚刚播种发芽。一起乘坐的最慢的小火车，在金牛湖的泛舟和登山，在冶山街道和废弃厂区的探险，几次有惊无险的无人机调试，每天的三菜一汤和三点一线，以及最后在南京大学鼓楼校区边的聚餐，都是大家一起成长的痕迹。

和村主任交流　　参观农民画

访谈双墩村村民　　和茶厂老板交流

全体人员合照

051

1 冶山铁矿风情街与铁矿公园改造策略

冶山老街较完好地保存着 20 世纪的建筑风格,是影视剧《大江大河》的拍摄取景地。考虑引入更多富有年代感的元素,意图打造成怀旧风情街。此外,结合周边废弃的铁矿旧工厂,整合成工业风艺术园区,成为冶山街道新的旅游打卡点。

为了营造"真实"的交互氛围,我们提出了 4 个改造的策略,分别是:记忆装置、网红打卡点、怀旧体验店、工业艺术园区。我们希望通过我们的设计,将来给游客带来来自时间和空间两个维度上的体验。

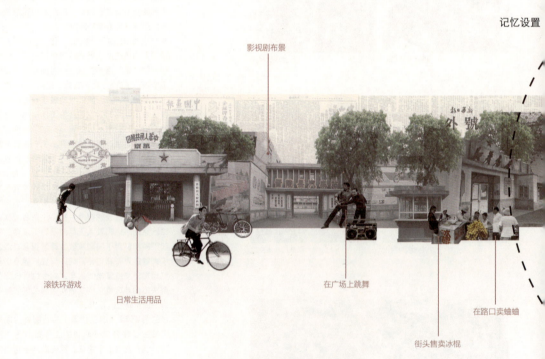

记忆设置

影视剧布景

滚铁环游戏

日常生活用品

在广场上跳舞

街头售卖冰棍

在路口卖蛐蛐

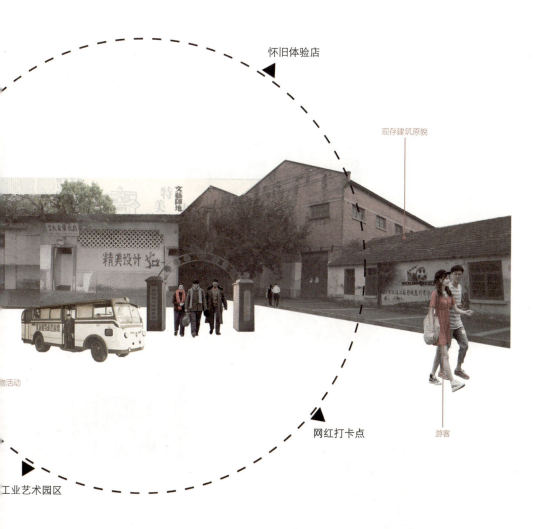

怀旧元素叠合与策略提出（李星儿 / 谷雨阳绘）

（1）记忆装置

不同于传统文化墙的被动接受方式，我们对复古信箱进行了功能重置，通过文字和影像，将其设计成一个界面交互的装置，并尝试以"好奇与窥探"的方式，让路人不经意间进行主动的探索，寻得一份独特的记忆。

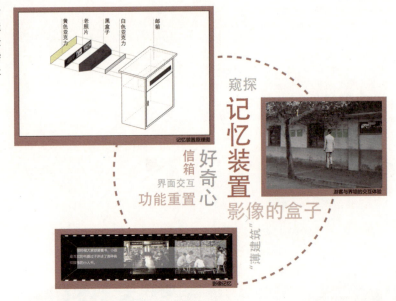

（2）网红打卡点

对建筑立面上内凹的窗台、展示的橱窗、街道与界墙之间的下沉空间进行改造，并增加一些特色的标志物，使之成为人们拍照视频的打卡点，通过手机、相机等传输媒介形成一定的效应，吸引更多的游客。

（3）怀旧体验店

利用街道周边废置的建筑，植入贯穿人们吃喝玩乐、衣食住行等各个方面的体验店，让游客获得身临其境的感受。

（4）工业艺术园区

紧邻冶山铁矿风情街的是当年的铁矿开采、加工地，昔日辉煌的工厂如今已黯然失色。建议打造成工业艺术园区，引入复古工业风的民宿酒店、创客空间、文化展览和娱乐项目，使其成为一个冶山对话世界、带动效益的窗口。

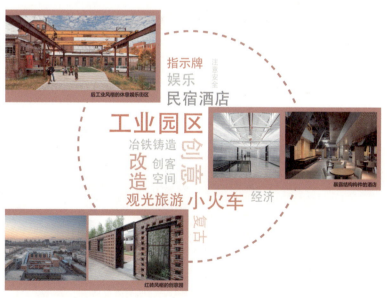

四个改造策略（李星儿 / 谷雨阳绘）

2 双墩村人居环境整治提升规划

双墩村位于南京市六合区冶山街道西南部，呈典型的丘陵山区地貌，现有31个自然小组。双墩村设有一个辐射全村的医疗站。在进入村子的主路上，设有多个公交站点。

双墩村公共空间、医疗站、公交站地图（李星儿 / 谷雨阳绘）

（1）道路交通
处于村庄内部道路与院墙间的过渡地带，植物配置杂乱不规整；道路边的路灯设施不完善。

（2）院落布局
民居院落布局基本呈现三段式：
前院、建筑、后院。
前院以水泥地铺设为主，后院是村民自家菜地。

（3）公共空间
村委会对面的小广场是村民们晚间日常活动的聚集点，但广场基础设施简陋，也没有临时休憩和遮阳的空间。

（4）卫生健康
村里卫生健康方面做得比较好：
①一家一户改厕行动正在进行；
②村内有辐射全村的医疗站，并提供家医签约服务；
③实行垃圾分类，定期会有垃圾车前来清理。

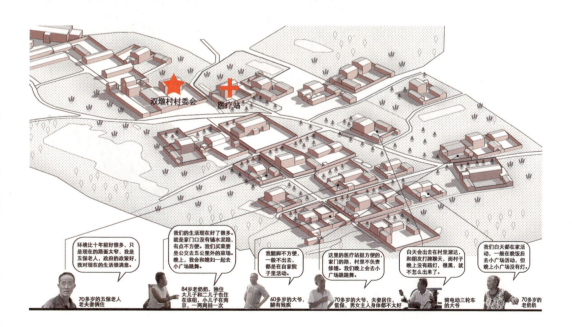

双墩村人居环境调研（李星儿／谷雨阳绘）

针对调研的结果,我们将设计的方向定位在:小广场、道路与院墙界面和路灯设置三个部分。同时,我们以双墩村周南组为例,进行详细设计。

(1)小广场设计
周南组的小广场位于村委会的对面,这个组的西北方向。

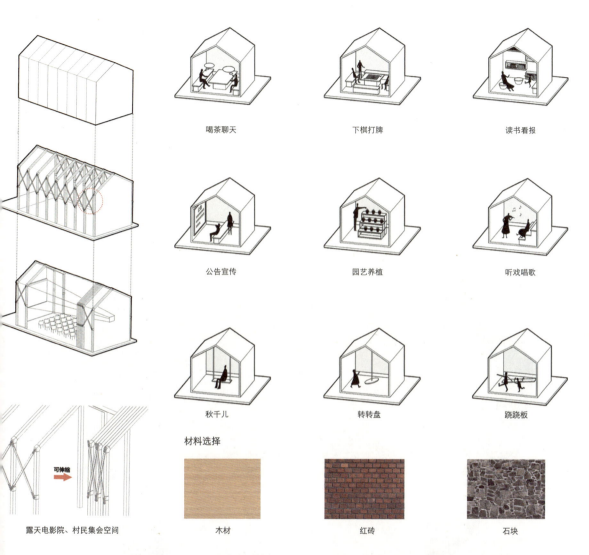

考虑到双墩村 31 个组都有建设完善小广场的需求，我们希望提供一个具有可操作性、普适性的方法。结合周边的民居肌理和人体尺度，我们设计了一个简单的构筑物，该构筑物不仅能起到遮阳庇护的作用，也能成为村民们活动交流的据点。内部的空间功能可以根据需求进行置换，单体之间也能随意组合。我们以这个坡顶的小构筑物为母题，又改良设计了一个可以推拉的装置，成为村民们观看露天电影、集会的场所。我们认为露天电影作为一种增强凝聚力的集体活动，可以唤起老一辈村民们心中的记忆，而对于年轻人和儿童来说，是对传统文明、习俗的新的感知。

在材料的配置上，我们也尽量选择因地制宜的材料，比如木材、红砖、石块等。这些承载着乡愁记忆的建材，一方面，保留了乡村的特色风貌，避免与城市同质化，另一方面，其熟悉的质感更易被村民接受，鼓励他们自搭自建、主动营造自己的社区家园。

小广场设计效果图、分析图（李星儿 / 谷雨阳绘）

(2) 道路与院墙界面设计

通过调研，我们观察到周南组的主道路与院墙之间有一段距离，会种植一些农作物，或者就是杂草，抑或是光秃秃的。我们认为当地的农作物玉米是很天然的植物景观，用它来作为垂直景观很合适。此外，考虑到留守村中的多为老人和学龄前儿童，我们利用种植玉米的花池设计成内凹的坐椅，可以供人们短暂地休息。

虽然双墩村的垃圾分类普及较好，但是仍存在垃圾桶乱放的情况，种植池内凹，也能形成放置垃圾桶的空间，方便垃圾车沿路清理。

道路与院墙界面设计效果图、分析图（李星儿 / 谷雨阳绘）

（3）照明路灯基础设施

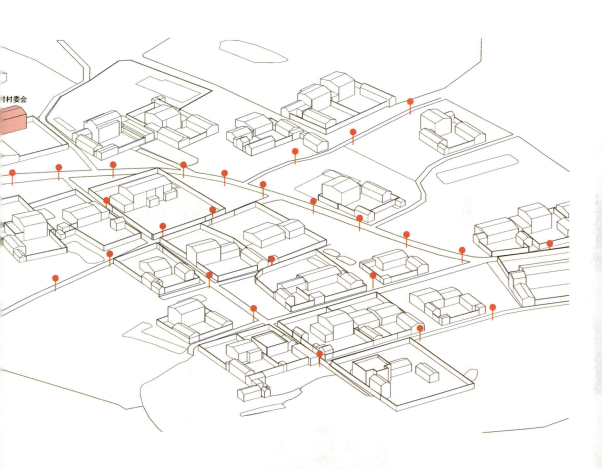

调研访谈过程中,村民们普遍反映路灯设施不完善的问题,我们建议在主路和主要支路上每隔 20 m 左右安置一盏路灯,方便村民们晚间出行活动。

照明路灯基础设施效果图、分析图(李星儿/谷雨阳绘)

3 石柱林国家地质公园旅游生态规划设计

石柱林位于南京市六合区境内八百桥镇东部的马头山东角。所谓石柱林，由六边、五边形规则的石柱群体组成。其石柱，每根直径约40~60 cm，高20~30 m，紧密排列，垂直于岩层层面，构成半壁石林，恢宏壮观。石柱林在地质勘测领域具有重要价值。

石柱林风景区北边道路为353省道，西边为421省道，东南方向附近多为度假旅游村，适合发展农家乐产业。

设计范围（连立锐/苏冠宁绘）

六合民歌
六合民歌具有内容健康、语言朴实、曲调优美、节奏明快等特点，生活气息浓厚，易唱、易学、易记，是六合淳朴民风的外化和表征，深受广大群众喜爱。

茉莉人家
茉莉花乡茉莉香，中国"民歌之乡""美食之乡"，南有"五朵金花"，北有"六朵茉莉"。传承文化，吸引游客，打造美丽乡村。

六合农民画
六合农民画是南京民俗绘画艺术，起源于南京市六合区冶山镇四合农民画，在风格上既有江南水乡的秀丽，又有淮北平原的粗犷豪放和质朴。

地质文化
六合区地质文化丰富多样，有着桂子山、马头山、瓜埠山等大自然鬼斧神工的杰作，为亿年前火山喷发而成，造型奇特，引人入胜。

六合区产业文化（连立锐/苏冠宁绘）

问题的解决办法

（1）增强游乐设施的利用率，在原有游乐设施的基础上加以改造，丰富游乐设施的内容，提高亲子游玩互动性。

（2）为加大景区的入口宣传力度，可以放置核心景区石柱林小型沙盒模型和宣传牌，在增加趣味性的同时也提高了宣传力度。

（3）保留原有的基础设施，可以适当调整原有基础设施的位置，同时增加基础设施的数量，丰富整个场地的空间。

（4）改变传统的宣传方式，合理利用地形优势特点，颠覆传统，打造一条全新的亲子游玩路线。

入口问题

植配问题

山路问题

游乐设施利用率低；基础设施较杂乱；核心景区宣传不明显。

山路旁植物种类较少，植物配置单调。

道路连接性单调，缺乏停留设施，空间利用率过低。

视线问题

路侧问题

步道问题

从文化长廊位置观看石柱林，被几棵树挡住了视线。

缺少休息娱乐的节点。

缺少驻足平台。

问题发现（连立锐 / 苏冠宁绘）

改造意向

（1）在保留原有游乐设施与基础设施的基础上，调整其空间布局，且多增加基础设施服务于游客，布置石柱林山模型，加大入口宣传的力度。

（2）增加植物种类，形成有层次的绿植景观。

（3）增加景观节点，丰富景观空间内容，设置游客休息地与儿童游玩乐园。

（4）利用石柱林特殊的地形地貌，设置山体投影和玻璃舞台，打造"环形巨幕影院"。

（5）设置"空中栈道"，增设驻足平台。

（6）根据游览路径，打造一条亲子研学游玩路线。

改造意向一

改造意向二

改造意向三

调整并增加基础设施，布置沙盘模型，加大入口宣传力度。

增加植物种类，形成有层次的绿植景观。

增加景观节点，设置游客休息地与儿童游玩乐园。

改造意向四

改造意向五

改造意向六

利用石柱林特殊地貌，打造"环形巨幕影院"。

设置"空中栈道"，增设驻足平台。

根据游览路径，打造一条亲子研学游玩路线。

改造意向（连立锐 / 苏冠宁绘）

【设计理念】
根据地形特点增设多个景观节点，丰富空间内容，形成有层次的游览路线，打造一条生动有趣的亲子研学游玩路线。

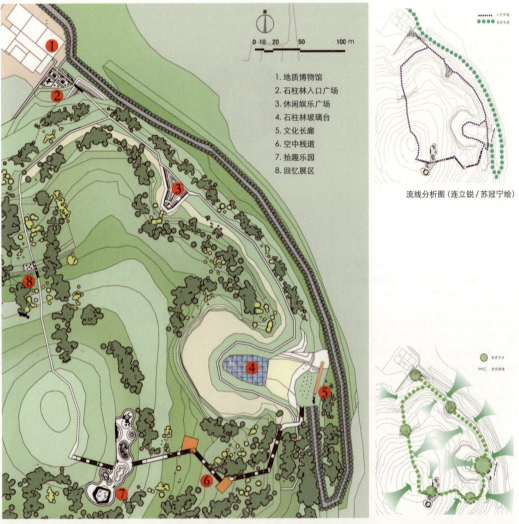

1. 地质博物馆
2. 石柱林入口广场
3. 休闲娱乐广场
4. 石柱林玻璃台
5. 文化长廊
6. 空中栈道
7. 拾趣乐园
8. 回忆展区

流线分析图（连立锐／苏冠宁绘）

规划总平面图（连立锐／苏冠宁绘）　景观分析图（连立锐／苏冠宁绘）

（1）石柱林入口广场

入口广场既为进山起点也为终点，为了突出其引导与宣传的功能，将原场地的游乐设施往西偏移，并加入石柱林模型宣传标志、桂子山模型盒、多肉展示台和纪念品发放屋。

入口广场效果图（连立锐/苏冠宁绘）

（2）休闲娱乐广场

依据地形特点打造可让亲子游客停留休息与游玩的空间。

休闲广场效果图（连立锐/苏冠宁绘）

067

（3）石柱林核心景区——玻璃台

利用石柱林特殊的地形地貌，设置山体投影和玻璃舞台，打造"环形巨幕影院。

石柱林核心景区效果图（连立锐/苏冠宁绘）

（4）空中栈道

设置"空中栈道"，增设驻足平台，从另一个角度感受石柱林的雄伟壮观，从多个驻足平台观赏六合美景。

空中栈道效果图（连立锐/苏冠宁绘）

（5）矿野拾趣乐园

打造属于儿童的游玩天堂，释放孩子天性，促进亲子互动，并能在游玩的同时了解学习地质文化。

矿野拾趣乐园效果图（连立锐／苏冠宁绘）

（6）回忆展区——画出你心中的石柱林

在石柱林游线的尽端，设计"回忆展区"，让小朋友们回顾一天的游玩活动，用画笔记录下对石柱林的印象。

（7）具有石柱林特色的设施

结合石柱林的形态特征设计了象形的多肉展示台、石桌石凳和宣传标志。

 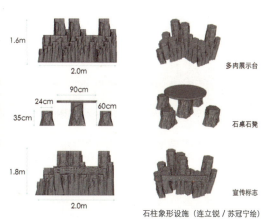

回忆展区效果图（连立锐／苏冠宁绘）　　石柱象形设施（连立锐／苏冠宁绘）

(8) 石柱林亲子研学游玩路线

①入口广场：作为整条亲子研学路线的起点和终点，开始时领取盖章任务卡，结束时领取纪念品。

②休闲娱乐广场：整条路线提供服务中途游客休息广场，亲子活动路线的第一项任务——"套石柱"。

③石柱林核心景点：山体投影，民歌民舞展示台和文化长廊，亲子活动路线第二项任务——"趣味填色"。

④空中栈道：从另一个角度感受石柱林的雄伟壮观，从多个驻足平台观赏六合美景。

⑤矿野拾趣乐园：让孩子释放天性的乐园，有着最原始的游乐设施，攀岩、蹦床、采石，让孩子了解认识地质文化，亲子活动路线第三项任务——野矿收集。

⑥记录心中的石柱林：作为游玩路径的最后一项任务，让小朋友们画出心中的石柱林。

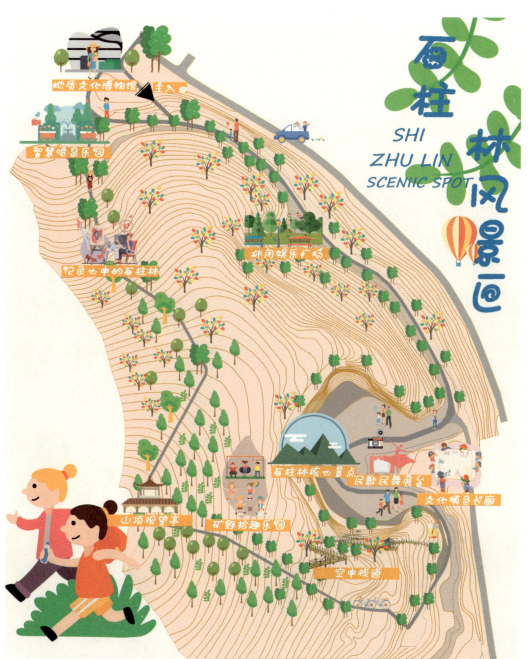

石柱林亲子研学游玩路线地图（连立锐／苏冠宁绘）

4 南京冶山乡村振兴青年工作站室内设计

方案一:"盒中绿意"

为了营造轻奢时尚的创客空间,该设计引入了"模块"的概念。利用通透、轻盈的铁制模块储物架来整合室内的功能和交通,并将大量绿色植物置入其中,使工作站的内部空间界面更加连续开放且富有生机。家具的选择也秉承可预制、可拼装的理念,通过重组变换来实现功能的置换,增添使用的趣味性。

"盒中绿意"效果图(李星儿/谷雨阳绘)

室内

功能分区示意图

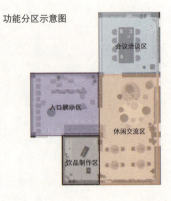

三维鸟瞰图

"盒中绿意"效果图与分析图（李星儿 / 谷雨阳绘）

（1）入口展示区

入口处的家具陈设虽以方形为主，但使用上却富有趣味。
① 左面墙上是定制展示墙，黑色铁架串起软质的欧松木立方体，游客们可以在上面签名、印刻logo、贴照片等，留下记忆。
② 正对的墙面喷涂环保的水性漆形成涂鸦墙，可擦的特性使DIY墙绘成为一道风景。
③ 木质方形凳可坐、可储物、可堆积，功能多样，小空间实现了大可能。

入口展示区效果图（李星儿/谷雨阳绘）

（2）休闲交流区

穿过 DIY 创意的入口区域，就到达了中心的休闲交流区。
① 圆形的地毯、松软的矮凳突破了传统的家具陈设观念。大家可以席地而坐，畅谈人生。
② 墙面选用软木板，可以作为照片墙和学习社宣传的用地。

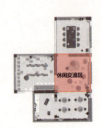

休闲交流区效果图（李星儿/谷雨阳绘）

我们将休闲交流区的一部分开辟成天然的绿色书吧。
① 此区域的整面主墙放置了铁艺方格储物架,既可放置多肉绿植,也能放置报刊读本。安坐其间,咖啡、书籍、植物与人共处,室内弱化成一个环境背景,成为激发人的体验和感受的场所。
② 配套的卡座的选择也尽量与铁艺书架风格统一。
③ 同样,此区域的另一面墙上也设计了吊高的绿植盆栽和软木板,可以随时粘贴信息和照片。

休闲交流区效果图(李星儿/谷雨阳绘)

（3）饮品制作区

休闲交流区就近安排了饮品制作区，用于饮品的制作和售卖。
① 原有的承重柱为空间分隔提供了暗示，围绕柱子所在位置，放置了带花槽的铁艺方格架隔断，以及木色吧台、吧椅。
② 此时，墙面的方格架成为储放餐杯的所在。
③ 利用垂性的绿植，在一定程度上，可以对原有的消防栓实现视觉隐藏。

饮品制作区效果图（李星儿/谷雨阳绘）

（4）会议洽谈区

在趋于L形的端头，设计了较为安静的会议洽谈区。
① 高至天花的藤蔓绿植形成了半开放、半封闭的会议空间，打造出相对静谧的氛围。
② 会议长桌采用宜家的可伸缩木质家具，可以根据需要转换功能。当办公、会议、洽谈时，可以拼接成整体长桌；当需要分组活动、儿童教学时，可以收缩分成小桌。
③ 带滚轮的储物柜与人体尺度友好，随处移动，也可作为临时隔断。

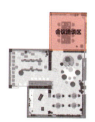

会议洽谈区效果图（李星儿/谷雨阳绘）

方案二:"孵化"

这个方案主要面向对象是亲子活动的年轻人和儿童。基于空间变化使用的要求和预防儿童磕碰的考虑,主要家具采用弧形拼接组合。
在其他装饰上多用六边形,这是从石柱林中抽象出六边形的图案,结合其他家具可变化、可生长的理念。

"孵化"效果图(李星儿/谷雨阳绘)

室内

功能分区示意图

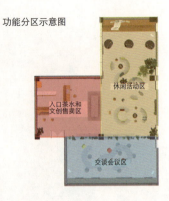

三维鸟瞰图

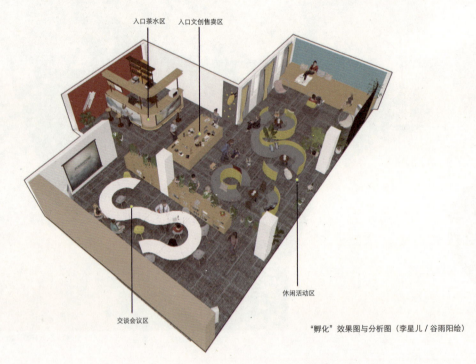

"孵化"效果图与分析图（李星儿/谷雨阳绘）

（1）入口茶水区

入口区域设置茶水区，现阶段可以作为学习社的人员使用，在未来可以当作饮品售卖的空间。
墙上的装饰采用触摸即亮的灯，加强和游客的互动性。形象上是对石柱林的抽象，加强游客对石柱林的印象。

入口茶水区效果图（李星儿/谷雨阳绘）

(2)入口文创售卖区

这片区域是为了未来旅游业发展起来后,大批游客来此处休息时可以顺便买一点文创类的产品,也借此向游客输出六合双墩当地的文化。

入口文创售卖区效果图(李星儿/谷雨阳绘)

（3）休闲活动区

休闲区和会议区用矮柜和吊挂的植物作为分割，这样隔而不断，空间更加开阔，连通性更强。

休闲区采用可以拼接的弧形沙发，满足不同场景的使用需求。并在其中放置儿童坐椅，让儿童能安静地坐下，对于儿童来说，这样的布置更有利于玩耍且防止受伤。

吊灯是整个空间中一直在用的元素，从石柱林中提取了六边形元素，墙上的小挂件也是如此。

休闲活动区效果图（李星儿/谷雨阳绘）

休闲区尽头放置了玻璃球吊椅和台阶式休息区。坐在玻璃球里既可以和弧形沙发区交流,也可以和台阶休息处的人交流。

墙上的蓝色涂料增强了区域的活力,搭配黄色的主色调,既有碰撞也很和谐,并且可以融入学习社蓝色的海报。

休闲活动区效果图(李星儿/谷雨阳绘)

（4）交谈会议区

交谈会议区的桌椅也采用圆弧形的可移动组合形成不同的效果。这样的组合灵活多变，并且形成曲水流觞的形态，配合顶上的云朵等，创造休闲自在的讨论环境。
墙面柜子上安装可滑动的黑板作为柜子的滑动柜门，会议讨论时也可以随时记录灵感，并且可以遮挡消火栓。

会议交谈区

交谈会议区效果图（李星儿/谷雨阳绘）

5 "冶"牌雨花茶品牌提升与文创设计

"冶"牌雨花茶品牌提升

方案一:"茶语"

受雨花茶制作过程的故事性和农民画的表现手法启发,包装图案的绘制围绕茶叶采摘、杀青、烘炒和装罐四个过程形成组图,以不同组合方式印刷在茶叶礼盒的不同部分。同时为了响应市场对于茶叶包装简洁、轻便、风格古朴的强烈需求,采用与茶叶和中国风契合的墨绿色做底色,通过大盒嵌套小盒的方式实现茶叶的不同组合包装。

(1) 全套包装效果图

"茶语"效果图(张涵筱绘)

(2) 图案组合方式一：元素序列

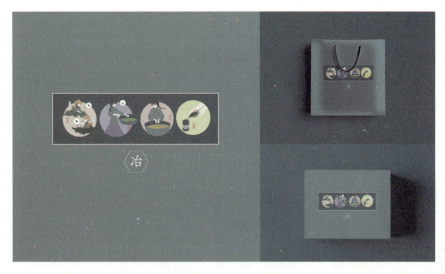

应用：
茶叶手提袋
(32 cm×32 cm)
茶叶礼盒
(30 cm×20 cm)
材质：卡纸

(3) 图案组合方式二：长卷拼接

应用：
茶叶内置小包装盒
(12 cm×15 cm)
材质：卡纸

* 小包装盒也可拆分出来单独售卖，一个小包装盒可以容纳一个长型茶叶罐或者两个短型茶叶罐。

"茶语"图案组合方式（张涵筱绘）

（4）图案组合方式三：自成图幅

应用：
茶叶罐（两种尺寸，
6 cm×12 cm 以及
6 cm×10 cm）
材质：铁质

应用：
茶叶罐（两种尺寸，
6 cm×12 cm 以及
6 cm×10 cm）
材质：铁质

"茶语"图案组合方式（张涵筱绘）

（5）其他包装方式——轻便

由用户调研数据显示，消费茶叶自己喝的用户也不在少数。对于自己喝的用户，牛皮纸盒镂空的手提式包装显然更为经济大方。

应用：茶叶盒
（25cm×7cm×13cm）
材质：牛皮卡纸

（6）其他包装方式——创意

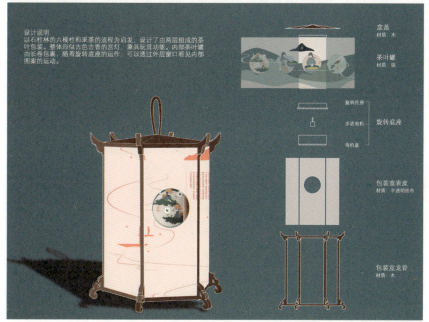

"茶语"其他包装方式（张涵筱绘）

"冶"牌雨花茶品牌提升

方案二："茶韵"

包装以冶山雨花茶为基础，采用环保可回收材料制作；包装在开口处设置密封口，保证茶叶的新鲜品质；茶叶包装包括三种款式设计，分别为桂子山石柱林、冶山铁矿博物馆以及金牛湖景区。包装插图色调统一，偏向于追求清新潮流和自由文艺的年轻人。

（1）全套包装效果图

"茶韵"效果图（徐乐嘉绘）

(2) 配色一：桂子山石柱林

应用：茶叶礼盒
(30 cm×20 cm)
材质：可回收硬卡纸

(3) 配色二：冶山铁矿博物馆

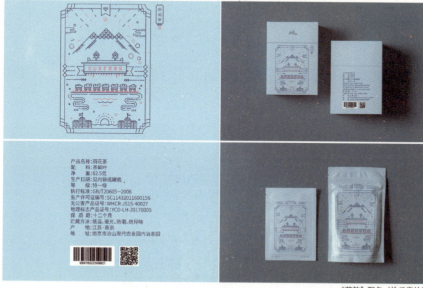

应用：茶叶礼盒
(30 cm×20 cm)
材质：可回收硬卡纸

"茶韵"配色（徐乐嘉绘）

（4）配色三：金牛湖景区

应用：茶叶礼盒
（30 cm×20 cm）
材质：可回收硬卡纸

"茶韵"配色（徐乐嘉绘）

文创设计

(1) 3c 产品示意：手机壳

手机壳示意图
(张涵筱 / 李霜宁 / 徐乐嘉绘)

(2) 生活产品示意：钥匙扣

钥匙扣示意图
(张涵筱 / 李霜宁 / 徐乐嘉绘)

(3) 生活用品示意：T恤

T恤示意图
(张涵筱 / 李霜宁 / 徐乐嘉绘)

(4) 箱包示意：帆布袋

帆布包示意图
(张涵筱 / 李霜宁 / 徐乐嘉绘)

(5) 茶壶样式示意：茶壶

茶壶示意图
(张涵筱 / 李霜宁 / 徐乐嘉绘)

(6) 文具用品示意：手账套装

文具示意图
(张涵筱 / 李霜宁 / 徐乐嘉绘)

6　南京冶山观光旅游推广方案设计

(1) 手绘地图

将冶山铁矿风情街、六合农民画艺术中心、冶山茶园、石柱林国家地质公园、金牛湖景区和八百桥地铁站用冶山特色小火车的路线加以串联，用插画的形式加以表现，为游客打造一个全方位、一体化的旅游策略。

手绘地图（张涵筱 / 李霜宁 / 徐乐嘉绘）

(2) 线上平台——宣传营销号

（3）线上平台——微博

创建南京冶山旅游专用账号，当月起，定期整理和发布旅游信息、天气信息、着装信息、花卉植物信息、火车班次、复古风情等积攒国内外人气。临近活动期间，发起互动：

大美冶山 #：与旅游类官微互动，进行二次宣传；

网红打卡地 #：宣传冶山旅游系列活动，发布活动开展情况：如相关节假日或花卉植物盛开信息，电影艺术复古风情街区拍照打卡等；

窄轨小火车 #：说出对冶山的祝福，与冶山之间的故事；

我在冶山 #：提问粉丝是否来过冶山，是否有兴趣来冶山，选中的微博赠送冶山特色文创产品以激励粉丝参与；

活动答疑 #：解答活动关注者提出的问题，汇总问题，进行逐一解答；

活动直播 #：微博线上直播冶山旅游活动全程，进行文创产品宣传。

（4）线上平台——微信

微信现已成为成熟的社交平台，在群众中应用极为广泛，普及程度高。并且它传播速度快、宣传成本低，将作为线上宣传的主要依托。

联系南京新鲜事、南京本地营销号和南播玩等组织进行帮助推介，提高软文阅读量和知晓度。对主题推文设置转发集赞赠送特色文创产品的环节，营造朋友圈"刷屏"现象，倒计时三天时进行线下展台抽奖，达到二次宣传的目的。可结合当时的时事热点和自身特点展开：
——以中国民间文化艺术之乡为切入点进行撰文；
——以窄轨小火车——"畅游冶山"为切入点进行撰文；
——以复古街区和工业园区为切入点进行撰文；
——以石柱林：小村子里藏有的惊人景观为切入点进行撰文；
——以亲子（情侣 / 摄影爱好者 / 南京人等）周末去哪儿为切入点进行撰文。

同时，充分利用国内外各大微信群、社团群、微博营销号进行宣传。

线上平台宣传（张涵筱 / 李霜宁 / 徐乐嘉绘）

(5) 线上平台——"爱冶山"APP

线上平台宣传（张涵筱 / 李霜宁 / 徐乐嘉绘）

（6）线下活动

横幅（加入冶山公众号二维码）

悬挂在冶山主干道、相关单位、商店、小火车冶山站及各村庄出入口，日均人流量可超过10000人次。通过简洁有趣的横幅标语吸引过往游客关注，快速了解冶山相关活动，增强冶山熟知度。

海报

制作不同版本的海报，在冶山微博、微信公众号，政府网页、主要公告栏张贴海报，进行线上线下宣传。
并在南京市区的地铁站等人流量密集的地方张挂宣传海报，向南京市区的人介绍冶山的景色和文化，吸引人们节假日过来游玩。

(7) 线下活动宣传

活动前举办多次线下活动进行宣传，扩大冶山的影响力。
包括：①小火车畅游冶山；
　　　②电影艺术街区；
　　　③冶山有你的未来·文创产品设计赛等系列活动。

小火车畅游冶山：
结合节假日、花卉植物盛开的日期，邀请旅游博主和体验游客来到冶山，乘坐小火车，并进行现场直播。

电影艺术街区：
在线征集一定名额的冶山打卡的游客，免费为其定制个人一日游 Vlog，并在电影艺术街区拍摄个人写真三张。征集过程可以充分扩大宣传，拍摄后进行成果展示，发布"冶山一日游 Vlog"，撰写微信软文，进行二次宣传。
其中，采访几位被选中的打卡游客以及受冶山邀请的嘉宾，请他们分享自己与冶山的故事，制作成视频，加入成果展示推文中去。

冶山有你的未来·文创产品设计赛：
不仅通过这个活动进行宣传，并且将前几名的产品投入生产。结合线上的微信公众号推文，对推文设置转发集赞、赠送特色文创产品的环节，营造朋友圈"刷屏"现象，并达到二次宣传的目的。

7 后记

在最后的成果汇报会上，南京六合团区委书记周歆瑜和冶山街道党工委副书记、政协工委主任陶志玉表达了对同学们工作的祝贺，并且向同学们发出了深入乡村工作的邀请。随后，南京大学建筑与城市规划学院党委副书记芮富宏老师也对同学们丰富的展示成果表示了肯定。最后，南京团市委副巡视员郑家芳对同学们的工作予以了高度的评价，尤其对同学们愿意深入调研的精神和方案的可行性表示了充分的赞扬。

乡村振兴工作营作为解决乡村发展问题的一项长期项目，需要来自各个专业的同学的有机配合和分工，才能为各个乡村提供长远周全的战略方案，这是此行中大家的共同感受。然而作为第一次下乡实践，这样落幕已是难能可贵，其中工作离不开学院、当地政府和社会各界的支持和鼓励。凭借着天然地理上的靠近，冶山的工作的后续开展必然也会在南京大学乡村振兴工作营的未来继续书写，并把现在我们的展望和期待变成现实。而整个乡村振兴的活动，也一定会在一代一代青年学子和学院老师的努力耕耘下，在一件件大事小事的日积月累下，成为强国兴邦的一支重要力量。

队员感想

李星儿：在这次暑期的工作营期间，我有幸成为南京六合冶山支队的队长。13天的工作营让我走出学术的象牙塔，从实践中不断理解和体会乡村振兴的深刻内涵。

张涵筱：这次工作营实践机会实属难得。在乡村振兴的大背景下，作为高校学生，我们应当承担起志愿服务乡村的使命，青春助力、责无旁贷。

谷雨阳：这次在暑假结束之前参加了南京大学的乡村振兴工作营，有助于增加社会经验，提高实践能力，希望利用假期能多多参加类似有意义的社会实践活动。

连立锐：这短短13天的社会实践有汗水、有欢笑，更有沉甸甸的收获。它让我们有机会到社会的大课堂去见识世面，增长才干，磨炼意志，在实践中检验自己。

苏冠宁：总结这次实践可以说是累并快乐着，我深深地感受到我们需要利用我们所学的知识为改善乡村做出贡献，虽然我们深知自己的知识可能不够完善，而且在这么短的时间内可能还没办法做到最好的效果，但是我们尽可能地利用自己的时间和精力去完善，去做到最好。

摄影作品

《六合冶山航拍》
摄影：张涵筱

《六合冶山航拍》
摄影：张涵筱

摄影：邱雨

4
水韵黄庄

黄庄乡村振兴工作营

乡村印象

黄庄位于淮安市塔集镇高桥村中部，距镇政府驻地 1.8 km。黄庄西濒淮河入江水道，东临荷花荡旅游公路，另有金闵公路穿村而过，加之江堤之上新近完成的沿江景观大道，交通十分便利。黄庄范围南北长 1000 m，东西宽约 800 m，总面积 1200 亩，是一个典型的苏中里下河地区特色的带状村庄。

这些日子里，我们一起行走在风景里，一起品尝着村里的土菜，一起工作到深夜，一起被蚊子的攻击下跳舞，一起推着没电的三轮车走在村里的小路上……时时刻刻，我们感受着自然对黄庄的馈赠，也感受着黄庄对我们的馈赠。我们期盼着，黄庄的风韵在我们的手上一层层晕开，向更远的地方。

如何让绿水青山充分发挥经济社会效益，造福黄庄人民？怎样让黄庄民众更加直观地理解乡村振兴的深刻内涵？而我们又如何利用自己的专业技能为乡村振兴做出贡献？带着这些疑问，工作营的伙伴们投入了后续的工作。

村庄信息

村庄地点：江苏省淮安市金湖县塔集镇黄庄
村庄方位：E 119°17′50″，N 32°93′38″
村庄人口：现有人口 757 人，常住人口 230 万人
人均年收入：2.6 万元
主要产业：经济作物、水产养殖、挂面

实践信息

工作营员：施少鋆 李智轩 刘宛莹 刘佩举
　　　　　邱雨欣 沈轶蒙 沈晓燕
指导教师：尤　伟　申明锐
实践时间：2019/7/6—7/19

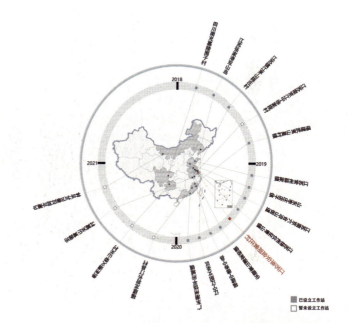

工作营所在位置

教师点评
淮安黄庄乡村工作营

尤伟

黄庄，作为里下河地区典型的条形村庄同样面临着中国乡村共有的空心化问题。2017年江苏省特色田园乡村项目启动，黄庄成功入选并进行了示范房建设和环境的整治，使当地环境面貌焕然一新。

在这一背景下，我们的黄庄乡村振兴工作营从什么方面切入乡村实践工作，学生们在这次的工作营中又可以收获什么，一直是我不断思考的问题。为此，我们在出发前制订了详细的工作计划，包括工作内容细目以及每一天的工作安排。

经过12天的工作开展，成果无疑是丰富的。当地文化的挖掘、展示以及丰富多样的产品设计成为这次黄庄工作营的工作亮点。同学们通过录像纪实等形式将当地的非遗文化和特色产业展示得淋漓尽致，使当地领导也逐渐意识到当地文化产业的价值，以至于在目前黄庄特色田园项目的推进中计划专门拿出一幢建筑用于展示当地传统文化。

如果说学生的乡村振兴工作能给当地带来什么改变，我想这种思想和活力可能是最为重要的。而这种接地气的实践工作也着实让一直待在校园里的学生体验了一次工作的不易。

比如同学们为了采集到养鹅人工作的镜头，凌晨4点起床，随着养鹅人成为到达高邮湖的第一批客人；一起推着没电的三轮车走在乡村的小路上。但这些经历，我想会成为他们今后工作生活的美好回忆。

区位关系图

镇域关系图

胡友朋副镇长发言

与当地政府交流探讨

心路历程

尤伟老师讲解黄庄基本情况

场地实地调研

采访村民

发放调查问卷

产业调研

小组讨论方案构思

合影

施少鋆：两周的经历让我有机会去了解乡村现实生活中所遇到的情况，让我反思了很多身处于都市里没有思考过的问题。希望我们所做的能为当地村镇的发展提供思路和启发。

刘宛莹：两周的经历让我深入了解了当今中国乡村的现状和困境，思考了很多之前从未想过的问题。如何带动当地产业发展、如何保护乡村的文化等都是需要考虑的问题。

李智轩：黄庄的日子，有花有草，有苦有笑，有最朴实的生活，有最平淡的烟火气。再回首，看淳朴依旧，风景更佳。

沈晓燕：很高兴能够参加这次的乡村振兴工作营，在这十几天的调研与工作中，我了解并感受到了当今乡村的现状。乡村是复杂的，振兴乡村需要很多方面的共同努力，希望我们的工作营可以为乡村带来一些改变。

刘佩举：很高兴能参与到本次的黄庄乡村振兴工作营中，与志同道合的老师同学一起，感性地体验乡村生活，理性地思考乡村问题。乡村振兴路还很长，愿自己能一直走下去。

沈秩蒙：确实乡村问题复杂烦琐，对乡村建筑的研究也许只是其中一个小小的环节，但我还是有幸能作为一名建筑学学生参与其中，看到整个乡村正一点一点变好。

邱雨欣：在工作营的十几天里，我们一起留下了非常多难忘的回忆，非常好地融入当地的乡村生活，虽然辛苦但是也不缺少欢笑，虽然时常感到力不从心，但是也获得了很多成长。

1 导引系统设计

为黄庄做的导引系统的设计包括导览图和指示牌的设计,以期为黄庄的村民和游客提供方向上的引导。在设计过程中,吸取了黄庄的代表元素,也希望导引系统与黄庄相融合,成为黄庄景观的一环。

黄庄景观梳理——寻访并梳理出了黄庄七个可观可游可享的特色景观节点,为其制定了富有吸引力的景点名称:

淮水入江 望黄庄
塔集原乡 忆黄庄
脆藕鲜虾 飨黄庄
稻田蛙鸣 听黄庄
桃李满园 品黄庄
田园民宿 梦黄庄

淮水入江图(邱雨欣摄)　　　塔集原乡图(沈轶蒙摄)

脆藕鲜虾图(刘宛莹摄)　　　稻田蛙鸣图(邱雨欣摄)

桃李满园图(沈轶蒙摄)　　　田园民宿图(沈轶蒙摄)

黄庄导览图——采取拼贴插画的风格，选取代表性的建筑/事件/元素将其抽象成为拼贴图案，制作了黄庄旅游的导览图。

黄庄指示牌——指示牌选取黄庄特色意向：荷叶和荷藕。使用木材、锈钢板镂空、PVC为主要材料。使用镂空雕刻锈钢板的技术，将荷叶和荷藕的形象加以表现，既具有黄庄特色也具有落地性。

导览图设计（刘佩举 / 李智轩绘）

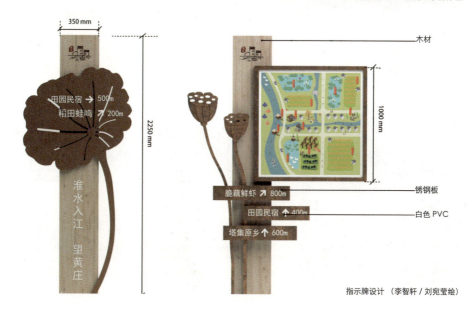

指示牌设计（李智轩 / 刘宛莹绘）

113

2 室内装修设计

在民宿室内设计方面,参考运营中的中式民宿的案例,提炼出一些要点——木质新中式家具、简约风格、中国元素的饰品等。进行家具的选型,提供造价上的参考,增强设计的落地性。进行了具体的室内设计工作,对民宿进行细化模型、渲染效果图等工作,为大的空间布局和空间效果提供参考。

基地现状(邱雨欣摄)

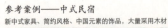

参考案例——中式民宿
新中式家具、简约风格、中国元素的饰品,大量采用木材

平面图(李智轩摄)

参考案例(刘宛莹绘)

民宿景观(邱雨欣摄)

商品选型,增强落地性

商品选型(刘宛莹绘)

114

室内设计——民宿

下层客厅的沙发内置拉床,满足多人住宿的需求。
上层北侧飘窗处设置坐榻,满足观望北侧风景的需求。

基地现状(邱雨欣摄)

Loft 型民宿室内设计(刘宛莹绘)

Loft 型民宿室内设计(刘宛莹绘)

115

室内设计——青年旅社

二层的公共空间设有品茶区和沙发休憩区。

基地现状（邱雨欣摄）

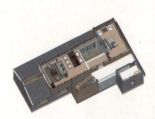

青年旅舍室内设计（刘宛莹绘）

青年旅舍室内设计（刘宛莹绘）

室内设计——青年旅社

二层的公共空间设有品茶区和沙发休憩区。

基地现状（邱雨欣摄）

基地现状（邱雨欣摄）

独院型民宿室内设计（刘宛莹绘）

3 特色农产品包装设计

挖掘虾、蟹、瓜、桃、藕、手工挂面、手工香等当地特色设计产品包装、黄庄系列宣传文案。

黄庄即食小龙虾包装设计——白色底色配以色彩明丽的插画，产品特色一目了然，整体风格简洁大方，与市场上大部分同类产品包装形成鲜明对比。

黄庄莲藕汁包装设计——化用"偶然"谐音，结合产品特点，将品牌命名为"藕然"，容易给人以深刻印象，有助于品牌推广。盒装、罐装两种包装以白色为基调，融入藕片插画图案，清新简洁的外观设计符合大多数人的审美。

即食小龙虾包装设计（邱雨欣绘）

莲藕汁包装设计（邱雨欣绘）

黄庄西瓜包装设计——图案采用了扁平风插画风格，图案主体为西瓜，根据当地近水的特色，选取了舟、鹅、飞鸟作为背景元素。包装采用了箱装，同时为西瓜设计了一款吊牌，吊牌背面附上了"水韵黄庄"微信小程序的二维码，借此推广黄庄、吸引客流。

黄庄油桃包装设计——包装图案采用了扁平风插画风格，图案主体为油桃，背景元素提取了当地的特色——荷叶及尧乡宝塔；油桃的包装采用了盒装，同时包装盒上也加上了黄庄的 logo 和必要信息。

黄庄·西瓜

西瓜包装设计（沈晓燕绘）

油桃包装设计（沈晓燕绘）

黄庄挂面包装设计——挂面纯手工制作,自然晾晒,制作工艺复杂,未添加任何防腐剂,不适合长时间存放。大多购买者为即买即食,迎合此类需求设计了易开口的纸袋,利用纸袋环保安全,也提升了产品的外观价值。包装图案取自传统挂面的吃法,竖向面条体现挂面和富有弹性的质感。

黄庄手工香包装设计——产品采用纯纸质包装,有桶装版和硬质盒装版两种形式。包装团取自熏香产生的烟雾,一根红线贯穿上下,既体现产品特点,又突出包装的竖向线条,简约优雅。

挂面包装设计(施少銎绘)

手工香包装设计(沈轶蒙绘)

宣传文案图(沈轶蒙绘)

宣传文案图（邱雨欣绘）

宣传文案图（沈晓燕绘）

4 推广宣传—微信小程序

"水韵黄庄"是淮安支队为黄庄设计推出的微信小程序。

黄庄田园风光及非物质文化遗产介绍——让田园风景吸引旅客来到黄庄,让非物质文化遗产丰富乡村体验项目,使在地性消费成为可能。

黄庄当地特色民宿预定——提供三种不同类型的民宿应对不同人群的需求,支持咨询、预订等功能,使游客享受优质的民宿服务。

黄庄农副产品包装文案及其创意衍生——基于黄庄现存的自给自足的田园生活模式以及现代农家乐对于城市居民的吸引力。

将黄庄美丽风光、温馨民宿、特色产品在平台上进行展示,使"水韵黄庄"成为旅客和本地农户联系的平台。

微信小程序—首页(施少鋆绘)

微信小程序—资讯(施少鋆绘)

微信小程序—二级页面(施少鋆绘)

微信小程序—内容页（施少鋆绘）

5 后记

刘慧镇长对工作营的规划设计成果予以充分的肯定，真诚地欢迎有创意、有想法的年轻人为青山注入活力，就这一问题与工作营的同学展开互动交流。

胡友明副镇长以"用心、用情"四个字对我们的工作给予高度评价，并希望能与工作营建立长期合作，以将这十天形成的方案继续深化，最终实现落地。

尤伟老师作为这次工作营的指导老师鼓励营员们，虽然这次工作营画上了圆满的句号，但同时也只是个逗号，我们做的还只是一个开始。

淮安黄庄乡村振兴工作营的帷幕已缓缓落下，但整个乡村振兴的大幕才刚刚拉开，我们做的不过是浩瀚星辰中的一点，只希望我们的微光能为青山镇撕开一道口子，用微光吸引微光，用微光照亮微光。

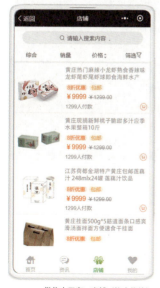

微信小程序—店铺（施少鋆绘）

微信小程序—个人中心（施少鋆绘）

摄影作品

《离开》
摄影：沈轶蒙

《启程》
摄影：邱雨欣

摄影：侯博

5
脉连"枫"情

南京徐家院乡村振兴工作营

乡村印象

徐家院是位于南京江宁谷里街道西部的一个自然村，紧邻乡村绿道。该村已经具有相当完备的设施建设以及详细的规划策略，致力于将徐家院打造成集休闲旅游与传统文化教育体验为一体的田园综合体；建筑风格也贴近村庄文化，尽显江南水乡之典雅；活动空间利用丰富多样，既有传统耕种的农田区，也有3D打印等高科技体验区，正在建设的儿童乐园也即将在来年投入使用；村庄内部的小品建设更是让人眼前一亮，其巧妙地结合水八仙、耕种文化等元素进行设计，极具创意性。

与其他的乡村振兴队伍不同，徐家院在规划建设方面已投入大量精力，从乡村产业规划、基础设施建设和文化建设方面都已经比较完善。在这样一个专业级设计富集的基地，我们作为学生，在乡村设计方面能够带来什么新的创新点呢？同学们带着这样的思考投入了后续的工作。

村庄信息

村庄地点：江苏省南京市江宁区
村庄方位：E 118°68′41″，N31°85′09″
村庄人口：共43户，139人
村庄荣誉：中国最美乡村50强
　　　　　"金龙鱼杯"中国美丽乡村第二届
　　　　　百家示范奖

实践信息

工作营员：周雨岚 尹介琪 黄 玥 高杨昕
　　　　　牟思聪 刘越榴 沈葛梦欣
指导教师：申明锐 周　凌
实践时间：2019/1/22—1/28

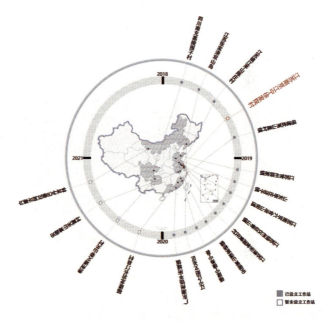

工作营所在位置

127

教师点评
南京徐家院工作营

申明锐

"十九大"的"乡村振兴"战略提出后,大量的资本、项目、设计进入乡村,社会各界对"三农"和城乡链接问题提升到一个前所未有的关注程度。位于南京江宁区谷里街道的徐家院就是这样一个设计富集的村庄。在我和同学们进入村庄从事设计营工作之前,南京大学的建筑与城市规划学院已经在徐家院进行了多轮规划设计。初出茅庐的同学们的经验和成熟度自然无法跟职业规划师、建筑师相比,我们采取了一个自下而上的"微设计"视角,从年青人和游客的角度,重新梳理了村庄的游览路线,绘制了快慢交通结合的导览图;结合村庄蔬菜种植和"水八仙"等产业,给乡村旅游带来了一些可售卖、可留念的文创产品。中国大都市近郊的乡村发展振兴之路,必然会面临着从当前轰轰烈烈的物质环境建设的 1.0 版本转向强调运营维护的 2.0 时代。同学们从微观视角、市场需求角度带来的轻质设计,希望能给徐家院带来正向的良性反馈,也给中国乡村走向一条可持续发展的道路带来新的启发。

徐家院航拍图

徐家院交通区位图

徐家院风光

徐家院风光

徐家院风光

心路历程

访问村民

访问村民

与村干部交流

调研

讨论交流

团队合照

1月22日上午，我们支队来到了徐家院，其实徐家院已经是南京大学的老朋友了，2017年，由南京大学周凌工作室设计的徐家大院、村民活动中心等作品已在徐家院落地建成，如今我们来徐家院，再续前缘。

经过前两天的走访与调研，我们更加了解了徐家院这个村子，它具有"四圩一岗"独特的空间格局，"水八仙"等优良的蔬菜种植产业基础，多重的院落肌理以及"耕读传家"的文化气息。但这样一个规划较为完善的村落，仍然存在着以下几点发展诉求：①原住居民的后续发展问题。如今徐家院只剩下不到20户居民，大多是留守老人，生活水平不高，村里面的建设参与感相对有限。②品牌定位的整合。目前乡村有农耕、水八仙、郁金香、未来科技等等主题，缺乏整体性及引导性。③功能分区及节点串联。目前村庄的规划已相对完善，但各节点间缺乏串联性，需要通过游线的规划来实现整体的联动性。④产品文化的打造与宣传。村庄将于2019年4月郁金香盛开的季节，迎来第一波旅游高峰，包括后续活动的开展，届时需要一系列的宣传与文创产品。

根据以上诉求，我们对徐家院进行了充分的调研与访谈。指导老师还带领我们参观了徐家院村周边的一些项目，例如民营企业建造的大型休闲度假酒店和前一期的乡村建设项目。我们将这些已经建成的项目与徐家院村进行对比，发现优势以及需要改进的地方，也拓宽了规划的思路。

1 产业优化与再设计

产业——空间规划

梳理乡村自然空间,打造特色种植观赏、果树栽种体验和水产农耕培育三类特色乡村空间,同时与游览服务中心区之间相互联系,中间有机植入观驿站、摘驿站、游驿站和居驿站,将整个村落空间串联成一个整体。

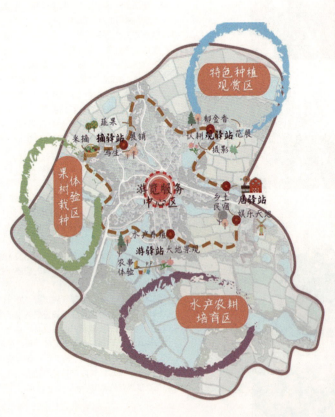

观赏花卉培育

 暖春郁金香,夏荷水中荡;秋日赏金菊,寒冬腊梅香。引进多样花卉,让徐家院一年四季都有景可赏。

 原有菜园升级为城市后院,于繁忙都市之外重塑土地认知。

大地景观打造

 依托优良自然环境及文化底蕴,在原有优良农耕传统的基础上打造开阔美丽的大地景观。

 发扬"耕读传家"传统文化,展示至美乡村风情。

特色果树栽种

 生产多样农副产品,打造复合产业链,促进乡村产业可持续发展。

 果园采摘活动策划,丰富乡游活动类型,增加出行乐趣。

产业——空间规划(周雨岚绘)

产业——概念规划

（1）以生态田园为产业发展概念核心，以此拓展出绿行、乡居、耕传等产业活动，使之形成一个有机整体。

（2）保留原有传统农耕文化，将农耕与旅游业相结合，增强"耕读传家"的文化氛围，增添创新性和趣味性。

（3）打造特色产业、特色生态、特色文化，塑造田园风光、田园建筑、田园生活，建设美丽乡村、宜居乡村、活力乡村，展示"生态优、村庄美、产业特、农民富、集体强、乡风好"的江苏特色田园乡村现实模板。

产业——概念规划（周雨岚绘）

产业——三园发展策划

徐家院在现有规划中建立"三园共生"模式，将菜园、果园、庭园三园一体，打造农业特色田园乡村。落实到具体产业上，我们延续已有规划中"三元互动"的发展方向，对果园、庭园和菜园的发展各自做了更为详细的发展规划：

果园：果园经济具体落到空间上分为游客服务中心、认耕农地、特色农家乐、DIY工作坊等；

菜园：庭园经济具体落到空间上分为游客服务中心、村史馆、特色农家乐、民宿等；

庭园：菜园经济具体落到空间上分为商业服务、特色餐吧、认耕菜园、线下蔬果展销会等。

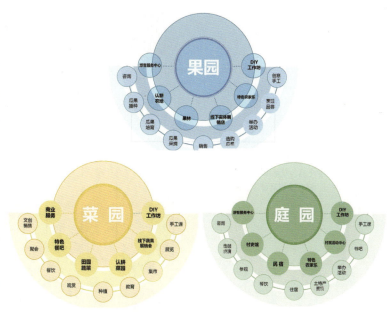

产业——三园发展（周雨岚 / 尹介琪 / 黄玥绘）

产业——"农业＋乡旅"模式策划

农业模式——共享农业
农业发展突破传统单调的农耕发展，采用共享农业的模式，联系政府、农户和消费者，设立托管代种的平台和打卡认证机制等。

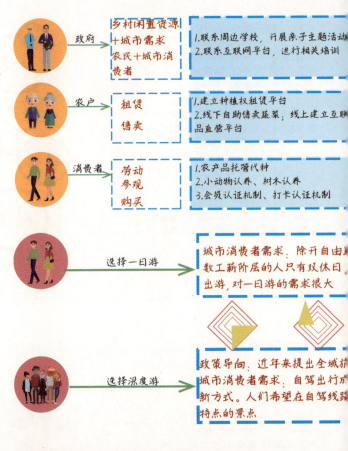

旅游模式——一日游＋深度游
旅游业发展通过活动策划，将一日游与深度游相结合，串点成线、连线扩面，打造珍珠串联式美丽乡村游，实现有机系统的乡村全域发展局面。

乡村活动策划
具体到活动策划上，我们规划了三类不同等级的活动：品牌活动、传统活动、赏花活动，串联起一年的12个月，让游客一年四季都有活动可以参与，进一步丰富徐家院的活动空间。

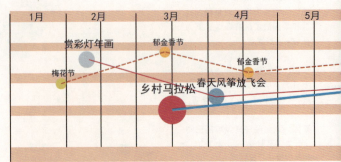

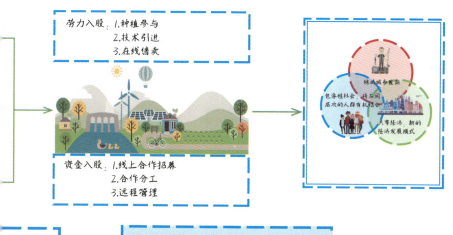

活动策划（刘越榴绘）

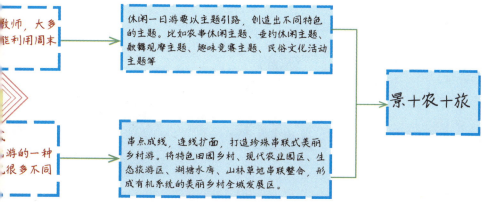

旅游模式探究（刘越榴绘）

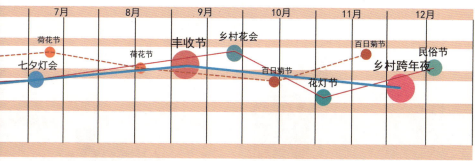

花活动串联起一年的十二个月，让游客一年四季都有活动可以参与。同时对于徐家院来说，也可以保证

徐家院的品牌强度。

村味的乡村。

婚纱照拍照经典；联合中小学校，打造有特色的春秋游。

农业模式探究（刘越榴绘）

133

2 游线组织

通过资料查找,我们对徐家院乡旅发展目标游客的需求进行了分析,按照人群大致可分为情侣、团体、儿童和老人四种类型,我们根据各类人群的活动特点设计了四类游览路线。

目标游客需求分析(周雨岚绘)

情侣——并蒂芙蓉,琴瑟调和

团体——惠风和畅,游目骋怀

中心活动空间鸟瞰图（黄玥/尹介琪绘）

情侣游线
情侣游线和打卡击掌活动结合，在小红房、情人桥、认耕田园等处设立打卡点。幸福游园，欢乐打卡。

团体游线
多处设点，提供多种团建活动场地，如认耕菜园、环村骑行和露营烧烤。风景优美，乐趣十足，极具参与感和体验感。

游线组织（刘越榴/尹介琪/黄玥绘）

儿童——纸剪风鸢，陌上拾花

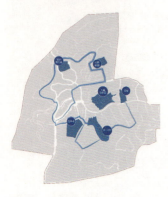

老人——夕阳无限，颐养天年

综合交通流线
我们将整个徐家院分为赏绿大道、枫叶慢道、骑行赏花道三个各具特色的道路空间体系，以丰富旅游线路。

儿童游线
为了形成一体化的儿童游玩模式，将DIY手工坊、果蔬种植、儿童乐园等形成一条线路，使得孩子们能够亲近自然，寓教于乐。

老人游线
以观光休闲为主，打造居家养老的宜居之地，漫步田野，闲适又安逸。

游线组织（刘越榴 / 尹介琪 / 黄玥绘）

3 文创产品设计

我们针对徐家院现有的两大主打品牌——花海、水八仙,进行了文创产品的设计。

花海主题
徐家院的主要花卉植物是郁金香、莲藕花和百日菊。依托这三种花卉进行文创用品的特色打造,使游客赏花的同时能进一步地进行消费。

阳春三月,徐家院村郁金香花大量开放,吸引游人流连在色彩鲜艳的花海间。以郁金香为母题的文创设计,背景是大片的郁金香花海,近景,一个可爱的小孩子以拥抱的姿态去接触五彩缤纷的花朵,天空中有蝴蝶飞过,展现了一片天然童趣的画面。

青青荷塘碧叶连天,蜂飞蝶舞蛙声一片。七八月是徐家院村荷花大批绽放的季节,同时开展采莲蓬、剥莲子等系列活动,让广大游客大饱眼福口福。依托莲藕花为母题打造一系列文创产品,背景为比较清爽的蓝色,在接天莲叶之间,金鱼、扁舟穿梭其中,呼应景色。

到了金秋十月，徐家院村内50万株百日菊已进入盛放期，村里五彩缤纷，令人陶醉。百日菊是一年生草本植物，色彩鲜艳，花期很长，象征友谊地久天长。依托百日菊为母题打造一系列文创产品，背景是山脉和村庄，中景是大片的百日菊花海，近景一把中国风的纸伞掩映花丛之间，飞鸟穿梭于花朵之间，情趣盎然。当然除了我们列举出的这些文创用品还可以继续延伸，比如村庄提供的一次性纸杯上、食品包装袋上都可以应用这些能体现徐家村特色的相关元素，使文化产业结合村庄发展做大做强。

花海主题文创产品（牟思聪绘）

水八仙主题

我们根据水八仙这八种水生农作物的外观特征，设计了相符合的卡通图案。这些卡通图案采用了鲜亮的颜色和时下流行的"像素风"，与农作物的实物相比，能在短时间内给人留下更为深刻的印象。同时，这些图案的颜色使用和绘画手法都较为简洁，这就为小朋友们对这些农作物的认知学习提供了方便。将水八仙制作成贴纸、玩偶公仔或抱枕，小朋友们就可以通过这些玩具学习画这些图案来认知农作物。

菱角 water caltrop　莼菜 brasenia schreberi　莲藕 lotus root　茭白 cane shoots

荸荠 chufa　水芹菜 oenanthe stolonifera　茨菇 arrowhead　芡实 gorgon fruit

水八仙主题文创产品（沈葛梦欣绘）

花海主题文创产品（牟思聪绘）

4 后记

1月28日,为期一周的江宁徐家院乡村振兴项目已告一段落。在这一周内,小组成员通过深入村庄的调研与访谈,对徐家院的现状及后续发展都有了全面的了解,从自下而上的角度为村庄今后的发展出谋划策。

我们从产业规划、游线组织和文创产品设计三个方面进行成果汇报。期间,我们就村子的规划设计结合我们的调研进行了阐释,并对文化产品的设计与当地社会文化关系进行了诠释,讨论了产业、旅游的落地以及本土化产品的生产实施。

最后,周凌老师、申明锐老师及社区领导对我们的方案进行了点评,设计方案引发了在场观众的兴趣并得到了社区的高度认可。

队员感想

江宁徐家院是乡村振兴的试点项目,更是代表项目。在已经趋于完善的规划布局的条件下,更能够调动我们的创意,激发我们的思考,通过游线的设计、旅游品牌的定位等方面让我们为徐家院今后的发展添砖加瓦。

这次活动让我们对乡村未来发展的可能性有了新的认知。乡村本就是人居环境中重要的一方空间,乡村振兴的目的之一也在于为更好地改善人们的生活水平寻找新途径。未来的乡村应与城市空间相辅相成、相互促进,从而为人们提供更为诗意的栖居环境。

从产品、游线的设计到产业的策划,一切都是以人的体验和需求为出发点。我们此次实践所深入挖掘的本土+创意的模式不仅促进了城乡要素间的交流,也将激活乡村的内在造血功能,实现更大层面的乡村振兴。当然更多的还是在团队合作中的收获和成长,南京大学与东南大学的同学强强联手,在合作中互相学习,收获友谊,每个人都非常荣幸能为乡村振兴项目付出自己的一分力量。

明信片(尹介琪摄影 / 沈葛梦欣绘)

摄影作品

《村民活动中心》
摄影：侯博文

《徐家大院》
摄影：侯博文

乡村振兴语境下的建筑设计下乡路径
——第一届南京大学乡村振兴论坛及成果展侧记

黄华青 周 凌

为发挥高等学校在人才培养、科学研究、社会服务、文化传承创新和国际交流合作等方面的作用，响应教育部2018年颁发的《高等学校乡村振兴科技创新行动计划（2018—2022年）》，南京大学建筑与城市规划学院于2019年4月26—27日举办了"第一届南京大学乡村振兴论坛"，同期进行了"2019年南大乡村振兴工作营成果展"。论坛的目的在于从理论与实践视角探讨新时代乡村建设中的问题，让乡村相关知识和经验实现多学科的交流互动。本次论坛和展览的举办有几方面原因：第一，党的十九大提出实施乡村振兴战略以来，中央农村工作会议紧接着做出具体部署，将实施乡村振兴战略作为新时代做好"三农"工作的总抓手、新旗帜；高校教师和学者应积极参与国家建设，以专业回报社会。第二，十八大报告与全国教育大会把立德树人作为我国教育的根本任务，教育部制订乡村振兴行动计划，鼓励学生参与乡村振兴社会实践，回应立德树人目标。第三，南京大学师生长期参与乡村研究实践，完成了多项课题与研究，乡村实践有一定的理论基础和实践经验。

图1 论坛开幕式嘉宾与师生合影

本次论坛邀请了国内在此领域有成就的30余名著名专家学者与建筑师参加，包括来自北京大学、清华大学、东南大学、同济大学、南京大学、中国美术学院等高校的同行，涉及两个方面：一方面是宏观政策、乡村治理、乡村社会、乡村产业的探讨，主要报告人为长期从事乡村社会研究的著名学者、长期从事规划管理的住建部门老领导以及对最新乡村现象进行跟踪调研的教师；另一方面是乡村物质空间建设方面的讨论，由在乡村参与建设的建筑师、规划师参与，主要涉及乡村环境改善、乡村建筑修缮改造与创新设计以及乡村建筑设计方法与建造技术的讨论（图1、图2）。

图2 论坛现场

在高校举办乡村振兴论坛有独特的意义。高校不仅是乡土建筑、乡村社会等学术研究的阵地，也是各个层面乡村振兴实践的重要力量。南京大学乡村振兴工作营取得的阶段性成果就是理论与实践结合的有益尝试（图3）。如南京大学副校长邹亚军在开幕辞中指出，南京大学一直有关注乡村的传统，建筑与城市规划学院举办的论坛与工作营活动不仅在南京大学具有重要价值，更是响应乡村振兴国家战略的号召，在扶贫攻坚、全面建成小康社会的冲刺阶段贡献高校力量。先后致辞的南京大学建筑与城市规划学院院长吉国华、清华大学建筑学院党委副书记张弘、东南大学建筑学院副院长鲍莉等，也高度肯定并展望了高校在乡村振兴中发挥的积极作用。高校拥有跨学科背景及人才储备优势，为建筑师下乡的路径提供了一种参考和契机。

1 为什么要"下乡"

本次论坛和展览举办的背景，既是乡村振兴事业发展到一定阶段必要的回顾与探讨，也是在城乡关系和乡村内部剧烈变迁的新时期，对"建筑设计下乡"路径的反思与展望。在历史视野下，乡村振兴是民国以来近百年的乡村建设、新中国成立70年来的乡村变革、改革开放40多年来的城乡发展、近20年来的新农村建设等若干视野与使命下的必然选择。从19世纪末开始，晏阳初、梁漱溟、陶行知等一批知识精英为挽救衰败的乡村社会和经济而发起"乡村建设"运动；20世纪末以来，在温铁军、

图3 2019年南大乡村振兴工作营成果展

144

杜晓山、茅于轼、贺雪峰、李昌平等一批"三农"问题学者的研究与实践中得到延续和发展。近年来，"建设社会主义新农村""美丽乡村""特色小镇""特色田园乡村"等一系列乡村建设动议在国家力量推动下快速重塑着乡村的物质环境、经济产业与治理模式。当代乡村振兴的初衷，一方面是城乡发展差距的不断扩大，乡村空间与社会问题日益凸显，反哺乡村成为城市发展到一定阶段的必要责任。另一方面，受食品安全、住房紧缺、交通拥挤、休闲匮乏等"城市病"困扰的主观原因，和拉近城乡关系的高速交通网、互联网经济等客观条件的驱使，乡村成为城市人渴求而可及的桃花源；农村"空心化"亦为城市资本转移、农民创业兴业带来契机，资本下乡成为制度与市场的双重选择。据研究，中国乡村至城市人口迁移对城镇化率的贡献达到 45% 以上，乡村振兴是在建设农村人与城市人共同向往的一片美丽家园与精神归宿。

建筑师"下乡"一直是乡村振兴事业中的积极力量。1950 年代中期，建工部就曾组织设计人员下乡辅助人民公社规划和建筑设计工作；1980 年代，在"建设一个农、林、牧、副、渔全面发展，农工商综合经营，环境优美，生活富裕，文化发达的新农村"的目标下，新农村建设转向对农村环境建设、农民自建房问题的关注，建设部门多次组织乡村建筑设计竞赛、通用设计图集征集；21 世纪以来，多次新农村建设浪潮将越发广大的建筑界推向"设计下乡"的前沿——从初期主要由慈善基金会赞助、集中在边缘地区和弱势社区的公益性探索，到十年前在大范围新农宅建设与灾后重建背景下的建筑师集体下乡，再到近年来在乡村旅游休闲、乡村产业振兴等促动下形成的愈发多元化、综合化的乡村建筑探索——建筑师参与的乡村项目不仅数量及规模急剧增加，地域范围从边缘拓展至全国，乡村建筑本体的功能类型、建构方式与价值取向亦呈现出百花齐放的姿态。

当代乡村内部社会构成及城市关系的变迁，给建筑师提出了新的命题和挑战。一个相关前提是城乡协调视野下乡村不断增强的混合性：包括产业功能的混合、人口构成的混合、形态风格的混合。在西方发达国家乡村，随着工业化改变乡村生活基础、逆城市化加剧乡村社会变迁、乡村旅游活动普遍增长、全球化、新闻媒体和互联网普及等因素的驱动，西方国家乡村从 1990 年代起步入"后生产主义"时代，传统的粮食生产功能被高品质的食物生产、美好宁静的公共空间、居住用地、环境保护等多样化功能取代。在当代中国，乡村的多功能化趋势同样与社会构成的多元化产生互动。一方面因农村进城务工人口和留村人口形成以代际分工、半工半农为特征的农村家庭经营模式，城市的农村移民与家乡之间的密切联系形成一个时空压缩的城乡空间混合体；另一方面，农村集体经营性用地、空闲农房及宅基地得到盘活利用，土地流转政策的落实和推行，带来对农村土地价值的普遍预期，带动城市人群进入乡村旅游、休闲乃至兼业、居住。可以预见，大量随城镇化发展而进入都市圈范围的农村、小城镇和居民点，不仅将负担农业职能，也需承接和疏解从城市中释放出来的作为城市经济发展提升的必要职能；未来乡村将成为一个由乡村居民与迁入者、农业工人、休闲游客、旅行者、土地所有者、政策制定者、媒体从业人员以及学术研究者等不同利益相关者的共同体验与表现所塑造的混合网络化空间。这为当代建筑师的"下乡"建构了新的前提。

2 乡村复杂性的多学科视野

在此语境下，建筑师需要重新认知乡村社会的构成，重新审视乡村建设的价值，重新反思乡村发展的路径。为此，三位跨学科专家分别从政府管理、基层治理、经济地理的视角，对如何认知和应对当代乡村的复杂性带来不同层面的启发。

江苏省住房和城乡建设厅原巡视员、中国城市规划学会副理事长张泉的报告《关于乡村三态的探讨——生态、形态、业态》探讨如何从生态、形态、业态的角度认知传统和当代乡村，并借助规划工具有效引导乡村保护和发展。生态层面包括环境生态、资源生态、景观生态、人文生态、社会生态等维度，强调在山水景观中的乡村规划要做到"六适"：功能适地、规模适度、设施适用、污染适治、景观适宜、管理适恒。形态层面，他提出"绿、土、小、曲、新"原则——"绿"强调乡村景观绿化的适生性、经济性、时效性、地方性；"土"指向三农文化、本地文化、土壤文化；"小"指乡村建筑体量不应太凸出；"曲"指向平面地形、空间地貌、建构筑物、植被绿化等多层次要素的设计原则；"新"则呼吁融入新观念、新生活、新科技，与时俱进。业态是乡村振兴的核心。产业发展是一个涉及文化保护、生产创新、人才培养、经营方式的综合性问题，需先进行包括产业规模、收入情况、生产组织方式、发展条件在内的传统产业梳理，进而制定发展战略、布局空间引导策略。最后他强调，乡村振

兴的核心是农民，关键在农业，如此才能借助乡村规划做好建设管理，寻求因地制宜、以人为本的长效发展策略。

北京大学社会学系教授、北京大学人类学民俗学中心主任朱晓阳的报告《关于乡村治理——从地势—生境视角》从乡村治理角度，重塑对乡村社会的认知以寻求介入乡村振兴的前提，从而实现有效治理，寻求乡村振兴的内生动力和可能撬动点。他指出，近20年乡村治理中的问题，包括国家下移、村政上浮等，造成行政村的"非社区化"及自然村被虚化，导致自治落空、法治不彰、德治无根。尤其是德治，依托于血缘/地缘性的乡村共同体（community），应有共同的生活方式和价值取向，是乡村治理内生动力所在。因此，自然村才是基层治理的自然单位，不能为了眼下的效率和直接效益，而牺牲国家安身立命的基础。他从"地势—生境"角度，认为大部分自然村并不"空心"，原因是在当代中国的乡城两栖现象下，家庭的基本单位导致家庭成员在城乡之间的穿梭成为常态，自然村成为一个"空间上撑开的村庄"，村庄的"生境"（niche）也扩张到一个包括乡下老家和县域城市的场域。最后他提出，要建立自治、法治、德治相结合的当代乡村治理体系，应确立自然村/村小组为社会治理的基层单位，以"空间上撑开的村庄"为基层治理单位，建设多元参与的基层治理组织——成立包括自然村/小组、村民代表、行政村代表、返村乡贤、"旅外人士"和驻村社会组织的村庄理事会。在清晰认知过去半个多世纪中国乡村社会的社区性及其空间边界的基础上，只有保障乡村作为空间/地势/生境存在，才能谈"振兴"。在此振兴即让其"自然存在"，让其自治存在。

南京大学建筑与城市规划学院教授罗震东的报告《移动互联网时代的新乡村》面向未来，积极展现了移动互联网发展给乡村带来的机遇。他认为，移动互联网时代传播的去中心化、碎片化、高频化，使城乡营销的主体、模式、广度发生转变；移动互联网用户的分布下沉，成为农村网民传递和满足物质与精神需求的主要载体，给乡村带来多层面的机遇。例如"网红"现象促进了乡村及乡村美景的营销推广，淘宝村推动了普通乡村产业的兴旺，"直播"销售则重塑着当代城乡空间。这类新经济驱动的新乡村，正在掀起一轮迅猛的乡村产业化与城镇化浪潮，促发了乡村生活方式的系统变革，同时又反向促进传统产业的升级、产业链的延展。最后他总结了移动互联网对乡村社会的三方面积极意义：第一，乡村信息基础设施建设作为乡村振兴的重要阶段，有助于弥合城乡信息鸿沟，弥合地理空间阻隔；第二，高质量的内容生产日益凸显，如乡村传统手工艺、分散化生产设施得到复兴，乡村环境特色得到尊重和凸显；第三，乡村人居环境的改善更加迫切，对乡村公共服务设施和基础设施建设的需求日益提升，应致力于让乡村为完整的家庭日常生活提供良好的支撑。

3 建筑学的路径探讨

在多学科讨论的基础上，本次论坛邀请的八位建筑师结合在乡村中的实践与研究，主要从两个层面继续呈现了建筑师介入乡村振兴的基本路径。一方面是对乡土建构文化的传承与重塑，从建筑选址、布局到形式层面对乡村肌理的修复及对自然环境的融入，到在材料、构造、细部层面对乡村传统的传承及新技术体系的介入，试图通过建筑唤醒乡里人、城市人对乡村文化的认知及认同。另一方面是对社会性介入的探索，有些建筑师营造片段的、时尚的空间，以心无旁骛的方式复兴乡村的仪式感，塑造乡村对城市消费者的吸引力；有些建筑师则将建筑作为社会触媒，通过本地化、参与式的建造方式，直面当代乡村更严峻、系统化的政治/社会/经济问题，引导村民身份与场所感的重建。

清华大学建筑学院教授、素朴建筑主持建筑师宋晔皓的报告《可持续的乡村修复》认为，乡村修复不仅要应对在乡村空间环境凋敝境遇下，对乡村肌理和公共空间的物理修补，也要针对乡村的空心化、老龄化等问题，寻求社会修补的可能性。在尚村竹蓬乡堂项目中，建筑从老屋废墟蜕变为村民公共活动场所的过程，带来从空间到社会层面修复的契机。一方面是村落空间的修补、场地的整理，决定了建筑的功能与布局；材料选择及形式创造则来自快速建造要求下的结构合理性。另一方面，在规划、建筑与社会学学者的共同介入模式下，村民全方位参与建筑的策划、建造到使用过程中；村中借此机会成立村民合作社，联合管理村内公共设施与资源，为村民自治打下基础。此外，宋晔皓教授将1990年代张家港生态农宅实践开始的对农宅性能的长期关注贯穿于设计中，如池州奇峰村村史馆，在大部保留重修的情况下仅通过增加天窗，改善室内采光通风环境。他总结，建筑师在乡村的工作不只是形式创造，核心是如何在建筑层面对乡村居住舒适度有所贡献（图4）。

同济大学建筑与城市规划学院教授、创盟国际主持建筑师袁烽的报告以《数字人文时代的乡土建构实践》为题，阐述了数字化建造技术对传统技艺和当代乡村带来的变革。他认为，机器人建造技术作为一种新的技艺，为当代农村提供了更高的建筑品质和性能;由此,建筑未来的形态不一定是以完全协调的姿态面对,可以以全新的视角来看待乡村建筑。在成都竹里项目中,通过机器人建造的预制木结构体系,实现超短时间的、高质量的现场拼装建筑实验;同时它作为乡村产业复兴的引擎,让乡村拥有了能够承载新知识结构的新生产方式,继而构成一个社会生产体系,面向更大范围的田野场景,在农村、农民层面激发更深刻的内涵。他将建造作为一种产业化的研发过程,包括新技术、新工艺、新工具的开发与实验,进而大胆提出一种基于不同设计师、农民的能力与介入程度的超小型、定制化、批量化建筑服务体系,面向更广大的基层农村,以构想未来建筑与社会更可持续互动关系的前景(图5)。

中国美术学院建筑学院副教授、山上建筑事务所主持设计师陈浩如的报告《可持续的乡村建造》,指向另一种传承乡村文化与技术传统的路径,即建筑师与农民共同参与的一种自然主义自建活动。他提出,中国乡村不仅仅是个粮食生产基地,而且具有诗意和艺术的传统。乡村建筑一直倡导就地取材,本土而生,在山水之间自然融合。自然主义建筑,就是要寻求一种乡村中原真的、没有建筑师的建造状态。如临安太阳公社的猪圈、鸡舍、鸭寮等项目,用当地的竹子、茅草和农民劳动力,基于传统建构方式,不仅建造资金很低,也通过当地人的参与而将建造获益留在村里。他试图以建筑作为一种"乡建宣言",通过全村人参与的集体营造,保持乡村自建的传统;鼓励乡村不仅向城市输出劳动力,也要输出文化和技术传统。最后,他认为"没有建筑师的建筑"这一乡村建筑传统是由背后的社会体系及规则所塑造的。下乡建筑师应积极思索如何回归建筑师的责任,回归悟性的表达(图6)。

南京大学建筑与城市规划学院教授、副院长周凌的报告《乡村的功能修复与风格修复》,从功能修复和风格修复两个视角,探讨建筑师介入乡村所面临的主要问题及可能的解决路径。他认为,修复不仅意味着建筑学意义上对真实的建构传统进行克制的、面向历史的恢复和重塑,也要探索在社会意义上如何恢复乡村的功能、乡村的秩序和在城乡体系中的位置。因此,乡村的风格修复是建筑学问题,乡村的功能修复则是社会学问题。他回顾了明清以来包括自治、宗教、语言等层面的乡村治理政策,到现代主义以来城市发展的空间结构经验,提出乡村的功能修复和风格修复是乡村振兴的一体两面。例如在南京江宁的苏家文创小镇,随着大城市近郊乡村被纳入都市圈的功能体系中来讨论,乡村提供面向城市的服务功能也就成为自然现象,成为建筑操作的前提;在徐家院特色田园乡村,他则探讨了在江苏这类风貌极为普通的乡村,如何借鉴宁镇地区民居的实用性建造传统,塑造一种当代而可溯的建构体系,并通过功能和业态的植入为这类乡村寻求出路(图7)。

中国建筑设计研究院城镇规划院总建筑师、本土中心研究室主任郭海鞍以《竹木砖瓦——新乡土文化改变乡村》为题,从建构文化与社会参与两个层面讨论了介入乡村的不同方式。他通过对近现代乡村所经历的经济衰败和"文化堕距"现象的剖析,发现乡村失去文化自知和自信,是导致乡村传统建筑材料衰败并转向城市材料的主因,乡村风貌也因此走向失序。在玉山昆曲学社项目中,基于对玉山雅集中的物境、情境的提炼,促进当地文化的复兴,在建构中探索竹、砖、瓦等传统材料的传

图4 尚村竹蓬乡堂

图5 竹里

图6 临安太阳公社猪圈

图7 南京徐家院村民中心

图 8 昆曲学社

图 9 唐山乡村有机农场

图 10 东梓关回迁房

图 11 蒋山渔村改造

承与现代演绎。通过这个项目,乡村肌理得到恢复,尤其是村民开始对昆曲、家乡和家乡的建筑有了认知和认同。在尚村的快速竹结构施工试验中,项目组只用一两天、一两名竹匠,探索一种以地方技艺、地方人力介入地方环境微更新的理想模式,继而在乡村栖居地激发出深远的社会人类学、现象学内涵。这种社会学视野的乡村介入,从与地方社会组织、村民个体以及个体栖居空间的互动场域中,寻求一种轻微、谦卑的介入模式,试图让建筑师在乡村消隐,从微小的设计开始慢慢改变乡村(图 8)。

中央美术学院建筑学院副教授、建筑营设计工作室主持建筑师韩文强的报告《从城到乡》表达了面向乡村建筑的另一种坦然态度,以此在地方建构一种新空间场所的表达。由于其项目的非典型功能及使用群体,他得以剥离大多数乡村建筑面临的具身性和社会性环境,超然地坚持对于建筑品质及空间感的本体性追求。从旧城改造的扭院儿、曲廊院等项目开始,经历"从城到乡"的历史环境变迁,他认为建筑应是中性的,根本上是对新的变形、空间场景和复合使用的探讨。如唐山乡村有机农场,既是一栋缺乏周边环境限制的独立建筑,也是一个自成一体的小聚落,高水平的木结构施工确保了建筑的空间品质;水岸佛堂同样在抽象的自然场景中,试图从形态、功能、结构和材料层面接近一种自然的状态,营造一种自持的美学。在他看来,乡村在一定意义上是城市的延伸,尤其是在这类"在乡村而不是为乡村"的建筑,城市消费功能作为使用的主要面向,建筑的高品质、追逐时尚的空间感自然成为更真实和理性的选择(图 9)。

gad•line+studio 主持建筑师孟凡浩的报告《与日俱新,回应自然》讨论了如何在建筑形式操作层面,创造适于当代乡村社会条件的新传统,并在人工与自然之间寻求平衡。杭州东梓关回迁房作为移动互联网时代最成功的建筑现象之一,其价值不仅在于形成了一个具有乡村旅游价值的"网红"村,更在于如何在建筑层面协调解决低造价的工业化材料以及农民对性价比、公平性、日常性的需求与建筑形式及空间原形之间的矛盾,进而衍生出一种普遍性的推广价值。在另外几个地处风景优美的传统村落中的商业项目——如松阳陈家铺飞茑集民宿、松阳揽树山舍、建德渔香茶舍中,他孜孜不倦地探索了如何借助建筑形式塑造"自然化的人工"与"人工化的自然",用发展寻求真正的保护,也逐步形成一套适应于这种独特乡村环境的形式语言和建构体系(图 10)。

图12 圆桌论坛

米思建筑主持建筑师周苏宁的报告《乡村建筑社会性与体验性实践》，同样以新一代建筑师擅长的一种时尚、精致、内向的仪式感，提供了在近郊型乡村中面向城市消费人群为主的前提下乡村闲置空间再利用的设计策略。扬州春沁园休闲农庄改造是面向小城镇新兴行业需求的场景式表达，以奇观化的方式为当代乡村日益兴盛的公共娱乐活动提供所缺乏的大型公共空间。蒋山渔村的片段式更新实践中，面对作为城市空间延伸、环境单调乏味的城市近郊乡村，通过微小的更新策略在老屋改造中重塑内向、自持的礼仪性，营造符合当代美学的精致感和体验性，从而构想了修复当代乡村空关房的一种策略（图11），寻求一种轻微、谦卑的介入模式，试图让建筑师在乡村消隐，从微小的设计开始慢慢改变乡村。

4 讨论与反思

最后，在南京大学鲁安东教授、同济大学戴春教授、东南大学李华教授共同主持的圆桌论坛中（图12），进一步针对建筑师介入乡村振兴的论题进行了激烈讨论，主要集中在两方面。其一，乡村究竟仅仅是为当代建筑师提供了一个异质化的干预背景，还是作为乡村条件下一种新的建制，对建筑学本体问题带来另一种思考方式与可能解答？乡村建筑应作为从建筑类型、建筑形式、建造方式到建造技术等方面的自省性探索，还是回应社会性、回应使用端变化的一种开放性研究？是否需要、是否能够打破城乡建筑的边界？建筑学能否通过对乡村经济社会文化的综合回应，提供一个关于乡村未来的整体图景？建筑师介入乡村，收获的不仅是经验，还应展现新的理念。其二，建筑介入乡村的能动性问题。城市化建筑体系和美学的介入，尽管在面向城市消费者、具有地缘优势的近郊型乡村具有一定意义，但如何克服费孝通所谓的"文字下乡"困境，适应乡村这一"非标社会"的种种限制和机遇，挖掘和发挥建筑的能动性，进而融入和改变乡村生活，将成为一个长期的社会问题。在此意义上，要振兴乡村，贯彻以人为本的社会性思考，在功能和文化层面重建乡村的尊严、重建乡村在当代城乡体系中的位置，将成为建筑设计下乡应该坚持的原则；而建筑师作为乡村不可或缺的整合者和能动者，也必将在乡村发挥持续、重要的角色。

图片来源：图1～图3、图12 孙磊、谢军、黄瑞安摄；图4～图11 由建筑师提供

图书在版编目（CIP）数据

知行路上：南京大学乡村振兴工作营·2019 / 周凌等编著.— 南京：东南大学出版社，2019.12
（南京大学建筑与城市规划学院乡村实践丛书）
ISBN 978-7-5641-8751-4

Ⅰ.①知… Ⅱ.①周… Ⅲ.①农村－社会主义建设－成果－汇编－中国－2019 Ⅳ.①F320.3

中国版本图书馆CIP数据核字（2019）第285835号

书　　名：	知行路上：南京大学乡村振兴工作营·2019
	ZHIXING LUSHANG: NANJING DAXUE XIANGCUN ZHENXING GONGZUOYING · 2019
编　　著：	周　凌　华晓宁　黄华青
责任编辑：	魏晓平　姜　来
出　　行：	东南大学出版社
地　　址：	南京市四牌楼2号　邮编：210096
出 版 人：	江建中
网　　址：	http://www.seupress.com
电子邮箱：	press@seupress.com
印　　刷：	南京新世纪联盟印务有限公司
经　　销：	全国各地新华书店
开　　本：	700 mm × 1000 mm　1/16
印　　张：	27
字　　数：	890千字
版　　次：	2019年12月第1版
印　　次：	2019年12月第1次印刷
书　　号：	ISBN 978-7-5641-8751-4
定　　价：	150.00元（全三册）

（若有印装质量问题，请与营销部联系。电话：025-83791830）

知行路上

南京大学乡村振兴工作营 2019 Ⅲ

Rural Revitalization Building Workshop, SAUP, NJU

编著　周凌　华晓宁　黄华青

东南大学出版社·南京
SOUTHEAST UNIVERSITY PRESS·NANJING

目录

004	序言	周 凌
007	游龙捍华夏，所城御万家——饶平乡村振兴工作营	刘霄等工作营成员
008	教师点评：潮州所城乡村工作营	刘 铨
010	1 所城宏观规划	
013	2 设计研究	
021	3 基于居民认知的空间体系疏导	
022	4 节点空间改造与提升设计	
027	5 住宅改造	
031	6 品牌提升与文创设计	
033	7 后记	
037	金歌嘹亮——辽阳乡村振兴工作营	李家祥等工作营成员
038	教师点评：辽宁罗大台乡村工作营	秦 萧
040	1 现状与问题	
042	2 总体定位与目标	
044	3 产业策划	
052	4 规划与设计	
058	5 后记	
061	蜜村牧歌——围子村乡村振兴工作营	陈紫葳等工作营成员
062	教师点评：围子村乡村工作营	钟华颖
067	1 围子村的发展物质条件	
067	2 工作营团队的立场与判断	
068	3 围子村发展策略与建议	
070	4 围子村集中建设区概念设计	
072	5 围子村景观升级计划	
074	6 围子村建筑升级计划	
075	7 产业升级与活动策划	
076	8 品牌形象设计策略	
077	9 后记	
083	围物为心——围子村乡村振兴工作营	陈紫葳等工作营成员
088	1 建筑学视角的人居情况研究	
091	2 围子村经济类型现状研究	
092	3 农产品市场分析	
093	4 市场测试的类型及目的	
095	5 市场测试结论	
095	6 基于技术人员视角的策略刍议	
096	7 后记	
101	崖下生花，花生高崖——高崖村乡村振兴工作营	邱瑞祥等工作营成员
102	教师点评：店子镇乡村工作营	于 涛
104	1 现状分析	
110	2 产业规划	
115	3 空间规划与分析	
119	4 建筑设计	
124	5 厕所设计	
130	乡村振兴语境下的建筑设计下乡路径——第一届南京大学乡村振兴论坛及成果展侧记	黄华青 周 凌

序言

踏进乡间的河
——2019南京大学乡村振兴工作营知行实践

只要记忆的河在流淌，人就可以诗意地存在。
——申赋渔《半夏河》

我们为什么要下乡？

乡村是所有中国人的故乡。每个人都从一个叫"家乡"的地方来。那个家，少部分是城市，更多的是农村、集镇、县城。父辈、祖辈多来自于此。一个以农耕为底色的民族，不能离开土地，如费孝通所言，老农半身插在土地里，黏着在土地上。

乡村是美丽的。绿草上挂着露珠，小河里摆动着水草、星星、稻田、蟋蟀、布谷鸟……河边种满柳树，池塘里荷花盛开，槐树、柿子树装饰着村庄内外。乡村是有诗意的。弯曲的小河穿过村庄，三间瓦房、电线杆、操场、篮球架、稻草人……踏进这条河，就是踏进一段岁月，踏进一幅风景，也是踏进一个民族集体的乡愁。

乡村也是凋敝的。半边坍塌的房舍、泥泞的小路、杂芜的田野、村里只有孤独的老人和儿童，以及散养鸡犬的身影……留下来的村民，变成最需要获得社会呵护的群体。有的乡村在发展，有的乡村在衰退。不是所有的乡村都需要振兴，也不是所有乡村都能振兴；人是主体，人走了，乡村振兴没有意义。部分村民进城了，有良好的教育、医疗，是一件好事。需要照顾的，是留下来的弱势的群体。在很长一段时间内，乡村还会继续存在、继续凋零，对乡村的关注，会有存在的价值。

新时代教育，要回答"培养什么样的人"。习近平在2018年9月10日的全国教育大会上的讲话说道："要把立德树人融入思想道德教育、文化知识教育、社会实践教育各环节，贯穿基础教育、职业教育、高等教育各领域。"立德树人已经成为新时代教育的根本任务，也是首要任务。

同样，博雅教育也把大学教育定位在培养健全的人格、塑造健全的心智、培养社会需要的人的目标上。19世纪英国人约翰·亨利·纽曼（John Henry Newman）在《大学的理念》(The Idea of a University) 这本书中说道："如果要给大学的课程确定一个实际的目标，那么我认为，这个目标就是为社会培养良好的成员。"纽曼认为，大学教育的根本宗旨是"智的培育"(cultivation of intellect)、"心的培育"(cultivation of mind)，以及"智的训练"(discipline of intellect)、"心的训练"(discipline of mind)、"智的改进"(refinement of intellect)、"心的拓展"(enlargement of mind) 等。

青年下乡、大学生下乡，是对现实社会的关注，也是一种心智训练、一种心智扩展，是将知识的客观对象重新建构成为自己的东西，学习不应只停留在静态知识层面，还应该把握知识之间的联系，学会用联系的、整体的眼光看问题。乡村就是一个小而综合的对象，微观而复杂的问题。对学生来说，进入乡村是学习和锻炼，是全面认知社会的一个机会。对乡村来说，村民能够获得下乡学生在发展规划、产业规划、环境治理等方面的技术支持，得到直接的帮助，同学们用专业知识为地方发展出谋划策。乡村最需要的是产业、人才、文化、环境振兴。文字下乡、科技下乡、创新下乡，是帮助地方的几把钥匙，也是大学生下乡可以有所作为的地方。

南京大学建筑与城市规划学院发起了2019年乡村振兴工作营活动，工作营利用寒暑假开展社会实践，招募了不同专业、不同院系、不同高校的学生，在全国各地展开乡村振兴工作。结合地方发展需求，工作营师生利用所学专业，以全产业、全流程、全覆盖方式参与乡村振兴，为基层乡村振兴相关工作提供了产业策划、乡村规划设计、环境改善、科技服务、文化教育等方面的技术支持，并协助乡村开展文化挖掘、教育帮扶、社区营造、农产品包装、旅游产品包装等方面咨询服务。

具体而言，工作营开展了四个板块的工作：第一，产业促进方面，开展产业策划、产品推广、平台建设工作。服务乡村产业提升，协助打造特色产品、精品农业，开拓建设产品推广的途径及平台，推动乡村经济可持续发展，实现乡村产业兴旺。第二，环境改善方面，开展乡村规划、环境提升、建筑更新工作。服务乡村规划建设，打破"千村一面"危机，传承传统乡村风貌；协助乡村开展环境整治升级，共建生态宜居环境，留住青山绿水，留得住乡愁。

第三，文化建设方面，开展文化挖掘、乡村教育、文创设计等工作。服务乡村文化传承，帮扶传统文化挖掘整理，开发包装特色文创产品，推广当地文化；支持基础教育工作，培养本地乡创人才。第四，社区建设方面，开展乡村社区营造、乡村治理、集体经济组织建设工作。服务乡村社区营造，加强乡村公共文化建设，提升德治法治水平，推动乡风文明建设。辅助乡村党建宣传工作，服务基层组织建设，完善乡村治理体系。

工作初期，乡村工作营初步制订了一个五年计划，五年内在全国范围内建立约20～30个乡村振兴基地，举办30～50个工作营。目前，已与江苏张家港双山岛、福建武夷山星村镇、四川南充嘉陵区、江苏镇江句容茅山、福建宁德寿宁县、安徽黄山谭家桥镇、江苏南京六合冶山街道、江苏扬州仪征青山镇、江苏淮安金湖塔集镇、山东枣庄店子镇、江苏常州薛家镇、广东潮州饶平县、辽宁辽阳文圣区等共13个地方政府挂牌建立乡村振兴工作站，并且展开工作。从选址上来说，覆盖范围从东至西，东到福建，西至四川；从南到北，北至辽宁，南至广东。文化上跨越东西南北，从东部沿海武夷山茶文化到西部内陆南充山地文化，从北方辽阳辽金文化到南方潮州移民文化。

2019年寒暑假组织的乡村振兴工作营，招募了来自南京大学、东南大学、武汉大学、重庆大学、中国农业大学、西北农林科技大学、中国美术学院等20所高校的本硕在校生组成的实践志愿团队，共计15期，学生130余人次，带队指导教师30人次，覆盖中国东、西部7省11市（区／县），完成了共17个镇村级别实践点的乡村振兴实践任务。通过开展乡村社会及历史调研、规划与建筑设计、文创农产品推广等一系列实践，扎根乡村一线，服务社会。

四川南充嘉陵围子村，地处中国西南浅丘带坝地貌山区，是清代已经形成的山村聚落。现在，围子村刚实现脱贫摘帽，正在寻找新的发展契机。工作营提出了休旅式发展的设想与规划，为赶峰人设计客栈，为蜂蜜设计包装盒，把人居环境改善和助农增收致富有机结合起来。福建宁德竹管垄乡，曾是大山深处的贫困乡镇，现在是高山上的白茶银仓，工作营帮助当地政府梳理公共空间系统规划，对建筑进行微介入和微更新，并对当地产品进行品牌形象提升和文创推广。安徽黄山谭家桥镇是一个位于黄山风景区东大门的传统徽派小镇，面临着旅游建设开发与乡村传统文化保护之间的矛盾冲突。乡村工作营以独特的视角审视了传统老建筑在乡村现代化发展中的位置，以老建筑为载体，复兴当地文化民俗的同时也推动当地经济的发展。辽阳市罗大台镇，自然山水条件优越，辽阳是辽金文化重要发源地，曾经是金太祖祖庭，也是清太祖祖庭。目前其城镇与人口规模较小，主要产业以第一产业为主，第二、三产业较不发达。乡村工作营提出集中打造"辽金文化"，并且探索发展以生态农业为基础的乡村文化旅游产业，实现第一产业与第三产业交融的发展道路。潮州大城所是明代抗倭御所，戚继光建立的防卫型城市，这个时期发展起来的卫城模式、建城技术，后来在北方长城和城市建设中被广泛采用。广东潮州大城所是全国46座有迹可循的明代海防聚落中保留最为完整的一座遗址，建城历史有626年，融合了复杂的移民、语言、民俗，孕育了独特的海防文化、民间习俗与民情关系，是中华农耕文明与海洋文明碰撞的叙事载体。乡村工作营旨在探索结合历史学、人类学、建筑类型学、城市形态学、建筑物理学的设计研究方式，获取总结了大城所民居类型、认知地图、室内建筑环境研究的第一手资料，为历史保护规划编制做到有益补充。

如约翰·亨利所说："大学教育是一个通向伟大而平凡的目标的伟大而平凡之手段。它的目标是提高社会的心智水平，培养公众的心智，提高国民的品位。"南京大学乡村振兴工作营，正是这样一个通向伟大而平凡的目标的伟大而平凡的乡间小路，它通向远方，通向未来。

周　凌
2019/10/14

摄影：李 瑛

游龙捍华夏，所城御万家

饶平乡村振兴工作营

乡村印象

饶平县所城镇位于潮州市东南沿海，全镇总面积 50.9 km²，海岸线 11 km。东临大埕，西连黄冈，南接柘林，北望诏安——可谓水天一色，背依秀谷。历经 600 多年沧桑，大城所时至今日，依然保留着原始的风姿意韵。百年榕树根与古城墙连结缠绕，共同历经风雨沧桑。四孔、六孔古井见证了曾经的驻军历史，磕绊坑洼的外表是它走过时间的印记。新修的林氏祠堂，竹鹿同春，锦上添花寄托家族对福的期望。缤纷的城隍庙屋顶，龙凤齐飞，四角石鱼张开巨口，雨时落水，晴时吞煞。梁上绘有八仙过海。木雕石刻尽显地方特色。作为海防卫所的大城所，不仅历史地位重要，其宗族民俗也极具特色。如何留下其历史印记？如何改善其现代生活？"御万家"的历史能否传承？乡村振兴，如何保护与发展传统文化，造福所城人民？我们能做些什么？带着这些思考，工作营的伙伴们投入了工作。

村庄信息

村庄地点：广东省潮州市所城镇
村庄方位：E 117°2′，N 23°12′
村庄人口：常住人口 7200 人
主要产业：水产养殖、食品加工

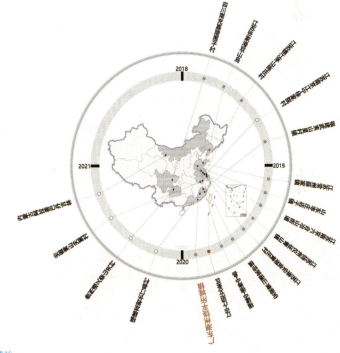

实践信息

工作营员：刘 霄 黄瑞安 刘 伟 李 瑛 刘婧怡
　　　　　张 旭 罗东方 陈予婧 李舟涵 周子琳
指导教师：刘 铨 黄华青 施珊珊
实践时间：2019/8/13—8/23

教师点评
潮州所城乡村工作营

刘铨

我母亲是潮州人,所以我也算是半个潮州人吧。虽然有20年没有回去过了,但小时候翻山越岭回老家的那种兴奋和烧鹅、粿条、腌橄榄的故乡味道一直深深保存在记忆中,成为割不断的情愫。这次有机会回到潮州,探访饶平县大城所,对我来说是一次难得的故地重游吧。

我记忆中的潮汕地区还是很繁荣的,汕头也是最早的特区,但这20年来的现实却很残酷,潮汕地区掉队了。广东发展在地域上的不平衡十分显著,潮汕地区可以说经历了失去的20年。而目前饶平县不仅和珠三角地区存在巨大差距,也被相邻的福建诏安、东山等地甩在后面。我们能从规划的视角感觉到政府在管理能力上与资金投入上的不足。但同时,潮汕地区其实有着很好的资源,这次工作营的调研时间虽短,但我们还是深深地感受到了大城所充满特色的地域文化、丰富的历史遗产、热情好客的地方干部与吃苦耐劳的村民所蕴含的巨大发展潜力。因此,我对大城所的未来充满憧憬与期待,并希望能和同学们一起努力,借助工作营的形式,持续地为它贡献自己的微薄力量。

心路历程

12天的记录和体验,我们走遍一座座宗祠,路过一口口古井,到访一户户人家。来时的精致在与大城所相处中日益粗糙,戴着草帽、穿着拖鞋的黑黑的我们,活像个渔夫。

最初几天的调研当算是一个最有趣的实验了——访谈之余寻找姓氏和位置的关联,推测新民居和老宅子院落的演变,第一次用"乡村意象"的方式开展"大城所第一届认知地图考试"。

相较设计,使用和评价总是带有时间差的,因此改变老城需要敬畏,更需要勇气。短短几天的设计很难成为亮点,不过确实留下了讨论的余地:村里自发的新住宅改造倾向于更大的面积、更高的楼层,很少会把资源用于材料的选择和空间的布置。我们能做的不只是物质空间品质的提升,更是更合理的居住模式的引导。毕竟,当今老城的存在不只是居所,更承载着游子对于家的乡愁和想象。

最后,切了一盆火龙果的姐姐,请我们喝工夫茶的大哥,热情地充当翻译的志愿者,两次盛情款待我们的纯姐和凤英午托班的老师,每次在门口飞吻告别的小妹妹——大城所于我们是羁绊,你们于我们是惦念。

大城所为我们提供了厚重的素材,希望我们有幸成为大城所漫长生命周期中的记录者和参与者。

1 所城宏观规划

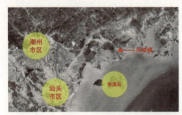

区位情况

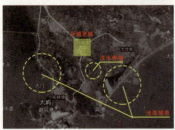

产业现状

明朝防御体系（刘霄绘）

概况分析：

第一产业主要为渔业养殖，产业化程度低。

第二产业主要为食品加工，但基础薄弱，缺少深加工，且附加价值高的农产品较少。潮州港经济区建设的重大能源项目带动生产值飞速增长，但根植于本地成长的工业带来的规模效益不明显，机遇与挑战并存。

第三产业发展滞后，所城镇历史资源丰富，但挖掘与开发不足，缺乏系统的旅游、购物、休憩的链条，旅游资源并没有转换为旅游市场。随着2016年大城所被列入国家第四批传统村落，同时"潮州海上丝绸之路文化地理坐标"项目逐步推进，迎来了打造文化旅游的机会。

所城建制：

明代海防体系与长城防御体系共同构建了明王朝的军事防御格局，"防"代表守护而非征服，表达了军民一心、渴求和平的强烈愿望，是劳动人民智慧与汗水的结晶。所城的建制历史告诉我们，唯有开放和包容才能换来繁荣昌盛，也唯有国力强盛，才能实现国内外环境的稳定和平，和平与发展才是时代的主题。

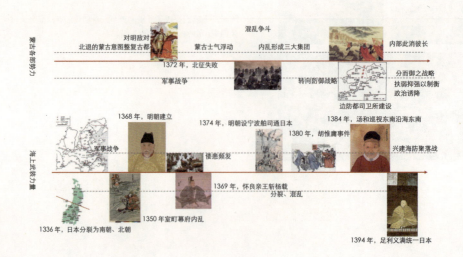

历史特色：

所城镇大城所海域广袤，虎屿、狮屿座镇守，岛礁环布。既可防御倭寇海盗侵扰，又可控闽地入粤的航路，是潮州府沿海的咽喉之地，也是倭寇入侵潮州府必欲攻陷的重要军事目标。大城所建成面积430亩（城内320亩），内有三街六巷，纵横交织，中心街交叉呈"十"字形，街宽1.5丈。古城4座城门尚存，东西城垣尤为完整，是潮汕地区保存最完好的一座古城堡。

宗族特色：

与其他潮州古村落大多为同一姓氏不同，因抗击倭寇，村落内聚集了驻兵及眷属加之五湖四海云集于此的商贾，大城所发展到最盛时期曾有36个姓氏。明清时期，祠堂文化兴盛，清代中后期，更是工艺考究、富丽堂皇。现存各祠堂，仍不同程度地保留着明清风格。大大小小的庙宇与祠堂相映生辉，同样保留着明清风貌。

民俗特色：

每年端午节，大城所都用"游旱龙"的方式欢度佳节。所谓游旱龙，就是抬着用纸和竹片糊成的"龙舟"在三街六巷游走。从明朝洪武年间至今，"游旱龙"的民俗活动已有600多年历史。从制作技艺、工序到巡游过程，涵盖了潮州工艺、音乐、刺绣、木雕等元素，具有独特价值。

道路系统（刘伟绘）

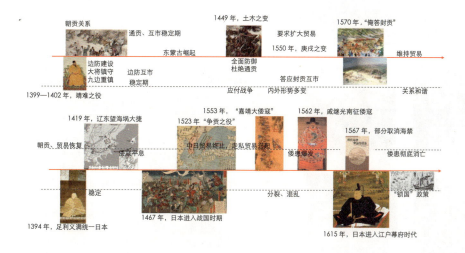

历史沿革（刘霄 绘）

011

海防聚落体系（刘霄绘）

文化定位：
依据所城镇经济现状和特色资源，在传统村落保护的新时代背景下，我们提出了以发展历史古城为中心的特色旅游作为带动镇区发展的重要推动力。通过研读 2012 年总体规划，我们发现其规划重点是打造滨海特色、餐饮业带动所城镇旅游发展，而对特色历史文化资源的发掘与重视不够。我们则在充分挖掘所城历史资源与实地调研的基础上，对古城进行规划设计，达到保护与发展古城、振兴乡村的目的。

"游龙捍华夏"——洪武年间起，大城所便作为海防系统中不可或缺的卫所之一，守护着内陆免受倭寇之害。历史难以重现，而大城所的一城一寺、一树一井，作为物质性的载体，为华夏记述海防的记忆，也将向游客讲述抗倭的故事。

发展目标：
省级层面——融入广域沿海旅游体系。基于历史上的沿海守御千户所城地位与良好区位，借助《广东省沿海经济带综合发展规划（2017—2030 年）》中滨海景观公路建设之势，对接饶平海上田园，推进融入全域旅游方向，推进旅游发展。

市县级层面——以海防历史为亮点吸引。潮州市域内古代府邸、寺庙等文物旅游资源丰富，应强调所城海防历史与文化的系统性构建，且加大宣传，形成"北长城、南卫所"的意向，从对所城的被动保护转向积极利用，从区域旅游的附属品转变为核心战略资源。

镇级层面——重人文，小城做出大文章。未来旅游需求将从视觉景观转向文化、休闲型旅游，是附着在静态资源之上的历史人文品质。未来应着力注重具有潮汕地方特色的古城人文、生活建设，而不仅仅是配套相关旅游设施。

2 设计研究

确定文化定位后,团队通过问卷和走访调研等方式,从空间认知、人居环境和文化要素三个方面进行了进一步的设计研究,具体解决空间体系疏导、住房环境提升、文创品牌打造三个问题。

空间认知——空间要素分布
大城所城内现存八大宗祠,其中陈氏宗祠破败待修缮,城外存一李氏宗祠;城内民间信仰丰富,有城隍庙、天后宫、鹤松庵等23座庙宇;古井星罗棋布,其中二孔井、四孔井、六孔井造型独特,具有开发价值。

空间要素分布图(李舟涵/陈予婧/黄瑞安绘)

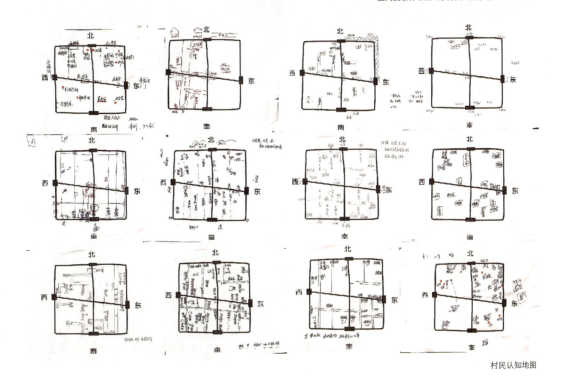

村民认知地图

现状与设计

① 边界
尽管南部城墙受到破坏，但居民对边界认识依旧存在。可以说大城所的城墙是所城历史与居民日常生活的记忆载体，是大城所的第一张名片。
设计原则：修整墙体，分期环通

边界认知
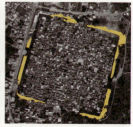
边界设计

② 标志
大街戏台是最大的中心公共空间场所。但在所有调查样本中，其位置都未被准确标注出来，呈现出向东门街中线或城东北部重心偏移的特征，大街的中心性缺失。
设计原则：开辟入口，强调中心

标志认知

标志设计

③ 路径
街巷呈棋盘式格局纵横交织，居民对认知往往不能准确表达。作为重要巷道的庵堂巷及城隍庙巷，轴线地位缺失。另外，在东南部的许厝巷、文祠巷与衙门巷交接处，居民的方向感普遍错位。
设计原则：路径分离，节点强调

路径认知
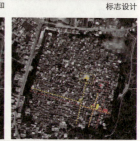
路径设计

④ 节点
包括寺庙、宗祠、古井，还有一些特色民居及名人故居也被识别标注。土地庙往往位于街巷交点，它既是民间信仰的集聚点，又是街巷交通系统中的连接点，起到了转换作用。
设计原则：打造各级节点，串联环线

节点认知

节点设计

⑤ 区域
调查样本中的多数居民，对城东南的空间要素识别整体呈现向东部偏移的特征。城东南角区域的空间识别度较低，造成了村民对该区域的认知坍缩。
设计原则：重塑古敌台，提供公共休闲空间

区域认知

区域设计

人居环境——住宅类型研究

通过83份古城住宅的平面分析，我们发现，古城老式住宅普遍存在室内环境差但保留价值高的现状，而新式住宅的平面功能较差，与古城整体风貌脱节，需要风貌改造。

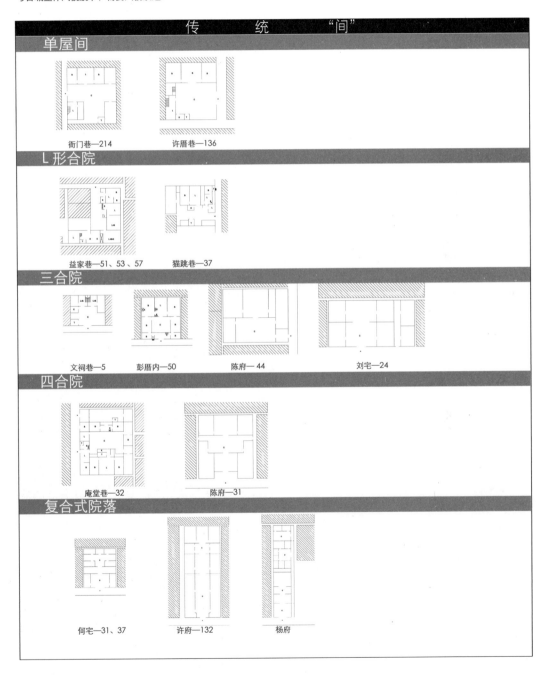

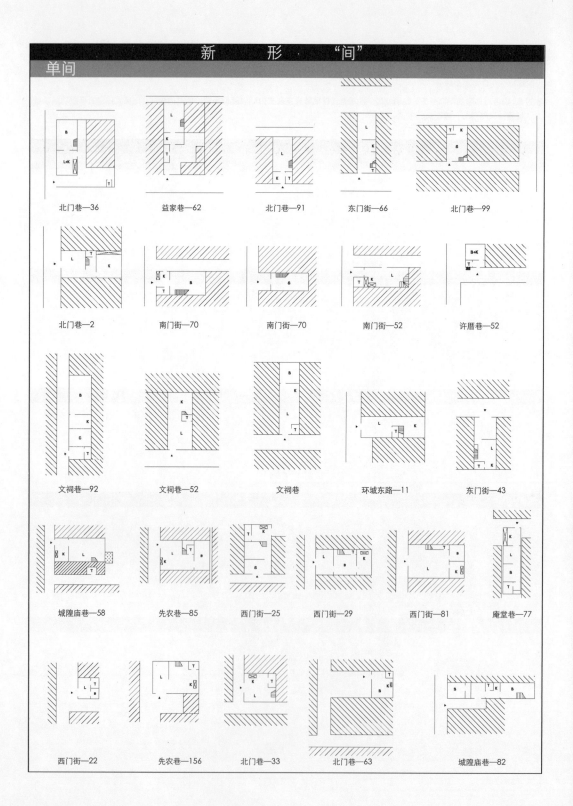

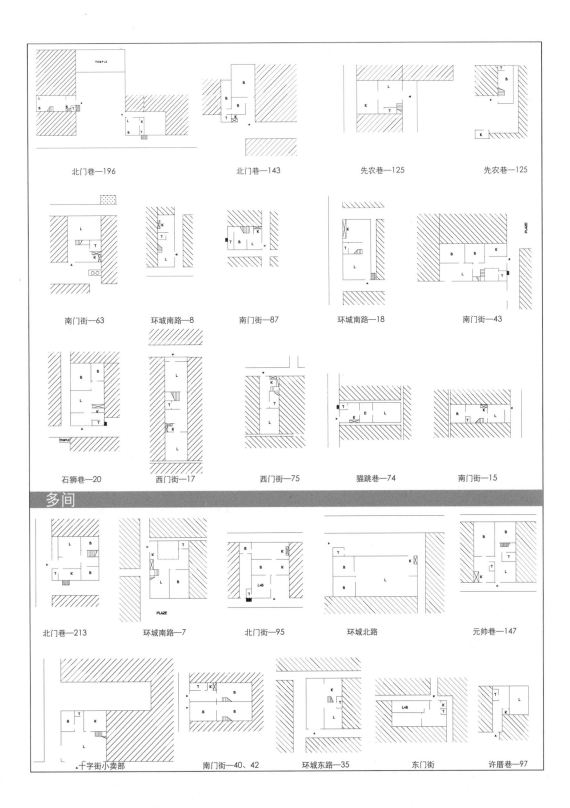

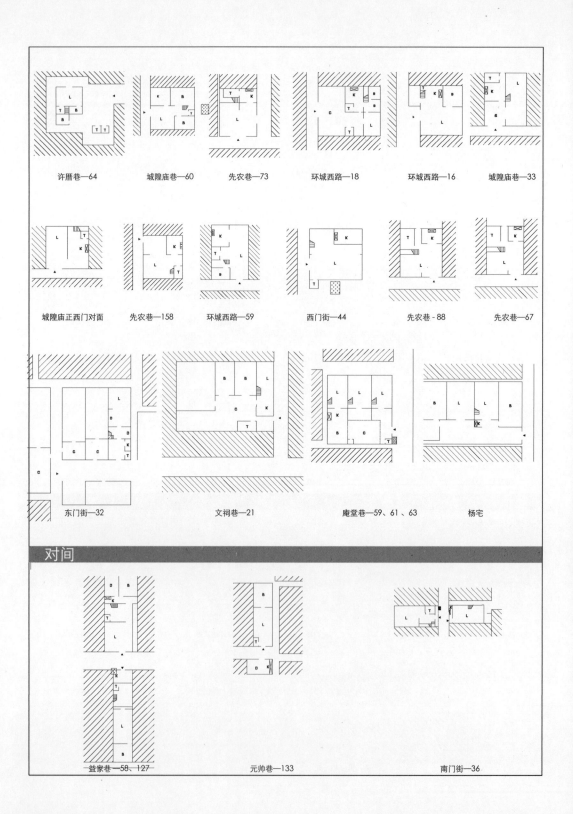

人居环境—住宅空气检测

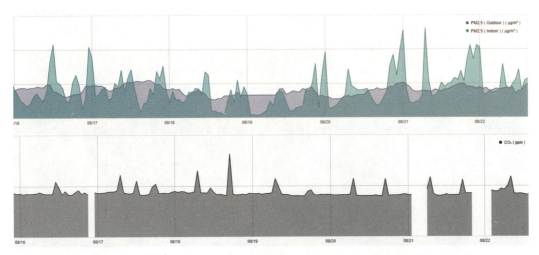

住宅空气检测（PM2.5、二氧化碳浓度检测）则反映整体通风情况良好，部分老式住宅需要增加通风设备。

人居环境—问卷调查

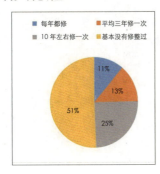
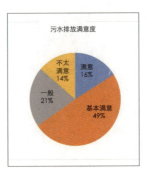
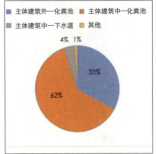

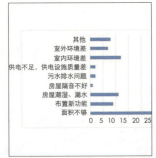

支队经过问卷调查发现，古城人民对于卫生间、古城道路、公共设施三个方面存在不满——卫生间空间小、布局不合理、数量不够等问题困扰着大部分居民，而所城崎岖狭窄的道路则让经常出入的居民苦恼不已。

3 基于居民认知的空间体系疏导

空间规划（黄瑞安 / 陈予婧 / 刘婧怡绘）

规划原则：
一核两廊，四轴多点
风貌协调，旅居融合

规划重点：
海防聚落体系
海防驿站系统
端午游龙地图

规划策略：
在以保护与适度开发传统村落的原则下，我们提出了以下的策略：
- 强化大衙戏台的核心地位
- 打造沿城墙、步道的环形走廊，串联重要标志物
- 构建城内四条主要活动轴线
- 增强城内多个旅游节点功能
- 物质保护与人文展现相结合
- 现代生活与传统风貌相协调
- 居民居住与旅游的和谐融合

一核
指以大衙为核心，提高大衙的可达性和视觉可达性，明确大衙作为空间中心的地位，为游客集中活动提供场地。

两廊
指内圈旅游环线——串联重要历史文化节点，外圈旅游环线——选取城墙片段整治并分期环通，而内外游线由夹在两圈间的鹤松庵、瞭敌台、宁福庵衔接。

四轴
指首先恢复原中心十字街为主的生活轴线的活力，其次插入串联多个祠堂、庙宇节点并提供服务游客新功能的城隍庙巷—庵堂巷旅游轴线，最后挖掘串联了海防体系的大衙—驿站这条历史轴线的历史价值。

多点
即对具有较高历史文化价值的建筑进行适当改造，提升其环境吸引力和服务能力，打造系统性与特征性兼备的空间节点。

4 节点空间改造与提升设计

新节点插入—游客中心

结合游客活动轴线，在西门街和城隍庙巷十字路口的空地处，插入游客中心和公共厕所的设计，因其距西门口较近，亦在端午"游旱龙"活动的游线节点之上，故此点可以作为游客进入城中旅游环线的门户和节点。

游客中心效果图（黄瑞安/陈予婧/刘婧怡绘）

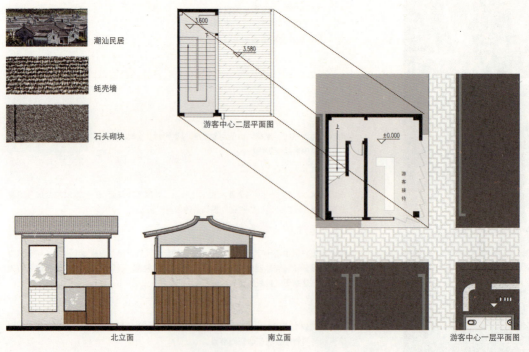

游客中心设计（黄瑞安/陈予婧/刘婧怡绘）

新节点插入—公共厕所

在游客服务中心附近设置公共厕所，满足游客的基本服务需要；并且结合公厕前的公共空间的设计，使得村民在平日有一个休憩闲聊之地，在特殊活动时期，可以作为一个观看节点。

公共厕所效果图（黄瑞安 / 陈予婧 / 刘婧怡绘）

公共厕所一层平面图

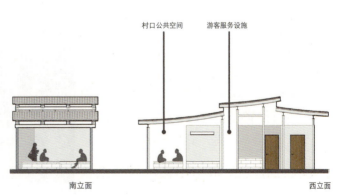

南立面　　　　　　　　　　　　　西立面

厕所设计（黄瑞安 / 陈予婧 / 刘婧怡绘）

片区改造—东南角部瞭敌台

在敌台附近建设景观大楼梯,优化原有的不规则坡道;在敌台平面上加建休憩廊,供居民停留、交谈、向东瞭望。

东南部瞭敌台改造效果图(黄瑞安/陈予婧/刘婧怡绘)

入口空间改造—城隍庙入口

城隍庙广场入口闭塞、杂乱,换以矮墙,提高视觉的可达性。

城隍庙入口设计(黄瑞安/陈予婧/刘婧怡绘)

入口空间改造—大衙入口

作为城中的标志物,大衙在村民的认知地图中占有很重要的位置。由于开口位置闭塞,其空间上的空间性和心理上的中心性有错位,故将北门巷靠近十字中心的一处空地修整成为大衙的另一个入口,并加建一个二层阁楼,供游人休憩、观望。

大衙入口设计(黄瑞安/陈予婧/刘婧怡绘)

节点提升—茶室设计

品工夫茶是潮汕地区很出名的风俗之一。作为重要文化的载体，潮汕工夫茶以一种物质性的存在，既满足了潮汕人最基本的生活需要，同时也成为区域文化遗产传承的载体。

设计依托于原有董宅，一方面考虑到董宅保存良好，原有形制基本未被破坏，具有较好的保存价值。另一方面，董宅正好位于我们规划的旅游线路之上，可丰富游客的旅游体验，提升所城的可玩性。

设计效果图（刘伟／李舟涵／周子琳绘）

董宅现状图（黄瑞安摄）

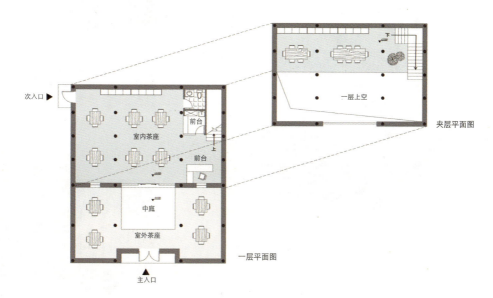

茶室平面图（刘伟／李舟涵／周子琳绘）

节点提升——茶室设计

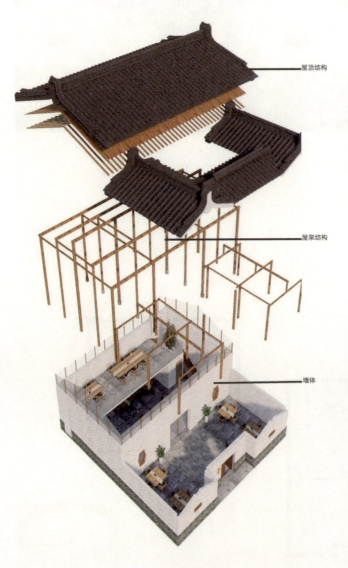

屋顶结构

屋架结构

墙体

茶室结构爆炸图（刘伟／李舟涵／周子琳绘）

茶室室内效果图（刘伟／李舟涵／周子琳绘）

茶室室内效果图（刘伟／李舟涵／周子琳绘）

茶室半室外效果图（刘伟／李舟涵／周子琳绘）

茶室半室外效果图（刘伟／李舟涵／周子琳绘）

5 住宅改造

整体风貌协调

大城所内住宅有新有旧,为了保持风貌的协调,依据其本地传统特色进行风格性恢复。

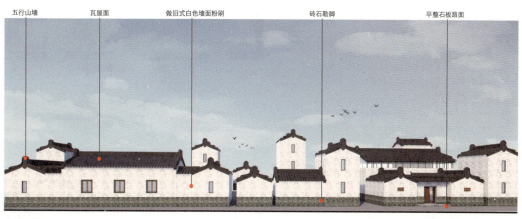

五行山墙　　瓦屋面　　做旧式白色墙面粉刷　　砖石勒脚　　平整石板路面

古建更新

特点:大多有保留价值,室内环境较差。
改造方案:保留古建筑外墙与屋顶风貌、改变内部空间。

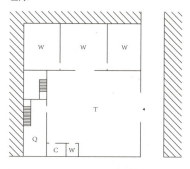

原有古建院落类型 1

原有古建院落类型 2

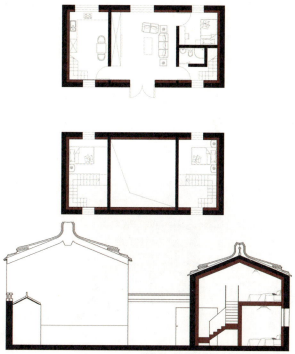

存在问题:
由于内部空间过大,缺少空间划分;老宅普遍缺乏辅助空间(厨房、卫生间、卧室等)。

因此提出解决策略:
(1)在不破坏原有老屋结构的前提下,在屋内沿四周置入内墙。
(2)充分利用老屋的竖向空间,增加夹层划分空间:合理安排卧室、卫生间、厨房等功能。

改造平、剖面图(刘伟 / 李舟涵 / 周子琳绘)

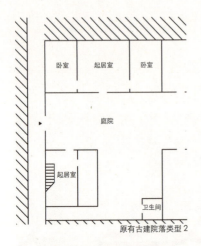

原有古建院落类型2

改造平面图（刘伟／李舟涵／周子琳绘）

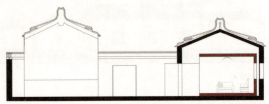

改造剖面图（刘伟／李舟涵／周子琳绘）

存在问题：
由于屋面材料老旧，木屋架老旧，环境潮湿，老宅室内环境比较破败。
因此提出解决策略：

（1）用原材料修缮屋顶、屋架等。

（2）使用新材料更替（保留外墙和屋顶），在室内置入预制单元模块。

在老宅中内置预制单元模板，减少了村民拆迁老宅重建新房的费用，也提供了舒适的居住环境，增加了卧室、储藏室、卫生间等面积。

类型1起居室设计效果（刘伟／李舟涵／周子琳绘）

类型2起居室设计效果（刘伟／李舟涵／周子琳绘）

新住宅设计

五行山墙、瓦屋面和砖石勒脚是闽南建筑的特色之处,也是饶平县大城所建筑风貌的体现。部分老建筑出现支撑结构老旧、围护结构漏水等问题,无法满足村民的生活需求,而自发建造的新建筑呈现出与古城风貌不符的现状。

特点:功能杂乱,生活质量不高,在所城历史风貌中不协调。
改造方案:内部空间现代化,复合生活需求,外部风貌与老城协调一致。

新旧建筑对比(黄瑞安摄)

住宅设计选取 4 m×10 m 和 6 m×10 m 两种常见的平面类型,采用闽南特色的锅耳山墙、瓦屋面和砖石勒脚,与老建筑相呼应;内部的天井、通高设计让空间灵动起来。

当前村民自发的重建倾向于增加房屋高度和室内面积,而不会把有限的资金用于材料选择、功能排布和室内布置。因此,我们致力于内部空间品质的提升,引导村民们享受更合理、更健康的生活方式。

4 m×10 m 户型平面图设计(刘伟/李舟涵/周子琳绘)

4 m×10 m 户型剖面图设计(刘伟/李舟涵/周子琳绘)

卧室设计(刘伟/李舟涵/周子琳绘)

卫生间设计(刘伟/李舟涵/周子琳绘)

6 m×10 m 的平面类型中设置卧室 3 间。考虑到老人可能行动不便,一间卧室设置在一层。儿童房与阳台相连。入口处的天井既是户外与室内的缓冲空间,也为一层引入了光照。

新住宅建筑中,特意加入了儿童房设计,为孩子们营造舒适、轻松的活动空间。

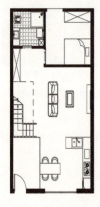
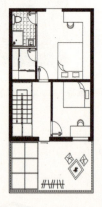

6 m×10 m 户型平面图设计(刘伟 / 李舟涵 / 周子琳绘)　　　　6 m×10 m 户型剖面图设计(刘伟 / 李舟涵 / 周子琳绘)

卧室设计(刘伟 / 李舟涵 / 周子琳绘)

卫生间设计(刘伟 / 李舟涵 / 周子琳绘)

儿童房设计(刘伟 / 李舟涵 / 周子琳绘)

在风貌设计上面,我们渴望保留老建筑的韵味;处于城中,村民们向往舒适的生活。新建筑不只传承着古城的风貌与历史,更承载着年轻人对于美丽家园的乡愁和牵挂。

风貌设计效果图(刘伟 / 李舟涵 / 周子琳绘)

6 品牌提升与文创设计

海产品系列

挖掘"大城所"海产品系列中的特色、作市场分析,设计干蚝、鱼胶、沙茶酱、虾酱、酸梅酱产品,并通过结合海鲜雕、山海纹、游旱龙的元素进行包装设计。

大城所特色元素

主要情况:
干蚝目前销量较低,但是消费者评价很高,说明产品是优质的,需要培养消费习惯。
鱼胶现有包装粗犷。
沙茶酱的大众喜爱程度与附加值提高。
虾酱受众广,但市场不充分。
酸梅酱有产业基础,缺乏深加工。

袋装、罐装、礼盒装(李瑛绘)

八大姓红包设计

主要以大城所宗祠文化的八大姓氏为主题(陈、杨、刘、林、许、张、李、郑),结合山海纹、城墙纹路、姓氏谐音的吉利话进行设计。
尺寸:一般为 170 mm×90 mm

陈: 陈心如意
杨: 三杨开泰
刘: 刘六大顺
林: 五福林门
许: 许日东升
张: 龙张凤彩
李: 鹏程万李
郑: 郑郑日上

红包设计效果图(李瑛/陈予婧绘)

潮扇

普通话文本＋潮汕发音注音。如：
dà chéng shuǎ
大   城   所
tī   bā   gǒ
听   不   懂
běi wú běi ā
北   吾   北   啊
（注：北吾北啊＝懂不懂啊）

潮话手机壳

潮汕话音译：适用于与普通话较为接近的常用生活词汇

↑我哈你＝我爱你　　↑我卤你＝讨厌你　　↑边边开＝离远点

↑北吾北啊＝懂不懂啊　↑做咪个＝做什么　↑去地爹煌啊＝去哪里玩啊

潮扇效果图（李瑛绘）

手机壳效果图（李瑛绘）

文创产品效果图（李瑛绘）

潮创
包括以门神、海鲜木雕、游旱龙为主题的创意产品设计。

032

7 后记

所城镇党委陈镇杰书记、杨岳森镇长、县政府办黄贤冲副主任等与会领导就该规划设计方案与团队展开讨论，并对工作营整体工作成果表示肯定与高度赞扬。陈书记用"接地气"形容我们的方案，并希望与工作站长期合作。杨镇长对大城所logo表示赞赏，并提出了对大城所品牌的畅想。黄副主任认为工作营的方案实用、详细，并希望同学们继续投入时间对方案进行提升优化。

大城所的辉煌在滚滚红尘中褪色，恢复往日的辉煌绝非易事，要颇具耐心、极费心力，才可能实现大城所的愿望，回报在大城所感受的每一份善意、热切、感动和期望。大城所设计研究不是结束，而是一个新的开始。

摄影作品

《家》
摄影：罗东方 / 张旭

《城》
摄影：罗东方 / 张旭

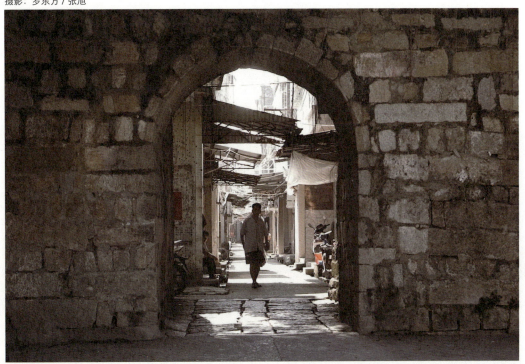

摄影：李家祥

金歌嘹亮

辽阳乡村振兴工作营

乡村印象

罗大台镇位于辽阳市文圣区，距辽阳市中心约 10 km 左右，距沈阳市区仅 54 km，距鲅鱼圈港口 90 km，交通运输十分便捷。古城辽阳具有悠久的历史文化，太子河、白塔、东京城等等都是历史的见证者。而与辽阳市相距不过十几公里的罗大台镇，则兼具便利的交通条件以及极佳的生态环境。罗大台镇广袤的平原上种植了各类经济、粮食作物，村庄掩映在绿色的海洋之中。传统的农耕劳作是人民生活的基础，农业是全镇的主导产业。如何充分发挥罗大台镇自身的区位优势，使传统的农业生产焕发新的生机，是我们思考的方向。

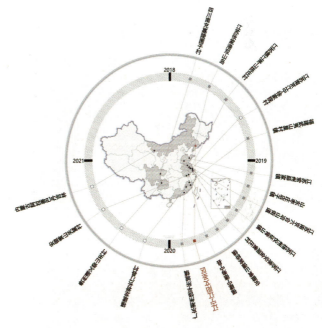

村庄信息

村庄地点：辽宁省辽阳市罗大台镇
村庄方位：E 123°17′41″，N 41°19′
村庄人口：约 2.8 万人
主要产业：粮食作物、寒富苹果、水泥采石

实践信息

工作营员：李家祥 龚之璇 杨吴寒
　　　　　谈晓梅 吴美玲 于沛冉 张　鑫
指导教师：秦　萧
实践时间：2019/8/21—8/30

教师点评
辽宁罗大台乡村工作营

秦萧

改革开放 40 余年来，虽然我国的城镇化率快速增长，大城市或超大城市得到了长足的发展，然而乡村却在这轮发展中受到了较大的"忽视"或限制。从全国范围来看，乡村普遍存在着人口外流严重、产业低端低效、公服设施不足、生态环境较差、千村一面、土地利用粗放等诸多问题，发展动力严重不足，亟须探索中国乡村转型发展的普适模式，进而践行以人为本、全面提升国家新型城镇化质量，实现"乡村振兴"的伟大目标。

东北地区在改革开放初期为全国的经济社会发展做出了巨大的贡献，但是由于国际竞争加剧、产业体系调整不灵活、资源要素大面积外流、体制与机制转型受限等问题，东北地区在近几十年的发展中逐渐落后于南方地区，突出表现在大城市要素吸引能力弱、活力不足，中小城市规模小、产业同质竞争，乡村人口流失严重、生态环境遭到较大破坏。因此，如何在整个东北地区衰落亟须振兴的背景下，突破现有乡村发展困境，充分高效利用城乡发展有限资源，探索出既符合国家乡村振兴发展目标、又能够真正落实到东北地区转型发展任务中的理念与方法路径就显得极为迫切、意义重大。

本次南京大学乡村振兴工作营辽阳支队对口服务辽阳市文圣区罗大台镇，该镇经济实力较弱，城镇与人口规模较小，以水泥、采矿为主的传统工业产业亟须转型。但是，该镇交通区位优势明显（沈阳都市圈内，高铁半小时、驾车一小时）、农业基础较好（林果、蓖麻养蚕等）、自然山水气候条件优越，也是辽金文化、清文化的重要来源地。支队成员通过多天的实地调研访谈，认为该地区需要摒弃水泥、采矿等传统产业，跳出辽阳地域范围局限，充分利用沈阳一小时都市圈内、得天独厚的山水交错自然风光、较好的生态农业基础、辽金文化来源地四大方面的优势，大力发展以生态农业为基础的乡村文化旅游产业，实现第一产业与第三产业交融发展。

具体来讲，瞄准沈阳周末两日城郊游的广阔市场，通过整合全镇村庄、生态农业及山水资源，深入挖掘该地区独特的辽金文化（放弃与北京及沈阳地区的清文化同质竞争），全力打造集运动娱乐、农耕文化体验、农织文化体验、餐饮民宿享受、旅游综合服务等多个功能性组团，并配建专用乡村文化旅游大道将全镇内部各功能性组团进行串联成环。同时，注重与辽阳市太子河沿岸、白塔公园、东京陵、燕州城等历史文化与自然风貌景点的连接，进一步整合辽阳市全域生态文化旅游资源，实现全市联动发展。

成果汇报现场

成果汇报现场

成果汇报现场

工作站揭牌仪式

果业产业园调研

蓖麻养蚕基地调研

啤酒小镇调研

新洪家村调研

施官屯村调研

蒋家湾村调研

支队队员和指导老师秦萧讨论方案

支队致力于全力协助罗大台镇吸引沈阳、东北地区乃至全国的游客。此外，支队还结合辽金的文化，对村庄房屋的庭院空间、内部空间、屋顶等进行了辽金时代的符号性设计，试图打造独特的地域文化识别，给游客以更加深刻的传统文化认知。

实际上，东北地区目前存在着若干个传统产业极大萎缩、环保要求极为严格，但是区位条件优越、自然生态资源较好的乡村。通过罗大台镇的暑期实践，我们发现这类乡村的振兴发展拥有一定模式化的理念与路径可以推广。首先，需要充分重视乡村现有特色农业发展，走集约化、生态化、现代化的农业发展道路。其次，更需要在生态农业基础上，发挥靠近大城市或交通枢纽的区位优势，定位更高目标市场，大力发展全域乡村旅游（单个点状农旅项目开发很难持续发展，更难支撑全镇或更大区域的产业转型发展），吸引城市居民周末游玩（满足亲子游、团队拓展、游学等多类型、特色化、个性的旅游需求），并使得原住村民、资源要素回流或集聚。再次，地方历史文化和民俗的挖掘至关重要，需要将这些文化资源配合游客的吃、穿、住、游、购、娱进行产业载体的一体化植入，进而实现文化体验与农旅产业发展互动共赢。

1 现状与问题

区位交通

罗大台镇位于辽阳市文圣区东北部，距离沈阳市区仅 50 余 km，位于沈阳一小时都市生活圈内，是一个都市近郊的乡镇。罗大台镇内沈营公路纵贯南北，罗铧线公路横穿东西，交通便利。

辽阳市区位图（杨吴寒绘）

罗大台镇区位图（杨吴寒绘）

罗大台镇交通线路图（杨吴寒绘）

城镇空间

罗大台镇区域面积 77.63 km²，区域面积 77.63 km²，辖罗大台村、新洪家村、施官屯村等 17 个行政村，25 个自然村。在罗大台镇的镇域范围内，村落分布较为分散，对旅游资源的开发以及区域的协同发展造成一定局限。

罗大台镇村庄分布图（李家祥绘）

罗大台镇镇域行政区划图（杨吴寒绘）

产业经济

第一产业 —— 种植粮食作物，寒富苹果，畜牧养殖。
第二产业 —— 水泥、采石行业。
第三产业 —— 餐饮、经销店。
问题：以第一产业为主，缺少深加工产业链；第二产业薄弱且过度依赖现有资源，内部结构单一；第三产业形式单一，且缺少高端产业的加入。

玉米种植

隆丰农业果树种植基地

人口概况

罗大台镇内共有 9482 户 28568 人。其中汉族占人口的绝大多数，还有少数民族回族、满族等。人口增长缓慢且并流失严重；50 岁以上人口不断增多，人口老龄化严重。

施官屯村留守老人

蒋家湾村留守老人

历史文化

东北古城：辽阳古称襄平、辽东城，位于辽宁省中部，自周代分封起已有几千年历史，素有"东北第一城"之称。境内太子河古称衍水，因纪念燕太子丹而更名。

金帝王畿：辽东地区为辽金兴国之地，金世宗完颜雍于此称帝，为东京辽阳府。金朝吸收辽、宋政治制度文化，盛极一时有"大定之治"。遗迹有辽阳白塔、燕州城等。

清朝遗迹：清太祖努尔哈赤统一女真各部后定都辽东京城。故辽阳境内留有丰富清代遗迹遗产，如清东京城、东京陵等历史古迹。

辽阳市部分历史遗迹

人居生活

调研发现，近年来罗大台镇乡村建设已有极大改善，总体满意度高。居住空间、采暖、医疗卫生、供电供水、通信网络等生活问题基本解决。受访的大部分居民都愿意移居城镇，将宅基地由政府统一收储管理等。

政府统一安装的卫生间

村庄内的健身设施

建筑风貌

罗大台镇的现状建筑主要以一层三开间民居为主，门前基本都有院落，且基本都有较高的基座。立面为三段式构图，其墙面装饰、色彩、门窗样式、坡屋顶的屋脊、两边的脊兽均具有一定的风貌特色。而建造年代稍晚的二层住宅风貌特色并不明显。

特色民居

新建民居

垃圾处理

大部分村子里面的生活垃圾基本没有进行分类，一些生产垃圾和生活污水直接排入地下水，对太子河等生态环境造成了影响。

村里待处理的垃圾

村里的垃圾桶

2 总体定位与目标

发展定位

在对相关政策背景的了解,以及对罗大台镇的现状总结与问题分析的基础上,结合辽阳罗大台镇地区未来发展需求,将罗大台镇未来产业定位为:沈阳都市田园休闲首选地和东北乡村产业融合振兴示范地。
"沈阳"是罗大台镇产业的目标市场,"都市田园"指的是其区位是沈阳都市圈的近郊乡镇,"休闲"指的是一种高端旅游、文化旅游,"首选地"指的是其在沈阳都市圈田园休闲的重要地位。
"东北乡村"是一个特定的语境,"产业融合"是指第一、二、三产业的融合,"振兴"呼应了"乡村振兴","示范地"则是其产业发展能够形成模式,成为示范。

发展目标

近期(2019—2023):立足辽阳罗大台镇现有的自然与人文资源,面向沈阳都市圈的客户群体,打造都市郊区集辽金文化体验、休闲度假为主要功能的高端田园旅游目的地。

远期(2024—2028):以自然生态资源为本体,以历史文化为灵魂,以产业功能载体打造为手段,探讨并推广生态农业+农产品深加工业+文化旅游深度融合发展的东北乡村振兴模式。

产业空间结构

一心一带两区四节点
"1+1+2+4"

一心
综合服务中心

一带
乡村文旅体验带

两区
农业文化体验区
民俗文化体验区

四节点
农耕文化体验组团
农织文化体验组团
运动娱乐休闲组团
特色餐饮民宿组团

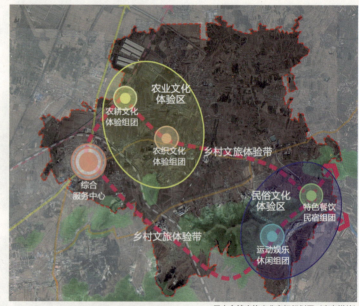

罗大台镇农旅产业空间规划图(李家祥绘)

辽阳市文化旅游统筹规划图（李家祥绘）

三区
  老城历史风貌区
  新城现代风貌区
  乡村田园风貌区

两带
  太子河生态休闲带
  历史文化体验带

多节点

罗大台镇的产业可以形成"一心一带两区四节点"即"1+1+2+4"的空间结构。一心指的是综合服务中心，依托现状的镇区，对外交通方便，可作为旅游集散、商旅服务的中心。四节点中农耕文化组团依托现状的现代果业产业园，农织文化组团则依托现状的蓖麻养蚕基地，两个组团形成了农业文化的体验区。运动娱乐休闲组团依托蒋家湾村的水系资源，特色餐饮民宿组团依托官屯村的较好区位，两个组团形成了另一个民俗文化的体验区。由于各个组团的功能定位各不相同，且现状道路已经打通，一条串联"一心四节点"的乡村文旅体验带也自然形成。

在辽阳市的层面上，可以形成"三区两带多节点"的发展格局。老城历史风貌区、新城现代风貌区以及罗大台镇所在的乡村田园风貌区应该呈现相互补充、相互促进的格局，共同形成辽阳市完整的文化旅游体系。太子河生态休闲带串联起了沿河的众多历史文化景点和自然景点，而规划的历史文化体验带，也将串联起老城、新城和乡村的众多景点，并在官屯村与太子河生态休闲带会合。综上，罗大台镇在辽阳市的旅游体系中的作用需要得到重视。

3 产业策划

农耕文化体验组团——果业产业园

隆丰农业产业基地，位于罗大台镇孙庄子村，其采摘园种植面积达 5000 亩。目前产业园正经历苹果新品种培育阶段，但产业化程度低，产业链不长，技术推广与质量标准体系以及市场营销体系不健全，种植面积较大但总收益较低。该项目设计上，团队设计了都市农业游、农耕文化体验与电商销售平台结合的产业模式。

果业产业园现状

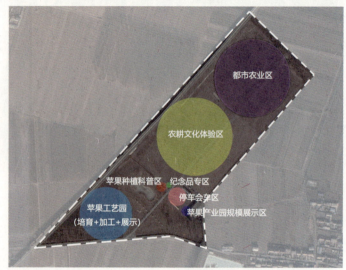

产业空间布局（龚之璇 / 张鑫 / 于沛冉绘）

① 都市农业游

② 农耕文化体验

③ 电商销售平台

① 都市农业游

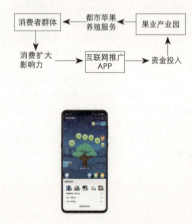

果树长势追踪 APP 示意

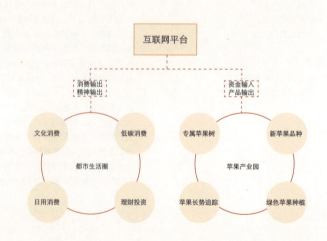

农业游模式（龚之璇 / 张鑫 / 于沛冉绘）

② 农耕文化体验

农耕文化体验则主打线下旅游及科普活动。据考证，金代吸收辽、宋制度，农业思想先进，农耕技术发达。另外，在作物种植中，金人秉承"顺天时"和"量地利"的伦理观念，且金人重视保护耕牛，爱马护马，秉承游牧民族的传统，具有发达的畜牧业，维持耕牧平衡，形成优秀的农耕文化，可供现代人学习。游客到达后可通过参与苹果树种植、日常养护和苹果采摘三项活动体验农作传统和劳动方式，其中苹果树种植于每年3到4月完成，日常维护可开放于全年，果实摘取则于7到10月进行，全年时间均可充分利用，营业时间长，避免季节造成空窗期。

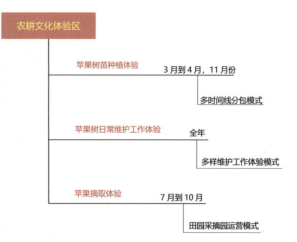

③ 电商销售平台

电商销售是当下利用互联网以及物流进行销售的一种模式，也成为现代人主要的一种消费模式。建立电商销售平台拓宽了苹果产业园的销售渠道，同时也为都市农业游提供平台支持。

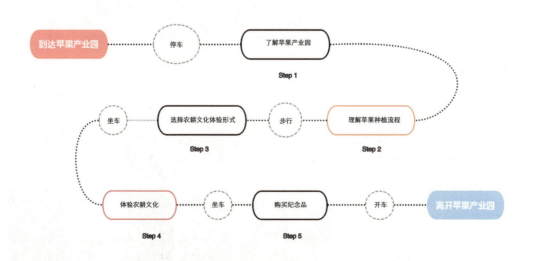

旅游路线规划（龚之璇 / 张鑫 / 于沛冉绘）

农织文化体验组团——蓖麻养蚕基地

蓖麻养蚕基地位于罗大台镇樊家村，目前当地仅有蓖麻养蚕基地以及蓖麻种植基地。产业发展前景良好，蓖麻可用于蓖麻油榨取，而后应用于制造业、航空工业、食品加工业等多重领域；蓖麻蚕丝韧性优于桑蚕丝，与棉混纺可制造优质蚕丝制品，但该厂所属加工地位于营口，蚕丝处理过程需碱水加工，易污染环境。

蓖麻养蚕基地现状

① 蓖麻养蚕及其产业展示

② 蚕丝制品私人订制

③ 金代服饰体验

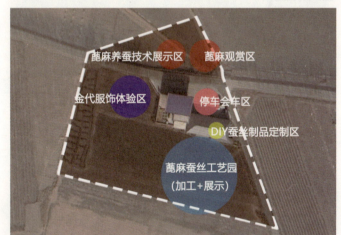

产业空间布局（龚之璇/张鑫/于沛冉绘）

① 蓖麻养蚕及其产业展示
展示部分分为蓖麻植物观赏、蓖麻养蚕技术展示及蚕丝制品工艺技术展示三大板块。其中蓖麻植物经过品种改良，已经能够呈现出红、粉、白等多种颜色，用于乡村绿化、环境改善和植物观赏，均具有良好价值。丝织工艺上，金吸收宋代技术后，发展出金锦、印金、针绣、罗、绢、纱等多类纺织品。此外，受辽宋、佛教及其他外来文化影响，金代织品纹样丰富。金代丝绸对后代，尤其是元朝，影响深远。因此，当地丝织工艺具备高质量的科普价值，现实层面开发前景广阔。

观赏蓖麻　　　　　　　　　蚕丝制品

② 蚕丝制品私人订制
蚕丝制品已经是当代都市时尚中的一种重要的元素，而 DIY（Do It Yourself，即免除专业限制，自行动手制作，表达自我）也成为当代较为时兴的热点。

DIY 蚕丝制品可以根据客户的需求来进行设计以及制造蚕丝制品，包括个性化蚕丝被、个性图式丝巾乃至旗袍等。

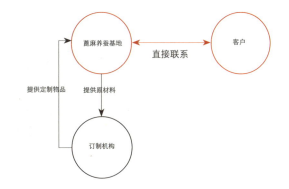

③ 金代服饰体验
金代在蚕丝技术上对后世有着很大的贡献，后世的服饰以及蚕丝工艺受金代影响也较大。

服饰体验分成两种形式：虚拟与实景。
虚拟 —— 利用 AI 技术进行人像识别，金代服饰模拟拍照。
实景 —— 制作标准的金代服饰以及打造实景来进行实景体验。

AI 虚拟体验　　　　　　　　　　实景体验

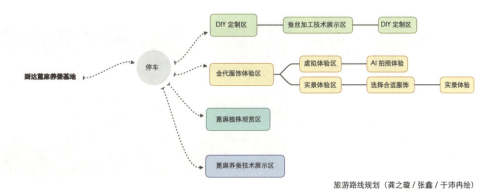

旅游路线规划（龚之璇 / 张鑫 / 于沛冉绘）

047

运动娱乐休闲组团——蒋家湾

蒋家湾位于太子河流域，村口有一大水塘。蒋家湾田园综合体项目于 2018 年 4 月正式启动，经过了初步的改造，完成了蒋家湾人居环境初步提升。蒋家湾村庄环境总体比较优良，绿化设施充分，道路平整。民居以单层建筑为主，少数为双层。村口水池设有观景台，能够欣赏太子河以及水塘景色。

蒋家湾村现状

① 水上运动专区

② 陆上运动专区

③ 骑行驿站

④ 沿街商铺

产业空间布局（龚之璇 / 张鑫 / 于沛冉绘）

① 水上运动专区——滨水之湾水上公园

蒋家湾东临太子河，结合龙王夜渡的民间传说，联动蒋家湾村龙鳞石崖，动静结合，构筑特色水上公园，分为碧园与澜园。

碧园——沿河静物景观园区（如泊船、荷等），复原传说情境，挖掘传统文化。澜园——建立水上游乐园区，营造适合儿童及年青一代休闲娱乐、玩赏结合的场所。

澜园意向　　碧园意向

② 陆上运动专区
滑雪场——借助天然丘陵,举办经典冬季运动。
狗拉雪橇——体验东北文化,增添趣味性。
冰(雪)雕展——发扬冰雪艺术,提升景观格调。
滑草场——感受自然气息,四季呼应补足空缺。
射柳——复原金代遗风,游乐祭祀多属性兼备。
骑马——回顾游牧传统,感受平原风光。

陆上运动专区示意

③ 骑行驿站,沿街商铺
蒋家湾位于辽阳市与燕州城中间地带,结合当地骑行活动,设立骑行驿站,配置运动设备维修维护、水吧休闲等功能,完善沿线配套设施。利用蒋家湾村内道路设施,结合民间文化,借助金代元素开发文创商品,协同本地手工制品,打造特色风情购物街区。

驿站商铺示意

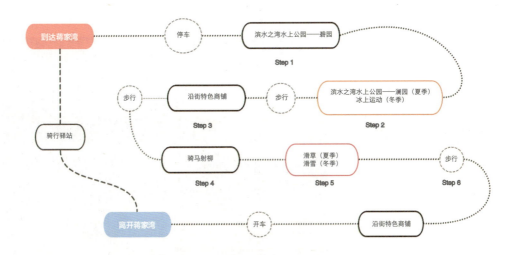

旅游路线规划(龚之璇 / 张鑫 / 于沛冉绘)

特色餐饮民俗组团 —— 施官屯村

施官屯村位于罗大台镇东部，辖区面积为 10.83 km²。近年来，全村修村内柏油路 7.7 km，广场 2 处共计 1500 m²，过水小桥 1 座，全村新砌围墙 630 m，粉刷围墙 900 m²，翻建灌渠桥 1 座。

施官屯村现状

① 乡村夜生活

② 特色民宿

③ 特色乡村餐饮

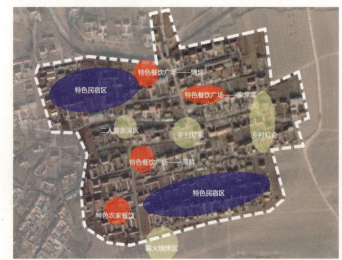

产业空间布局（龚之璇 / 张鑫 / 于沛冉绘）

① 乡村夜生活

篝火晚会——晚会 + 大型节日娱乐项目。
石幕电影——山体截面为幕，山石纹理为衬，借助现代放映技术，形成独有观影体验。
乡间灯会——利用 LED 灯营造田园、林间夜景，火树银花，打造摄影、休闲胜地。
二人转——借助传统二人转戏曲，发扬东北文化。

乡村夜生活示意

② 特色民宿

施官村当地民居具有一定金代特征，如房屋下筑台基，于《营造法式》中有详细记载。而屋顶则为房屋最能彰显特色的构件，据此，我们对其进行了一定的仿金设计，如更强调举折比例和缓，曲线柔美，翼角平直、翘角平缓等，屋脊保留传统形制的脊兽，在建筑风貌上还原金代风采。

立面风貌示意（龚之璇 / 张鑫 / 于沛冉绘）

③ 特色乡村餐饮

以打卡形式设立美食自助广场，划分烧烤、家常等不同片区，结合民宿自带农家乐，游客自主体验本地餐饮文化。

美食广场示意（龚之璇 / 张鑫 / 于沛冉绘）

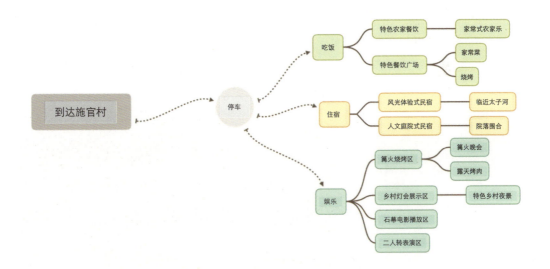

旅游路线规划（龚之璇 / 张鑫 / 于沛冉绘）

4 规划与设计

双线文旅——以施官屯村为核心的多重旅游线路

内线——两日游

运动娱乐休闲组团——特色餐饮民宿组团——农织文化体验组团——农耕文化体验组团

外线——多日游

（1）白塔公园—曹雪芹纪念馆—辽阳博物馆—啤酒小镇—太子河公园—太子岛—房车露营基地—运动娱乐休闲组团—特色餐饮民宿组团—辽阳龙凤禅寺—江官窑博物馆—燕州城遗址

（2）白塔公园—曹雪芹纪念馆—辽阳民俗博物馆—太子河公园—东京陵遗址—东京陵农耕文化体验组团—农织文化体验组团—特色餐饮民宿组团—辽阳龙凤禅寺—江官窑博物馆—燕州城遗址

内线两日游（李家祥绘）

外线多日游（李家祥绘）

故事地图 —— 以金代文化为故事基调

故事地图是以地图学为基础,旨在叙事文本作为数据源,结合空间叙事学理论与方法及 GIS 技术,实现复杂空间时间可视化,从而加深读者对时空事件的理解。

故事地图的引入使得"一环两区四节点"产业空间结构更加具有现实意义,联动性更强。同时,故事地图作为地图的衍生品,是在旅游地图上增加了空间层级上的意义。

游:以金代活动为策划重点,加入射柳骑马元素。
宿:以金代民居元素为设计重点,打造特色风貌民宿区。
食:以金代传统食品打造特色餐饮,加入"潜羊""肉盘子"等金代吃食。
穿:以金代服饰体验融入蚕丝元素,进行实景与虚拟体验。
韵:以金代文化的科普为旅游主线,进行多方打造。

故事地图(龚之璇 / 张鑫 / 于沛冉绘)

游学与亲子游

游学是以孩子为策划主体,进行科普、娱乐、实践等多方面的旅游重点策划,从而形成完整的旅游路线。亲子游是在游学的基础上,增加亲子互动性项目。

农耕文化 —— 苹果树种植以及维护体验。
蓖麻养蚕及其产业展示 —— 蓖麻与蚕知识科普。
金代服饰 —— 金代服饰类型科普。
骑马射柳 —— 金代运动方式。
特色民宿 —— 金代建筑风貌科普。
特色餐饮 —— 金代日常饮食体验。

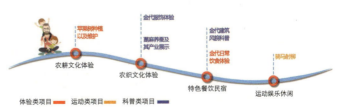

游学项目分类示意图(龚之璇 / 张鑫 / 于沛冉绘)

053

环境整治方案

生活垃圾——分类回收。
生产垃圾——循环利用，畜禽粪便主要肥料化。秸秆可以收储市场化，转化为新型节能生态型建材。
生活污水——集中整治，可以在村地下铺设管道。

垃圾分类回收

秸秆建材

建筑设计

民居测绘

现状为典型的三开间民居，屋内空间狭促，院落空间闲置较多。

改造希望增加院落空间实用性，利用原有的场地富余的室外空间，打造合院式空间。

民居院落

立面

厨房

灶

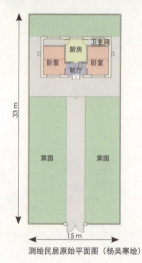
测绘民居原始平面图（杨吴寒绘）

卧室里的炕

屋顶

民居改建民宿——方案一

改动较小，保持原有乡土气息，同时可作为改造更新的范本。

院内利用廊架把原本较长的入户流线进行切分，形成从室外到开阔的廊架下到室内，公共到私密的层次变化。

利用电炕，解放原有厨房大灶占据的空间。

廊架空间透视图（李家祥绘）

民宿方案一平面图（杨吴寒绘）

民宿方案一轴测图（李家祥绘）

民居改建民宿——方案二

改动较大，满足规模化、精品化的需求。

院内加建民宿以及大堂，用玻璃廊道与原有民居相串联。

大堂采用钢结构，形成简化的具有历史韵味的四坡屋顶。它们的排列布局自然形成了入口庭院、水院以及一个屋顶花园。

水院透视图（李家祥绘）

民宿方案二平面图（杨吴寒绘）

民宿方案二轴测图（李家祥绘）

民居改建餐馆

在保持原有建筑布局基础上，于前院新建一栋建筑，主要用来承载餐饮店的就餐空间。

新建建筑呼应辽阳市浓厚的文化底蕴，采用传统的歇山屋顶，并加以适当简化；旧民居基本保持原风貌，并经过适当改造，主要作为辅助性用房。

前院中原本的围墙被栏杆取代，形成一个对游客友好的、开放性的前院空间。

前院空间透视图（杨吴寒绘）

餐馆方案平面图（杨吴寒绘）

餐馆轴测图（杨吴寒绘）

5 后记

短短的十天时间,大部分来自南方的支队成员们,在这片东北大地上留下了一路的欢笑,一路的歌,一次次的修改和讨论,也留下了终生难忘的回忆。未来可期,感谢缘分让大家在此相遇。

一望无际的玉米地,缓慢起伏的绿坡,热情好客的村民,偶尔遇见在路边溜达的小孩,一桌桌丰盛的饭菜,一声声热情的招呼,就像回到了早先梦中的另一个家。远处是若隐若现的地平线,蓝天上挂着奇异的云朵,古老的辽阳正在苏醒,即将腾飞……东北第一城,后会有期!

摄影:李家祥

摄影:龚之璇

摄影作品

摄影：杨吴寒

围子村航拍图之节选

摄影：胡 蝶

蜜村牧歌

围子村乡村振兴工作营

乡情概述

围子村位于中国四川省南充市嘉陵区双店乡西南方向，通往南充市中心城区约 1 h 车程，通往成都、重庆约 3.5 h 车程。村落呈典型的西南地区浅丘带坝地貌，北部有主要河流李子溪，村内山体较小而分散，地势多为缓坡，陡坡少且集中，平地较少。整体村落布局因地势而散布，依靠线形绕山道路串联，迂回曲折，各自然村之间的视线关系彼此独立。

围子村气候宜于耕种，土质肥沃，历史上的缺水问题亦在近年因抽水机的应用和升钟水库灌区二期工程的逐步建设而有效解决，具备了较好的农业发展条件。

围子村原属省定贫困村，2013 年底全村建档立卡贫困户 87 户 275 人，截至 2018 年底，围子村已脱贫 85 户 273 人，2019 年预脱贫 2 户 5 人。2018 年 10 月，围子村顺利完成摘帽验收退出贫困村行列。

村庄信息

村庄地点：四川省南充市嘉陵区双店乡
村庄方位：E105°59′21″，N30°32′
村庄人口：470 户，1512 人
主要产业：水稻、玉米、小麦、油菜等传统农作物为主，亦有土鸡、跑山鸡、生态鱼、山羊、生猪、中华蜂等养殖产业。

实践信息

工作营员：陈紫葳　郭师竹　胡　蝶　李雨婧　林文涵
　　　　　孙艺畅　夏　琴　袁小愚　杨佳锟　杨乙彬
指导教师：周　凌　钟华颖　黄华青
实践时间：2019/1/18—1/25

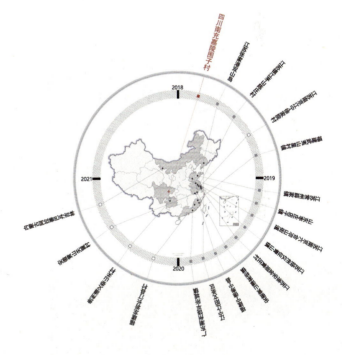

教师点评
围子村乡村工作营

钟华颖

2019年1月与7月,以围子村为实践基地,结合实践教学新形式,致力于深入农村开展乡村振兴工作,南京大学建筑与城市规划学院乡村振兴工作站先后组织了冬季一周、夏季两周的两次有工作连续性的师生志愿实践团队下乡服务活动,探索一种政府主导、高校产学研工作一体化的全新乡振服务模式。我有幸作为围子村营的指导老师参与其中,在与同学们共同下乡的实践服务与教学活动中,更新了对乡村振兴工作的认识。

在冬季的围子村,作为高校资源下乡、配合基层从事乡村建设的短期师生志愿乡振服务活动,实践团队的在地化工作如何在短短一周内结合自身专业背景,有所取舍,服务乡村建设的长期机制,开展一些有益于所在村镇的基础性工作,梳理一些工作条理与侧重点,与实践团队的自身立场和调研成果是密不可分的。以学生为主的围子村营,发挥了自身专业工作者人数优势和乡建热情,深入农村基层,立足合理的调研成果,在多维度的复杂乡村环境中,选择具有引领效力和示范意义的农户作为发展动力,依托围子村现有的产业优势和景观特点,分成多个专业领域,制定有步骤有层次的建设方案,重点打造、连点成线、以线带面,探索将围子村有限的资源禀赋转化出最大效能的引领式乡村振兴建设行动路径,力图让短期工作成果满足乡建需要,具备实现的可能。到了夏季的围子村,同学们已领悟到冬天的行动思路,主动适应乡村实情,选择了助农增收与人居环境改善两大课题,自发地将工作的重心转换到乡村生活状态的研究和设计助农的校地企合作推广活动中去。这种选题的主动变化,体现了同学们对现实乡村认知与思考的逐步深入,在短期乡振活动的实操层面探索了可能,积累了新时代乡振志愿实践工作的有益经验与教训。

个体养殖的土鸡

峭壁下部的蜂箱

庭院自种的桑树

圈养外送的羔羊

丘陵高处的麦田

祠堂东侧的厢房

修建院坝的围墙

充满活力的队伍

心路历程

南京大学建筑与城市规划学院赴南充市嘉陵区围子村乡村振兴工作营（以下简称"围子村工作营"），是南京大学建筑与城市规划学院下派各支乡振队伍里，唯一一支奔赴中国西南欠发展地区实践乡村振兴工作的师生工作团队。首期围子村工作营的任务，是基于围子村现有的条件，为围子村的长期发展寻找一个定位，描述一条合理的发展路径。在没有明确任务书的情况下，围子村工作营师生团队，在短短一周内，迅速建立明确的工作框架并贯彻执行，以认清现状、梳理问题、创造条件，再以明确的思路建构起恰当的乡村身份，置入工作愿景，找寻围子村振兴之内生动力，实现可持续发展。

自1月18日下午起围子村工作营开始调研行动，至1月24日下午止结束全部工作，全营师生以饱满的热情收集了围子村的上位规划、地理信息、资源禀赋、人口构成、产业现状、地形特征、支持政策等各项一手资料，最终依靠翔实的调研信息，选定"蜜村牧歌"作为题目描述发展愿景，制作了一份围子村休旅式发展战略规划与概念设计方案。

围子村工作营认为，作为乡村概念规划的场地，围子村代表着西南丘陵地区，历经脱贫摘帽后，即将迈向下一个发展阶段的千千万万广大原生乡村。其类型意义，正在于可以通过围子村的实践工作，探索如何通过充分发挥普通的要素禀赋，找到供乡村可持续发展的内生动力。围子村的答卷，从实践团队工作人员的专业背景出发，短短一周内，立足于合理的研究深度与精度，以保存原生乡村风貌与发展乡村产业经济相结合为宗旨，整合乡村现有资源条件，立足乡村现实，采用分批试点建设手段，以低成本高收益为原则，将围子村作为样板，通过一次具备可操作性的乡村发展概念规划设计方案，研讨并探索了一条川渝地区远郊原生山村贯彻农业休闲旅游式乡村振兴发展策略的合理建设路径，为当地政府和村民提出一种具备落地潜力的规划建设建议和乡村振兴发展思考的技术咨询。

工作营发现的围子村

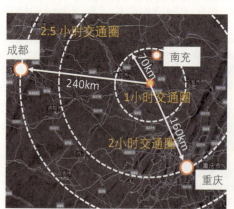

村域区位分析图
（袁小愚/夏琴绘）

对外交通分析图
（袁小愚/夏琴绘）

遗迹：天桥输水渠

遗迹：李子溪水车旧址

村域高程分析图
（袁小愚/孙艺畅绘）

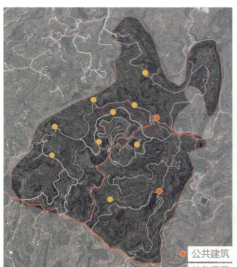

民居旧屋分布图
（袁小愚/夏琴/杨佳锟绘）

公共建筑
特色民居

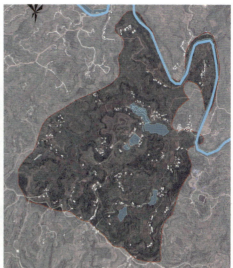

村落水域分布图
（袁小愚/夏琴/杨佳锟绘）

具备建设潜力的空地

景观的珍贵天然资源：水塘

地貌态势：缓坡丘陵

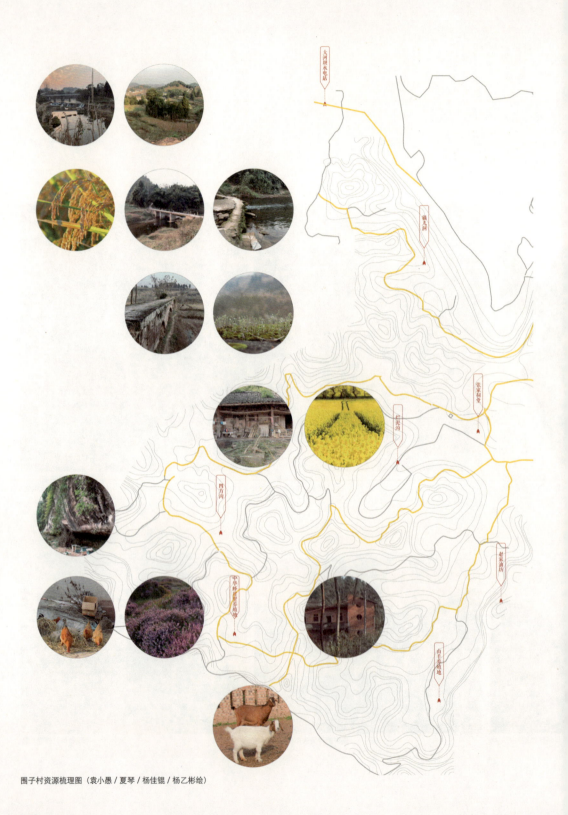

围子村资源梳理图（袁小愚 / 夏琴 / 杨佳锟 / 杨乙彬绘）

围子村的问题

围子村，是由16个自然村合并而成的行政村，现面积约3.5 km²，地域广阔。根据高程分析，村子西南高东北低，中部自西南乡道至李子溪的一条连续丘陵将全村一分为二，并且因为丘陵曲折，形成为数众多的山湾，利于耕种的土地散布丘陵外围，彼此缺乏联系，造成聚落与乡土景观平均化的态势。

围子村的景观，包含几乎所有的原生乡村要素，但过于平均，缺少重点。按照凯文·林奇的理论，围子村缺少的正是标志物，因此缺少供视觉记忆建构的重点。

地理要素同样影响到了产业分布。围子村的小型规模化养殖业和种植业全部平均分布，多而不强。有基础，欠发展。

1 围子村的发展物质条件

围子村虽然条件普通，不占有突出的区位优势，但其物质形态依然存有亮点。我们依据学科的习惯，将调研所得具备发展潜力的物质形态资源归类为三大部分：一是水利工程遗迹，二是当地特有民居，三是当地农业产业景观。

水利工程遗迹方面，包括村北侧李子溪（筒车河）的水车旧址和输水道遗迹，以及大河坝工程的水电站与输水道（当地人称天桥）遗迹。这些遗迹，用材和形式都有鲜明的特色，成带状分布在村子东北侧的河边，诉说着数百年来围子村为了农事活动而付出的艰苦努力，用独特的方式与大地母亲进行对话，追究下去，躲避山洪、巧力抬水、蓄水发电等令人类与自然的故事都通过实物呈现在我们的眼前。

当地特有的民居形式，反映了以围子村为代表的一种川地民居建造方式：结构层面，用当地出产的块石与木料作为基本结构材料，木料的使用灵活而有机，实用为先，斜撑和抬梁的方法亦十分随意。围护层面，建筑顶部开猫耳洞作为通风孔以应对四川盆地深处夏季湿热、冬季偏暖的气候。上覆小青瓦，在组织排水的同时利用瓦间缝隙的气流为室内降温。由于本地红泥土不易结块夯实，选用当地柔软的紫竹作为骨料，编织成网后将掺好草筋的泥土附于其上，做成复合编织墙体。经历数百年的发展，围子村民居虽然貌不出众，但其选材之因地制宜，建造之灵活有效，是体现着中国民居建筑智慧的建造范本，蕴含着丰富的建筑学知识。

农业产业景观层面，以种植业和养殖业为主，农产业受制于各户驳杂的土地权属划分现状和浅丘坝貌下用地难以集中的现状，规模不大。产业现有两种样貌：一种是家庭农场，自给自足，余量外销；一种是规模农场，大片承包，出产农品。两种产业各自形成景观，与村子经济活动呈联动状态。

2 工作营团队的立场与判断

我们开展工作的基本立场，立足于保障符合乡村人民现实生活需要的公共利益，以学术中立的眼光思考乡村公共利益最大化的物质形态演变走向。

我们梳理了现有的建设条件，提出了发展原则和策略，并且落实到围子村，强调概念规划的示范性、探索性和引导意义，具体到多个建设层面，以"蜜村牧歌"为最终题目，围绕田园牧歌想象和蜂蜜主题，讲好围子村自己的故事，塑造围子村自己的品牌，保护青山绿水，留住原生性的真实的乡愁，为祖国乡村振兴工作献计献策。

我们对本期工作成果的定位，是基于目前研究的深度和精度提出的一种纲领性建议。这属于一种来自建筑学与城市规划专业工作者，经过调研分析，基于专业判断，建立处理乡振工作的思路之后，归纳提炼的原则性建设策略。

具体到围子村，我们认为，围子村具备建设发展的物质形态条件，但最大的问题是过于普通，缺少亮点，缺少中心。这个普通且无中心的问题，不仅是经济意义上的，也是景观层面的。不过，令我们欣喜的是，围子村当地业主承包的产业地块以及一些文化类的景观点的存在，使得围子村存在着少量实施开发的现实基础和前提条件。例如，刚刚起步的养蜂产业，投入劳动力小，成本也低，符合围子村劳动力较少且底子不强的现状。因此我们的工作思路是：（1）以蜂业为主题，从产业空间布局入手，为围子村寻找一个清晰的发展定位，尝试讨论发展产业的动力问题，在产业规模化的前提下，发掘村落的景观潜力，寻求村子的产业结构优化与升级的可能；（2）同时，发挥专业优势，在建筑建造层面讨论村落未来的建造规则，进行示范性引导；（3）最后给围子村一个清晰的定位，探讨围子村产业运作和商业活动的可能，并做出一些创意设计作品。

3 围子村发展策略与建议

整体建设原则
立足乡土 点线串联 产业动力 带动景观

历史遗产保护与利用原则
(1) 整理相关文献资料、现状测绘建档。
(2) 标志性景点进行微更新，打造具有本地特色的生活化"网红"景观节点。
(3) 超越村域限制，连点成线，形成双店乡物质文化遗产群，带动全乡乃至全区村落文化遗产协同发展。

产业发展策略
(1) 保持本村特色，有意识地引导产业结构进一步优化。
(2) 产业发展与景观提升相结合。
(3) 梳理农业生态链，引入织补性产业环节，优化农业结构。

景观发展原则
(1) 立足现有的景观节点强化景观效果，选址尽量满足三项条件：依托现有的产业景观；具备较好的景观条件；同时有继续发展建设的空间。
(2) 局部集中规划，全域联网发展。
(3) 保证景观沿路发展，精确配置行道花卉，形成围子村特有的可识别物质边界。

产业发展与景观风貌建设的关系
(1) 部分集中发展，结合现有村落环境基础条件，渐进引导形成自发性乡村产业景观风貌，再适度挖掘原生乡村风貌的文旅潜力。
(2) 就发展动力而言，以产业作为发展的首要动力，引领、带动、启发现有乡村未成熟产业的发展，提供产业发展条件，增强产业辐射效应，吸引外来的城市人口。
(3) 少量投入，控制成本，迅速落地，短期见效。

村域基础设施与景观符合体系优化三步走
(1) 基于现有资源、道路、产业布局，通过乡村景观道，串联特色资源与景点节点，优化路网结构，形成空间布局基础。以村部西侧的综合公共服务区为中心，七个主题性产业示范片区环绕的格局，作为围子村基本空间结构。
(2) 立足现有产业条件，选取具有潜力的景观节点，进行服务于产业的景观引导，控制建筑尺度和布局，发展成为既服务本村村民，又兼备对外经营条件的服务片区。
片区内的节点层面，依照改造力度、社会效应进行排序，精确选点，由点及面，逐步更新，满足公共活动需求和景观需要。片区内的节点之间，通过满足产业需求的作物景观种植、景观道路修缮，提升全村的公共空间品质。
(3) 服务片区之外，依托现有有利条件，试点性强化打造景观节点，用低成本的自然植物美化道路系统，点线串联，结合随产业需求而自发形成的坡地作物群落，塑造具有诗意的全域乡村景观，在保持农耕生活便利的同时，强化围子村的田园风情和乡村活力。

农产业优化策略
(1) 将围子村中部的鑫光合作社产业园附近作为集中建设区，置入村域所需的公共活动功能，成为围子村承接外来游客的服务中心。
(2) 以保护乡村现有耕地面积为前提，重点依托、壮大村内现有的未成规模的产业，同时，基本保持原有地形地貌，带动发展原生乡村景观建设。
(3) 挖掘乡村文旅产业潜力，提升空间品质，走出一条第一产业、第三产业联动的可持续发展道路，实现乡村产业升级和景观升级，拓展复合性产业经济潜力，分层次植入产业，形成关联性的生态产业链。

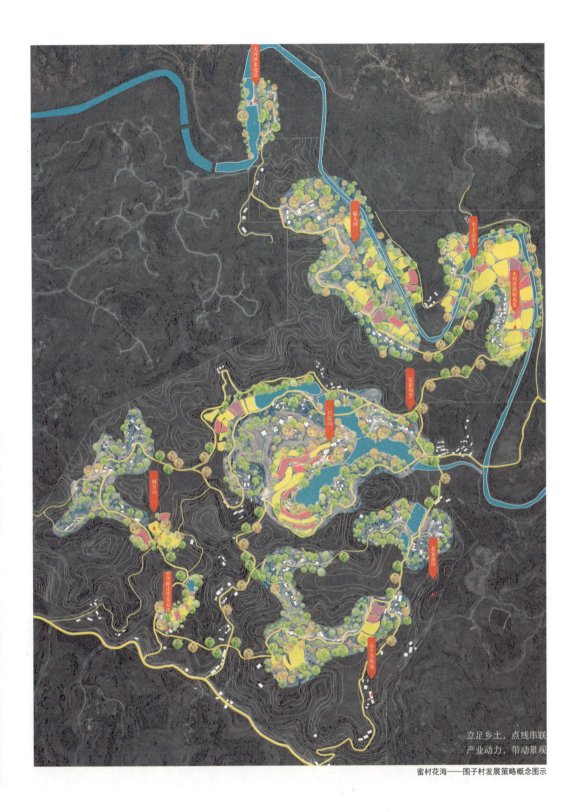

立足乡土，点线串联
产业动力，带动景观

蜜村花海——围子村发展策略概念图示

4 围子村集中建设区概念设计

集中建设区规划设计图

（袁小愚 / 林文涵 / 夏琴 / 杨佳锟 / 杨乙彬绘）

工作营选择村部西侧12社与14社一带作为前期集中建设区，拟作为接待功能的建设用地，满足旅游所需。区内划分出不同主题的产业景观区，依托现有水体和小山，设置若干建筑节点，并以道路相连。村道两侧由于产业发展需要，带动形成具有识别性的植物景观带，宛如彩色廊道。

1 张家祠堂
2 村口停车场
3 村委会广场
4 村民集市
5 接待中心
6 湿地栈道
7 闲情亭
8 田园茶室
9 产品展销中心
10 蜂蜜乐园
11 民宿
12 鱼餐厅
13 垂钓管理处
14 花海入口广场
15 风雨廊桥
16 采藕体验区
17 花海管理处
18 花海登山道
19 观景台
20 山顶停车场
21 赶蜂客栈
22 山野茶室
23 山中民宿

功能分区

根据地形地势，结合景观休闲、康体养生和产业发展的需求，将综合服务区分为以产业体验区为核心的五大功能板块。

景观系统

依据现有产业布局，整合开发资源与自然资源，梳理成六个特色景观系统，连点成面，形成围子村特色田园景观。

特色节点

结合对现有建筑的考察评估、游览路径的节点设置的考量，布置涵盖建筑遗迹、体验式农业建筑、公共休闲建筑等特色节点。

5 围子村景观升级计划

乡村道路更新：植物化、层次化的边界（袁小愚绘）

滨水岸线更新：公园化岸线和水生植物（袁小愚绘）

水车旧址更新：竹林书院（袁小愚绘）

  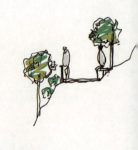

输水道遗迹更新：天桥茶邬（袁小愚绘）

蜂场景观化更新：蜂家花场（袁小愚绘）

岸线步道与荷花池子（郭师竹绘）

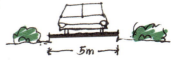
车行道更新：停车需求（郭师竹绘）

鱼塘野趣与农田步道（郭师竹绘）

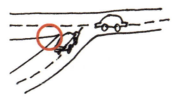
车行道更新：弯道优化（郭师竹绘）

步行道坐具与植栽处理（郭师竹绘）

盘山道遮荫与亲水平台（郭师竹绘）

景观建设：山坡梯田与自然花海（郭师竹绘）

公园化的景观更新（郭师竹绘）

水边垂钓与稻田步道（郭师竹绘）

6 围子村建筑升级计划

一般民居

传统民居

遗迹建筑

功能构件，立面协调（郭师竹/李雨婧绘）

保留结构，更新表皮（郭师竹/李雨婧绘）

认真研究，修旧如旧（郭师竹/李雨婧绘）

保留结构，更新表皮（郭师竹/李雨婧绘）

乡村振兴工作站（郭师竹/李雨婧绘）

养蜂单元（郭师竹/李雨婧绘）

保留结构，更新表皮（郭师竹/李雨婧绘）

养蜂塔（郭师竹/李雨婧绘）

7 产业升级与活动策划

织补性产业引入，完善产业链（胡蝶/孙艺畅绘）

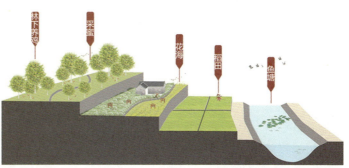

新产业的空间分层（胡蝶/孙艺畅绘）

全产业链运作活动策略（胡蝶/孙艺畅绘）

引入山地自行车赛

蜂业科普教育

崖壁采蜜体验

崖壁采蜜体验

农地实习

8 品牌形象设计策略

在地元素转化——母题表达（胡蝶 / 孙艺畅绘）

9 后记

陈紫葳（南京大学，建筑学 18 级研究生）

住在山村，吃在山村，和乡亲们在一起，看到了在学校里看不到的四川山村现实。围子村是一个纽带，让我们这些身处象牙塔里的普通学生，感受到了中华大地上最纯粹的文化底色。原生性的农耕活动是塑造中华文化的源泉，乡村物质形态和建造方式就是中华农耕文明的重要组成方式，其中所包含的建筑学知识，永远值得我们学习。我们希望，在保留乡村文化遗产的同时，为乡亲们引入现代生活的元素，实现适应性发展，为围子村寻找一些可行的建设策略，改善乡亲们的生活条件，为围子村做一点儿实事。围子村将存留在我们记忆深处，是我们永远的宝贵财富。我们见过了那里的山、水、人，留下了属于我们这些城里人的深深乡愁。

胡蝶（东南大学，建筑学 18 级研究生）

在这短短的七天内，我们通过专业技能来解读围子村这块珍贵的土地，我们用脚步去丈量，使图纸从无到有。我们立足围子村，结合当地特色资源，进行产业空间和乡村空间的规划整合，并通过产业推动景观联动，来切实地提高村民的经济收入和生活水平。通过建筑组和产品组的工作，我们提供更加具体的建筑方案和产品设计方案，将规划层面更进一步地锚接于围子村。对于每一位同学来说，这都是一次难忘的经历。我们将对于围子村的构想通过图纸的方法表达，并且在推进的过程中，不断地与村民、当地的使用者进行沟通交流，我想这才是最难得、最可贵的一次设计经验。希望大家的想法可以有一个更加落地的实施方式，也希望有机会可以再去围子村看看那山、那水、那可亲可敬的人。

郭师竹（重庆大学，建筑学 18 级研究生）

再一次站在村民广场上，平静的水面、摇曳的芭茅依旧，只是少了第一次到这里时的篝火和欢愉，多的是几分不舍和留恋。回想一周的时间，从好奇到困惑再到最后的突破，这一过程虽然有着绞尽脑汁、苦思冥想的折磨，但也有围着火炉熬夜画图、讲鬼故事的刺激。非常感激能认识这样一群人，他们会在你不想起床的时候叫你吃早饭，会在你不想出门的时候带你一起调研，会在你画图困顿的时候讲鬼故事吓你。或许这就是团队合作，让你摈弃了自己的惰性，你需要做的就是向优秀的人靠齐。

从无到有的方案则是伴随着对村子从陌生到熟悉的过程，经过多次的实地调研和激烈讨论，我们终于拿出了一份满意的答卷，也真切地希望我们集体的智慧能够为村子带来实实在在的改变。我这一部分成果主要是围绕建筑层面，其原则在于保留地方特色，杜绝大拆大改。首先我们深入调研了当地民居，提取当地建筑特色元素（从形式、空间、材质三面）；其次在此基础上形成当地的建筑语汇能够用于改造和新建建筑之上，使其融于村落大环境之中；最后将村落的建筑进行分类，不同类型的建筑采用不同的具体策略，一方面对于重要节点建筑能够详细设计，另一方面对于较普通建筑改造提供导则示例。总结这一过程后，我觉得我们的工作局限在村子内部建筑调研，还应有更为宏观的调研，例如缺乏对于川东北建筑特色形式的调研和其形成逻辑的理解。这是未来工作尚待发展的部分。

蜂农赶花采蜜的临时小屋

李雨婧（南京大学，建筑学 17 级研究生）
由于地势原因围子村的聚落多以组团状分散在各处，共有 16 社之多。针对如此状况的村庄，乡村振兴的方式更适合点线串联，从而带动各个面域共同发展。这些点的选取是根据其特有的自然资源、物质空间形态、历史遗迹等等，如输水道、水坝、特有的传统建筑遗址、筒子河等等。从建筑方面来说，我们要充分利用当地穿斗式建筑结构，及其独有的材料和肌理（就近开采的石块、编织的竹篾、红土以及木材质），融入现代元素，从而打造出适应现代产业的物质空间形态。

林文涵（东南大学，建筑学 18 级研究生）
初到围子村时，看着熟悉的丘陵、农田还有坡屋顶的砖房，我觉得围子村无异于其他任何的四川农村。但当我们离开这个村庄时，车窗外的风景在我的眼前一一略过，我却觉得它们都是那么美丽而独特。
乡村振兴从来都不是一蹴而就的。七天很短，我们能为乡村做的并不多。但我们却怀着一颗初心，跑遍村庄中的每条小路，亢奋地探讨直至深夜。最终尽自己专业所能，帮助村民和干部们换个视角了解他们的乡村，提供一些建议以供参考。我期待，与围子村重逢。

孙艺畅（东南大学，建筑学 18 级研究生）
坐在南京工作室的椅子上，过去一周的记忆如闪回般重现，围子村工作营的成员们、各级参与其中的领导和组织者、热心的产业能人、每一个善意支持我们的村民，一个个由陌生到互相信任的面孔，一桩桩为了共同的目标而大胆尝试的事物。毫无疑问，围子村这个位于我国西南的普通小村庄已然为我们每个人在这高度浓缩的七天里留下了美好的印记。
无论是规划，还是建筑与产品小组，我们很早便确立了工作的核心，即讲好围子村自己的故事，并尝试引入与现代生活交流的可能性。作为产品组的成员，我们在完成前期的调研后，不断与当地的蜂蜜产业从业者沟通，了解产品生产涉及的各种具体情况，最终选取"围子村十景"中的四景进行蜂蜜包装设计，结合与乡村生活相关联的现代诗与 logo 设计，进行故事性的围子村蜂蜜产品包装设计营造。从某种角度上说，蜂蜜产品这一具体可感的物质，作为乡建落地性的有力说明，寄托了我们全体参与者对围子村的美好期待与祝愿。

夏琴（重庆大学，城市规划 18 级研究生）
关于方案本身
简而言之化为三个词组：定位＋落实＋表达。
进一步认识到定位中政策方略的指导意义、区域城市等总体规划的宏观把控、内外关系的通盘考虑。知其然应当努力知其所以然。
规划并不是纸上画画，而应当保持一份情怀，确保有序地落实。
明确高效的图纸语言加之清晰有趣的陈述才是表达的妙方。
关于实践生活：

祠堂山墙的穿斗

时任嘉陵区党委副书记张正向工作站颁发感谢信

热爱可能是做好事情的灵丹妙药，坚持也许是吸收意见的综合判断，学习真的是不断摸索的身心投入。争吵时常有之，熬夜无可避免，回忆毋庸置疑。带着一场小感冒、一罐围子蜜、一份照片集，继续写着我们的故事。

杨佳锟（南京大学，建筑学 17 级本科生）
这次去围子村，是我第一次走进农村，了解农村。在我看来，我看到了一个非常真实的农村。围子村，它不是一个拥有绝美景色、游人如织的世外桃源，也不是一个残破不堪、无人问津的遗迹。它就安安静静地在那里，它有与城市完全不同的空间形态、人际关系、生活风貌，还有其他一切东西。它有自己的乡愁、自己的故事。这使我心中产生了这样一个想法：我们做乡村振兴，绝不是要把农村打扮成另外一个城市。乡村就是乡村，我们要学会尊重它的运行法则。给它套上不合身的城市外衣，只会缚住他的手脚。我认为，只有先搞清楚了这一点，我们才能真正地开始乡村振兴。当然，也要表白这次同行的学长学姐，他们真是太棒了！真的学到了很多。希望下次有机会还能一起合作！

杨乙彬（南京大学，建筑学 17 级本科生）
作为一位刚进入建筑学专业学习的本科二年级学生，能够参加这次南充围子村的乡村振兴实践活动是十分幸运的，所以要感谢这次实践项目的组织老师与指导老师们能给我这次机会。首先，这次实践让我们近距离观察习近平总书记的精准扶贫政策在乡村的实施情况，以及下一阶段乡村发展情况，尤其是中西部乡村发展情况的途径；其次，对于个人来说，这是一次将课堂的理论运用于实践的机会，在实际项目中的种种问题都难以用在课本上标准答案去回答，而需要结合实际情况去修改和校正，而这个过程正是学习的过程。一开始，我对于项目的实施是盲目的，并没有一个明确的主线与目标，既有产业的规划（蜂蜜、酒、民宿、果树……），又有农村建筑的设计，还有具体产品包装的设计。直到调研逐渐深入，了解到围子村的历史、地理、产业分布、人口情况等等诸多信息，以及与甲方（村民与村干部们）的日常交流，才对项目有了一个较立体的了解。在这几天的实践中，我逐渐认识到，建筑设计仅仅是实际项目中的一部分，并不是一个十分好的想法，就能决定一个设计的成败，有方方面面的因素影响着一个项目的最终成果。当然，还要感谢的是我的研究生学长学姐们，他们虽然是我的队友，但在实际的项目中一直充当着师长的身份，指导着我的每一步设计，让我获益匪浅。

周凌（南京大学建筑与城市规划学院教授，副院长）
同学们短短一周的工作成果令人惊讶，最难得的是工作营提出的乡村策略具有很强的实际操作性，乡村资源分析深入，改造思路清晰，落地项目选择精准。
阅读同学们写的文字，乡村风土气息迎面而来，建筑、规划专业语言运用准确，体现出很高的专业素质。这是一次非常难得的从专业角度出发、以科技手段服务社会的实践经历。

摄影作品

《对话》
摄影：陈港回

《孤人》
摄影：陈港回

摄影：陈港回

围物为心

围子村乡村振兴工作营

乡情概述

围子村位于中国四川省南充市嘉陵区双店乡西南方向，通往南充市中心城区约1 h车程，通往成都、重庆约3.5 h车程。地形为典型的西南地区浅丘带坝地貌，北部有主要河流李子溪，村内山体较小而分散，地势多为缓坡，陡坡少且集中，平地较少。整体村落布局因地势而散布，依靠线型绕山道路串联，迂回曲折，各自然村之间的视线关系彼此独立。

围子村气候宜于耕种，土质肥沃，历史上的缺水问题亦在近年因抽水机的应用和升钟水库灌区二期工程的逐步建设而有效解决，具备了较好的农业发展条件。

围子村原属省定贫困村，2013年底全村建档立卡贫困户87户275人，截至2018年底，围子村已脱贫85户273人，2019年预脱贫2户5人。2018年10月，围子村顺利完成摘帽验收，退出贫困村序列。

村庄信息

村庄地点：四川省南充市嘉陵区双店乡
村庄方位：E105°59′21″，N30°32′10″
村庄人口：470户，1512人
主要产业：水稻、玉米、小麦、油菜等传统农作物为主，亦有土鸡、跑山鸡、生态鱼、山羊、生猪、中华蜂等养殖产业。

实践信息

工作营员：陈紫葳 唐 萌 左 斌 杨嘉惠 陈港回 丁宇涵
李 玥 赵岩松 杜诗琦 吴秋婷 曾兴旺 张海霞
指导教师：黄华青
联合指导：廉志鹏（工业和信息化部主任科员，嘉陵区围子村党支部副书记）
合作伙伴：白丰一（围子农庄项目负责人）
实践时间：2019/7/6—7/18

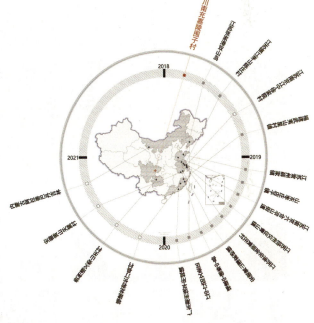

围绕产业与人居的多项调研

乡振任务

围子村营是夏季南京大学建筑与城市规划学院各乡振营中唯一一支接续首期工作成果,持续深入开展驻村实践活动的队伍。行前,围子村工作营针对基层工作的复杂性,为保证工作的深度,特别筹办了采访和村情分析两项活动,明确本期乡振之任务,以求在寒假工作基础上使实践工作更加本地化、落地化。

驻村之后,工作营围绕围子村的新变化、新情况,从巩固脱贫攻坚成果、推动乡村振兴出发,将工作重心与对象落回到普通村民之上,系统研究了围子村实现良性绿色发展所面临的问题。工作营团队以结合"围子农庄"乡村电商平台下助农增收课题为背景,深入调研村域内外群众生活的实际需求,分析围子村现有的产业问题和相关市场情况,以一次目的性强的操作性市场实践活动,真正帮围子村乡亲寻找农品销路,落实乡村振兴工作,为围子村的乡村振兴献计献策。

行前准备

营员构成:召集8名外来营员,选拔4名当地营员,共12名营员。来自9所院校,6类专业。
任务目标:(1)研究村民的收入问题;(2)研究村民人居空间问题;(3)开展校际交流,培养当地人才;(4)条件允许则开展助农活动。
人员分配:依照日常活动的程序性事务和专业任务进行双重编组,设专人与驻地村民互动,减轻服务村民的负担,保证工作效率和灵活性。

南充基层人民的日常生活情形是本期工作调研的重点内容

围物为心，心暖情长。这个名字既是活动的主题，也是活动的内容。是开始，也是归宿。
围物为心，一点一点亲近着围子村的万物，乡建人也逐步走进了自己的内心。
围物为心，来自心底的呼唤。捧起的，是围子村的物什；映照的，是山水之间的乡愁之心。

稻田与各家种植

统一改造后的贫困户之家

贫困户家散养的鸡鸭

就家庭收入问题采访村干部

从山墙面看坡屋顶与梁的关系

农宅在家居状态的利用情形

讲述贫困户家的情形

农居的院落

一四世同堂的家庭采访

走访贫困户家庭

农舍内与卧室、厕所相隔不远的猪圈

产业园规模化养殖跑山鸡

调研市民对土货的看法

调研企事业团体对土货的态度

以土鸡为例测试市场反馈好的土货

特制臂章式二维码贴纸，方便下单

苕尖作奖品，激发平台下单率

小雨中的地推活动

多学科视角下的乡愁问题研究——以围子村为例

以"再生乡愁"作为研究课题，立足团队一手资料，首先以建筑学科的类型分析工具切入围子村乡情，系统梳理了乡村农居形态特有的空间矛盾与家庭农场经济模式之间的深层关系，详细论证了以围子村为代表的远郊丘陵地区山村，改善人居环境所需的物质条件与非物质条件的关系。其次基于团队在南充市开展活动的结论，为围子村出产农品的市场定位和电商平台建设提出了意见，并立足于实践团队的专业视角，向乡村振兴的各相关主体——政府、电商与高校，从供给侧与需求侧两个层面提出策略与建议，实现三方密切合作，共同为围子村乃至嘉陵区乡村振兴大业添砖加瓦，以期实现真正为农增收、落实国家战略，根治目前乡村的人居环境问题。

基本乡情地图（唐萌 / 陈港回绘）

国家乡村振兴战略的二十字总要求为"产业兴旺、生态宜居、乡风文明、治理有效、生活富裕"。南京大学建筑与城市规划学院赴南充市嘉陵区围子村乡村振兴工作营在暑期重回围子村，为当地政府落实国家乡村振兴战略而调查研究，选择结合新乡情的新课题，开展工作，为围子村继续寻找内生性发展新动力。

调研认为，围子村的青山绿水是它的最大优势与财富。绿水青山就是金山银山，振兴的围子村一定富有生机，充满着理想乡村的原生感。这种和谐的山水人关系，完全符合传统的乡愁"想象"，由此，围子村的发展命题，可以转化为借助重建乡愁的过程实现山村自身可持续发展的策略研究。

"乡愁问题"面对的是微观而复杂的乡村环境，属于以综合治理振兴中国乡村的复杂问题。追究"乡愁"一词的起源，来自当代中国进入快速城市化阶段之后，普通中国人内心深处对简单美好的乡村人居生活的追忆。简单、美好、朴实、亲密的乡村日常生活的场景，是乡愁追忆的核心内容。自然地，乡愁追忆需要一个实在的载体——青山绿水中的生活场景支撑起想象的空间——才能从根本上留得住乡愁。因而"乡愁问题"，可以被转化为再现人民心中美好乡村生活场景的基层治理问题。

落实到建筑学专业，乡村人居环境改善是解决"乡愁问题"的最直接答案。具体而言，农村基层和建筑师，要通过推动关系到千家万户普通农民的乡村人居环境的持续改善，支撑起普通而美好的日常乡村生活场景，来重建普通中国人心中的"乡愁追忆"。

本期的乡愁问题研究工作，通过串联多个学科工具，基于一手农户家庭实地调研资料，重新认识了农村的日常生活空间利用现状，抓住人居问题的空间矛盾，以电商平台为助农抓手，为乡建各主体给出符合实情、具有可行性的策略和意见，协调地方政府落实乡村振兴战略，以求从根源上再生"乡愁"，为祖国乡村振兴大业献计献策。

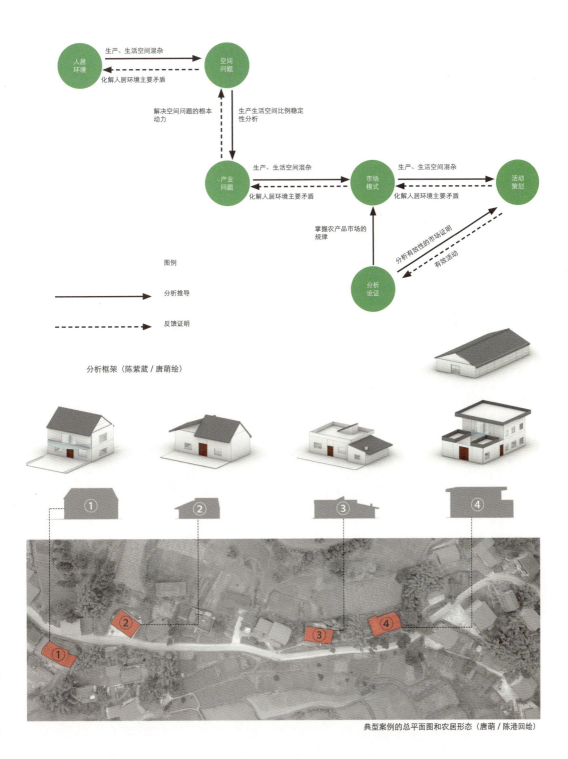

分析框架（陈紫葳/唐萌绘）

典型案例的总平面图和农居形态（唐萌/陈港回绘）

1 建筑学视角的人居情况研究

养猪户之家

贫困户统一改造农宅

围子村工作营开展了广泛的乡村民居入户调研,注意到围子村人居环境中,存在着人居空间与生产空间的关系问题。下面是围子村整体空间属性与形态的调研结论:
(1)围子村是以小农庭院经济为主要经济类型的偏远山村,全村坐落于丘陵地形,坡度较缓,可利用耕地均匀散布在全村各个地点,并以户为单位进行权属确定。
(2)每户的宅基地因农业生产便利性原则,位于自家耕地的附近,方便居所与生产用地之间的联系。农业生产是家庭收入的主要来源,支撑着以户为单位的乡村物质形态现状。
(3)村落整体由于较为独立的各户散布的空间形态模式,户之间彼此边界清晰,可以将村落形态化约为各户人居形态之总和。

基于我们对围子村信息的综合把握,为了以专业视角讨论围子村农居内部的空间问题,我们收集归纳了围子村内具有典型意义的住宅案例,并尝试将其进行命名与归类。通过对比,我们分析了不同类型人居环境空间内所隐藏的主要矛盾,并以此为基础尝试发现相关的现实问题。

①养猪户人家
该农宅属一养猪户人家,人居环境因产业空间的萧条而呈现破败之相。究其原因,该农户的养猪产业溃缩导致居住空间的溃缩,原本设计的大容量人居空间失去户内产业的支撑而衰退,对于户主而言,浪费的空间暂时难以投入使用(生产、生活),形成破败的农村观感,支撑不起美好的乡愁意象。我们把这种原本设计有较高强度的产业空间支撑的人居空间但现状破败的农宅,命名为高人居低生产农居类型。

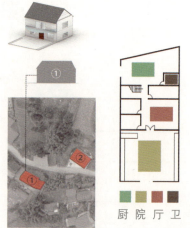
养猪户之家位置和平面图(唐萌/陈港回绘)

家庭情况:三代同堂五口人
空间配置:房屋两层,上层空置,养猪棚空置
生产情况:鸡一只,鸽子四只

②贫困户统一改造农宅
该农宅属一原贫困户之家,在危房统一改造的案例之中,户内生产状态和户内居住条件都处于较低水平,但有趣的是,人畜禽之间的混杂关系反而变得轻微。从外部形式看改造危房,顶部形式

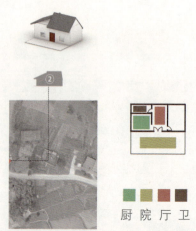
贫困户统一改造农宅的位置和平面图(唐萌/陈港回绘)

多口之户的家庭农场

合作社产业园农居

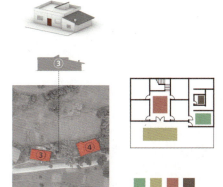
多口之户的家庭农场位置和平面图（唐萌/陈港 回绘）

对应着下部居住空间的洁污分区关系，经过猜想，推测是临时搭建的部分被设计进行永久化的一个结果。我们把这种原本设计就处于较低强度的人居空间和生产空间的农宅，命名为低人居低生产农居类型。

家庭情况：两位老人
空间配置：房屋一层，一间卧室，一前院
生产情况：几乎没有养殖

③多口之户的家庭农场
该农宅属一围子村多口之户，家庭多达五口人，且含中年劳动力。这是一处人畜混杂最为明显的农宅，我们观察到一种在围子村发生的具有普遍意义的在生产与生活之间混杂程度较高的现象：三个居室所承载的人依赖较高的生产水平作为生活支撑，用地的开发强度就变得非常之高，人居空间和生产空间之间的矛盾随之突出而呈现脏、杂、乱的现状，与此同时，户内总用地的面积却又较为稳定，无法用扩展用地的办法处理。空间的紧张状态就表现为人居空间和生产空间的混杂无序。我们把这种处于较高强度的生产空间所支撑的较高强度的人居空间的环境，命名为高人居高生产农居类型。

家庭情况：三代同堂五口人
空间配置：房屋一层，三间卧室，环境卫生差
生产情况：数十只鸡，母猪一头，数十只小猪仔，几只鸽子

④合作社产业园农居
该农宅属鑫光合作社的承包商。这是我们在围子村所观察到的人畜混杂情况最不明显的农宅案例，与上一类案例相比，扩大的用地缓解了人居空间和生产空间的紧张关系，人居空间和生产空间实现了完全剥离。大量的产业用地支撑着整个场地欣欣向荣的场景。我们把这种通过扩大用地面积，缓解产业空间紧张状态的案例，命名为低人居高生产农居类型。

家庭情况：中青年夫妻
空间配置：房屋二层，七间卧室，环境卫生好
生产情况：有独立鸡场和养鱼塘以及果林

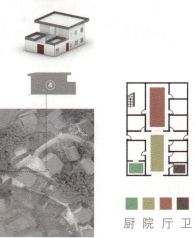
合作社产业园农居的位置与平面图（唐萌/陈港 回绘）

经过比较，我们发现①③是人居空间与产业空间矛盾非常突出的两个案例，②④的问题相对不明显，发生这种情况的原因，可以用生产空间与生活空间比例进行判别。基于土地强度，②④两种生产生活空间处于比较稳定的状态，①③比较紧张。

我们发现，空间比例会随着生活而出现变动，农居又是相对固定的，则生产与生活空间比例的稳定性，成为影响农居的重要因素。对于以户为单位的土地而言，人口数总是相对稳定的，而产业用地的强度，却受乡村外部市场的影响。外部市场的波动，影响着农居内部空间是否处于紧张关系，亦即影响了人居环境的洁净舒适程度。我们可以认为，生产生活空间比例的稳定性，由以户为单位的产业运作现状决定，这直接决定了户内空间是否存在着深层矛盾。

①②③④进行对比，最重要的矛盾正是用地强度不稳定状态下的空间比例问题。如果不处理产业问题，仅仅将人居环境进行简单出新和功能改造，实际上没有解决空间问题，而是暂时性地掩藏了人居问题的深层矛盾。

综合四种农居类型进行对比，可知类型①③矛盾最为突出，也是在人居改善层面可以最先解决的两种类型。其中类型③不仅最为杂乱，同时具备庭院经济的劳动力作为改善自家住宅的动力，有能力实现产业层面的自我完善和自我更新，进而带动户内经济改善，积累人居环境改善所需的物质条件的，亦即有成为"带头人"的潜力。我们下文的经济分析和市场研究，也要围绕类型③为代表的家庭农场经济模式，展开我们的论述。

闲置养猪棚

闲置养猪户二楼

贫困户室外小院

临时搭建

多口之户的室内猪圈

鸡圈

产业园独立养鸡场

鸡棚

2 围子村经济类型现状研究

书记带领营员考察围子村农业经济

生态鱼也是村内较为典型的小型规模经济

围子村位于南充市嘉陵区双店乡西南方向，辖16个村民小组，472户、1546人，辖区面积3.5 km²。围子村以种植水稻、玉米、小麦、油菜等传统农作物为主，养殖有土鸡、跑山鸡、生态鱼、山羊、生猪、中华蜂等。

基于调研小组对当前村社发展状况的认知，以及村民未来一段时间内的发展意愿及生活生产模式探索，可知：围子村现在已有足够的自然、社会、产业资源来发展特色产业模式，应基于庭院经济，在整个村子内打造出一个"小而精细"的产业结构，通过网络平台向外传输小农经营产品和文化理念。以此实现初步的物质积累，逐步更新全村的人居条件。

经若干年发展后，村子整体形象得到一定程度的改善，凭借乡愁及自身优势，在吸引本村劳动力回村的同时也积攒部分村子所直接服务的市场，实现乡愁重建、助农增收的良性互相促进效应。

在未来，围子村的农业产业现状可以走向两种不同的经济类型。规模经济适应传统生产—经销商—零售的农产市场产销模式，扩大生产规模化也是较多地区快速发展农业的有效手段。家庭农场生产绿色蔬菜的条件则更加便利，作物种类多样利于生态环境健康可持续发展，相比而言是一种"小而美"的模式。

目前，围子村的产业经济类型仍以"小而美"的家庭农场为主，除此之外，村内还有部分小型规模经济，其中农产品种植方面主要有鑫光农业合作社承包430亩农业产业园，年产量达2万kg左右，经济树种主要为李子、桃子两类果类。养殖方面，全村养殖面积覆盖160亩，其中水产品养殖面积可达到150亩，山羊和生猪的养殖量可达600余头。

经过调研发现，当地的养殖业相较于种植业可带来更多的经济收入，效率更高。农村合作社及大户之外，散布在绿水青山中的农户们可基本做到家庭吃用的自给自足，甚至有少量农产可充作商品。根据目前养殖业的发展状况来看，围子村"小而美"的庭院经济仍有着发展绿色养殖业的巨大空间。要想保护绿水青山，实现围子村的可持续发展，精准改善人居条件，把"小而美"的家庭农场农产模式发展成为"小而精"的产业模式十分必要。

3 农产品市场分析

基于对农户蔬菜销售情况的采访与对乡镇级别的蔬菜市场的调研，我们不难发现，以往围子村农产经销途径为传统的"生产者—经销商—零售"模式。对围子村而言，以户为单位的庭院经济，由于产量低且不稳，在批发商面前缺乏议价能力，围子村农户的绿色蔬菜价值无法得到充分转化。庭院经济发展面临着巨大障碍，问题的根源在于现有的追求规模化利润的大宗蔬菜市场不利于转化围子村农品的绿色优势。

围子村农户如何趋利避害？只有使供需两侧——农户与城市居民精准对接，庭院经济才有继续发展的可能性。

在个体农户和小型电商的特定客户群体直接对接的思路下，为疏通整个产销渠道，工作营所面对的最新问题是寻找稳定的客户群体。围子村个体户的庭院经济产品特点是质优量低且不稳，相应地，本着消费助农的目标，我们需要明确对该类商品有需求的客户。

尝试描绘目标客户群像之前，工作营一行联系采访了南充部分市民。（受访者包括地中海蓝、明宇·第壹家等高级住宅区居民；部分普通小区居民；大型超市与零售小卖部工作人员；土蜂蜜与有机食品零售店店员……）我们发现，就农产品而言，居民普遍追求价格与品质的平衡，但不同地区、不同时间段、不同年龄的人群需求出现较为明显的分异。而对于围子村，居民所知极少，对于"精准扶贫、消费助农"的概念也不甚了解。

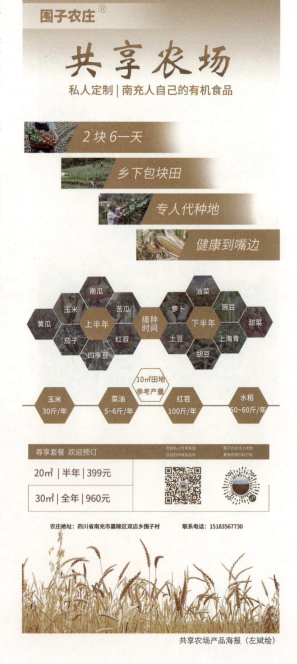

共享农场产品海报（左斌绘）

4 市场测试的类型及目的

在总结以上市场调研的结果后,结合本次工作营"精准扶贫、消费助农"的基本方针与该村已有的"围子农庄"平台,我们进行了"围子农庄"平台的线下推广活动。

我们组织了名为"名校学子,严选土货"的大型农产品地推路演活动,整体愿景是引导居民对"围子农庄"平台本身(包括具体农产品、共享模式)和围子村扶贫情况的关注,初步打造市场和用户基础,进而使严选后的可信赖农户与兼具高品质农产品消费意愿和能力的市民形成链接。2019年7月16日下午搭建地推展台后,分组通过产品宣传和体验吸引消费者,并且引导其在"围子农庄"平台线上下单,通过核验码记录用户信息,形成初步客户群。

在本次活动之外,我们将继续瞄准不同的市场客户群体,挖掘市场需求,确定一条明确的产品路线。为此,我们设计了一批概念产品,并推出了"共享农场"的模式。

精准助农公益海报(左斌绘)

围子农庄地推海报（左斌绘）　　状元蛋产品市场海报（唐萌绘）

5 市场测试结论

"围子农庄"今后的发展道路基本延续为中高端路线,即围子村优质农户提供的农产品以满足南充市民中高端消费需求的路线。鉴于此路线及目前相关组织、团队已有的工作成果("O2O"线上线下联动模式确立、优质农户农产品认证、溯源系统落实、"共享农场"概念、"状元文创+农产品"设计),生产端基本符合愿景,今后平台的目标应侧重用户与推广两大层面,分别优化。

在用户定位层面,致力于前期引导关注,初步形成用户基础→进一步筛选高品质消费者,精准构建与农户的直接联系→通过稳定消费者推广平台,扩大消费群。

在推广策略层面,以"小而精""更小更精"为平台宣传点,强调平台及产品"健康""品质""精致"的特点,以切中高品质消费目标,实现宣传与产品优化的同步进行。

地面推广的形式本身,亦有可改进之处。"围子农庄"所服务的人群实际最大特点是对"质"的高要求,然而商品对自身品质的验证是一个长期的过程。一笔交易从开始到完成,需要经历信息流传递与物流传递的时间差。一方面,由路演结果推知,这样的消费者可能未被南充食品市场进行深入归类和挖掘,另一方面证明质量需要和客户的深度访谈以清晰表达监督信息。

室外路演可以如下三个方面进行改进:
第一,推出一款拳头产品,形成针对特定人群的用户重点,确定品牌形象。
第二,争取更多力量帮助平台与客户进行充分、深入的交流。
第三,按人群划分不同的活动场所,进行精准营销。

6 基于技术人员视角的政策刍议

围子村应脚踏实地,在当前发展阶段应继续根据自己的条件,在维持自身生态环境良好的前提下,实现从输血到造血的可持续健康发展。要实现"小而美"到"小而精"的市场运作模式转变,可以分别从供给侧和需求侧寻找乡村发展的内生动力源泉。

相应地,不同的乡建主体,都要从基层组织与电商平台两个角度改善条件。

(1)政府
为解决小而精运作模式的供给侧质量问题,从基层组织建设的层面上,村民委员会可推出实名推荐奖惩机制如美德积分评价体系,以此控制生产质量,这是必要之举措。同时,应将乡村工作重心放到用地处于紧张状态的农户上,以挖掘村域现有的闲散劳动力资源,释放产能与改善人居环境相结合,引导农民奉公好德,走致富之路。

同时,为解决需求侧问题,政府帮助农户通过电商平台精确对接富裕城市家庭,以市场手段如"共享农场"为抓手,从优订货,引导城乡供需精准对接,将精准扶贫行动从政府行为变为社会公序良俗之一,使扶贫公益变得更加长效可持续。

(2)电商平台
供给侧层面:
①努力实现产地的本地化,帮助村民委员会不断地优化自身供给质量。
②电商平台直连农户与客户,应疏通信息流,为城市居民与农户的精准对接提供必要条件。
需求侧层面:
电商平台要以创新产品挖掘潜能,带动供给侧发展,做小而精的乡村电商。

(3)高校
高校的课题研究宜更加结合服务于地方发展的社会实践活动,通过乡村振兴促进高等院校的产学研一体化。
发挥高水平研究性大学的作用,发现乡村发展所面临的跨学科问题,深入推进校地合作长效机制,培养人才,在乡村振兴的个案中作为基层政府和小型电商的支援力量,提供村社组织以必要的智力资源。

状元蛋产品包装设计(唐萌绘)

7 后记

本文是2019年暑期南京大学建筑与城市规划学院赴南充市嘉陵区围子村乡村振兴工作营团队全部实践活动成果的智力结晶，也是我们整个团队的友情见证。笔者还记得全营团队在围子村深受乡村实情的震撼而泪如泉涌，也记得本文基本脉络被理清时的欢声笑语和掌声雷动。

本工作营特别感谢黄华青老师对工作营运作的大力支持，黄华青老师给予营队极高的工作自由度，为工作营主动适应乡情、设定目标提供了可能。感谢白丰一先生和张朋先生，作为我们团队的合作方，为我们的地推工作做了关键的技术指导和电商平台支持。更要感谢工业和信息化部下派的驻村帮扶干部廉志鹏副书记，感谢廉副书记对工作的支持，其实干态度和工作投入度的榜样作用，使得冬夏两期工作营的成果各有所长，也让围子村成为众多学子们的乡愁之源，建立了各方乡建人的情感纽带。

感谢南充市嘉陵区委区政府、双店乡党委政府以及围子村党支部和村委会对乡村振兴工作营的指导和支持。工业和信息化部挂职扶贫干部、嘉陵区委副书记张正多次到现场看望慰问工作营师生，张正副书记与区委郭红英常委多次聆听工作营研究成果汇报，并提出宝贵意见和建议。双店乡党委书记杜鹏和乡长张勇，多次到现场帮助工作营丰富完善调研，提出许多好的思路与意见。感谢南充电视台对我们活动的报道。

感谢南充市所有受访对象对我们问题的认真解答，他们有公司经理、创业人，也有个体业主、普通住民。由衷感谢南充天下网络发展有限公司的钟肇新先生与四川挚友软件有限公司的周晓华女士接受我们的访谈。感谢我们地推活动的所有消费者们和咨询者们，你们用行动为乡村建设出了一份力，告诉我们工作的希望何在。

最后，感谢围子村党支部副书记张维、陈顺花女士（我们称为嫂子，张维副书记爱人）与我们同甘共苦，在村里照料全团同学的生活。感谢围子村的所有村民，你们是我们最坚实的情感支持，也是我们忘情工作的全部缘由。你们的热情接待，你们的努力生活，让我们有了家的温暖，有了家的思念，围子村是我们大家共同的家！希望你们在未来都能以勤致富，过上更加美好幸福的生活！

2019年夏季围子村营谨志，并献给美丽的围子村
围，明天见
2019/9/22

全家福
自左至右：左　斌　杜诗琦　丁宇涵　杨嘉惠　陈紫葳　陈港回
　　　　　吴秋婷　李　玥　赵岩松　唐　萌　廉志鹏

公益海报设计

进山路看蜂场

大地母亲与她的孩子们

线上预热公益海报：围子村的土狗围围与它的主人（左斌绘）

围子物语系列图案文创设计——书签（陈港回绘）

摄影作品

《笑容》
摄影：陈港回

《窗》
摄影：黄华青

摄影：王文澜

崖下生花，花生高崖

高崖村乡村振兴工作营

乡村印象

高崖村位于山东省枣庄市店子镇南部，南与冯卯镇黄家安岭村接壤，北接店子村，东邻安岭村，全村512户2637人，全村面积4590亩，耕地面积1998亩，属于典型的农业型乡村。

该村原址在原安陵村西1 km处，1958年兴建岩马水库，村庄迁到北部高地（现址）；原有观音庙，在该村原址西北，大殿六间，东西配房各三间，南配房三间，石碑三通，古柏树数棵。因岩马水库蓄水，寺庙随之拆掉。由于在原址历史时间较长，拥有历史文化资源，搬迁过后，缺少相关历史资源。

作为历史文化相对较少的搬迁村，高崖村代表着中国最普遍的典型农业乡村形象。如何对这样一个村庄进行改造，挖掘其中的资源和发展潜力，成为考验工作营队员们的最大问题。队员们在调研中体验和思考，寻找乡村产业发展突破口，提升高崖村内生动力的有效方法。

村庄信息

村庄地点：山东省枣庄市店子镇
村庄方位：E 117°2′，N 23°12′
村庄人口：常住人口2637人
主要产业：农业种植、农产品初加工

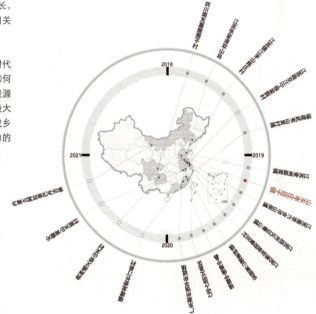

工作营所在位置

实践信息

工作营员：邱瑞祥 刘沅沅 王雪梅
　　　　　蒋欣怡 李民健 于昕彤
指导教师：于　涛
实践时间：2019/8/13—8/23

101

教师点评
店子镇乡村工作营

于涛

乡村振兴是党的十九大提出的一项重大战略，是实现全体人民共同富裕的必然要求，也是当下城乡规划学科研究的热点问题。投身乡村振兴工作，研究乡村振兴的理论与实质，探索乡村振兴的基本规律与模式，是每一个规划人当下的责任与使命。

本次乡村振兴工作站设立在山东省枣庄市店子镇高崖村，这是一个典型的库区搬迁村，人文自然资源禀赋一般，属集聚提升型乡村，呈现典型的华北平原村落空间布局形态。本站主要基于产业策划、文化挖掘、生态保护、乡村治理和空间提升等多维度视角开展该村的乡村振兴工作，试图探索出此类乡村"精明收缩"式的发展新路径，从而为其他同类型乡村的发展提供重要参考。

短短的两个多月时间里，本站按计划顺利完成了对高崖村资源整合、发现策划、空间布局、户厕改造等一系列任务，并且多次与地方政府沟通，及时调整规划方案。在同当地不断交流的过程中我们感受到了村民与村干部对于乡村振兴的强烈诉求和渴望。因此，今后我和同学们会持续跟进高崖村乡村工作站的各项工作，为早日实现高崖村的乡村振兴目标而不懈努力探寻村产业发展的突破口和提升高崖村内生动力的有效方法。

乡村风貌

眺望远山

村口石磨

乡间动物

调研途中

座谈会议

挂牌仪式

访谈交流

晨曦理荒秽，戴月荷锄归。书中朴实简单的乡村生活往往令人神往。走入乡村，感受乡愁，用自己专业所学为乡村带去新的变化，是我们参加本次活动的初心与动机。

步入新时代，随着乡村振兴战略的提出，书中的简单农耕生活已经无法再满足当代村民的需求。村民对美好生活的向往和实现城乡共同富裕的目标驱动乡村进行转型，因此为乡村选择适合自身的发展路径，是本次活动的首要任务。

在这短短的两个月时间里，小组成员不仅针对乡村空间改造提出了设计方案，还放眼乡村未来发展。通过对高崖村进行现场走访与问卷调查，深入剖析高崖村现状的优势与劣势，从产业、社会、环境、乡村治理等多维度为高崖村制定发展策略，受到了地方政府的好评。

与此同时，在这两个月里小组成员也与高崖村结下了深深的情谊。不仅饱览北方石头山的豪迈，也体会到了山东人的热情；不仅留恋岩马水库的广阔，也感受到了高崖村人对于乡村发展的投入。如王国维人生三境所说，大事业难以一蹴而就，乡村振兴工作亦是如此，希望我们能在未来与高崖村一同成长，最终实现高崖村振兴的目标。

相见时难别亦难，高崖村，期待与你再会。

1 现状分析

区位分析图（邱瑞祥绘）

自然资源：

岩马水库位于高崖村南部，有河道穿过村庄；高崖村西临莲青山省级地质公园和敖子山，有丰富的石材资源；高崖村背山面水，拥有优美的自然景观。

交通状况：

滕平路（241省道）穿过高崖村，对外交通较为便利；两条公路连接村镇和农田，方便生产活动。

资源分析图（邱瑞祥绘）

GIS分析

建设潜力分析：

高崖村临近省道，交通便利，距离周边村子大约10~15 min车程，距离滕州市约40～50 min车程。但建设潜力一般。

地形起伏度分析：

高崖村村内地势起伏，但总体高度变化不大，地势总体较为平缓。

道路分析图（邱瑞祥绘）

坡度分析：

高崖村总体坡度平缓，极少部分道路坡度较大。

建设潜力分析图（邱瑞祥绘）

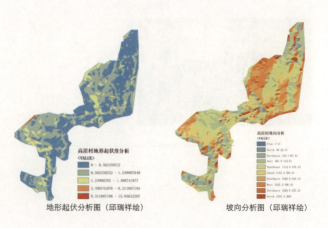

地形起伏分析图（邱瑞祥绘）　　坡向分析图（邱瑞祥绘）

建筑质量：

多数建筑质量良好，部分院内存在单个质量中等的房屋；田间存在部分质量较差的房屋。

总体上西高崖建筑质量略优于东高崖。东高崖破败建筑的数量相对较多。

村庄内建筑一层居多，二层建筑多沿滕平路建设，村庄内部零星有几栋二层楼房建筑，未成体系。

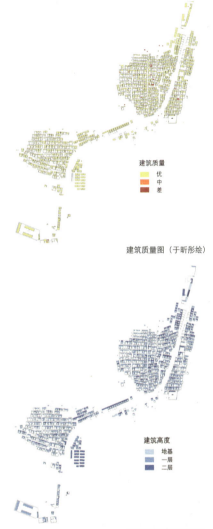

建筑质量图（于昕彤绘）

实地调研：

团队从7月22日开始进村入户进行调研工作，针对个别有价值村民进行单独约谈，通过口头交流、队员代笔的方式填写问卷，共计回收有效问卷50份。

在驻村干部和村会计的协助以及参与下，团队邀请到了高崖村里的一位种植大户和一位民营企业家，在村委会共同举行多方座谈会，了解多方的想法和发展意见。

队员进行了实地走访考察，发现了村内存在道路硬化不足、道路坡度较大、道路绿化情况不佳、建筑老化、建筑墙体涂刷广告等问题。

建筑高度图（于昕彤绘）

现场调研（于昕彤/蒋欣怡/李民健摄）

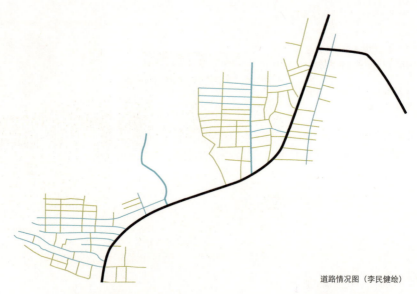

道路情况图（李民健绘）

道路现状：
西高崖的路面硬化（蓝线标示）比例更高，但东西高崖都存在不成环路的问题，影响内部交通效率。

村容村貌：
优势：
荷塘景色：村内桥旁有长满荷花的池塘，水质较好，景观性较强。
田间作物：村内整体土地利用率较高，作物种植种类多样，以花生、地瓜、春雪桃为主。
房屋外观：房屋外观以水泥墙面为主，灰墙配合红色瓦顶，院内有二层天台可以晾晒作物。
房屋结构：部分房屋以石块砌墙，取材自本地，显得活泼质朴，应作为地方特色要素之一加以保留修缮。
劣势：
道路高差：东高崖西侧主道由于岩石地形影响高差较大，道路通行不畅，且为断头路。
沙土道路：村内还存在大量道路没有完成硬化，存在道路扬尘和通行不便的问题。
墙体广告：居民房屋的墙体上刷有各类小广告，影响村内建筑美观。

村庄自然风貌图（于昕彤绘）

基础设施分布

基础设施分布:
公交车站 6 处。
公共垃圾桶若干,主要沿滕平路布置。
小学 1 处,但计划搬迁。
商店 5 处,主要经营生活用品供村民及来往司机消费。
体育设施 1 处,但是条件恶劣,无人使用。
北端有汽修厂 1 处。

基础设施(于昕彤 / 王雪梅 / 李民健摄)

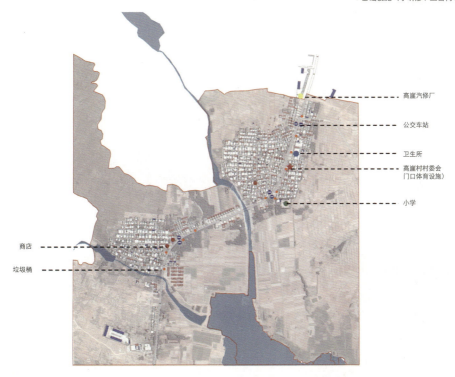

高崖汽修厂
公交车站
卫生所
高崖村村委会门口体育设施)
小学
商店
垃圾桶

公共服务设施图(于昕彤 / 蒋欣怡绘)

107

问题总结

产业加工初级，发展路径单一：
问卷分析结果显示，受调者家庭收入主要来源是务农或从事和农业相关的其他活动，而主要来源是商业的受调者不足二成。结合团队进行的实地走访调查，可以清晰地得到判断：目前当地主要依靠第一产业，缺乏具有一定规模性的第二、三产业。

高崖村的耕地以沙土地为主，目前主要种植花生、地瓜、玉米、春雪桃等作物，人均耕地面积不足半亩。由于耕地少、土质差，且村民出售的大多为产业附加值低的未加工新鲜农产品，村中以务农为主的村民长期处于低收入水平——调查显示家庭年纯收入达 2 万元的村民仅占 18.18%。

同时，村中的耕地流转情况较少发生，意味着在村镇甚至更高级别形成规模经济与集聚效应。目前，在村镇一级形成规模的农产品加工企业仅有莺歌、元丰等极少数；以服务业为主的第三服务业则更为稀缺。第二、三产业的发展离不开人的回流，且在发展的过程中也将促进人的回流，但若得不到合理的助推启动，这紧密联系的两者往往将互为桎梏、停滞不前。

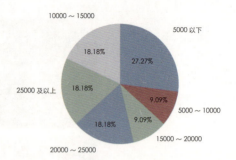

家庭收入分析图（邱瑞祥绘）

本村就业困难，人才难以回流：
除了入户对村民进行调研，团队还组织了三场针对不同群体的访谈。无论是村会计和驻村干部，还是本村的种植大户和民营企业家，他们对于乡村未来发展存在的一大瓶颈提出了自己的担忧——即"人"，尤其是高学历高水平的人才。从作物种植、机器转动、企业运营到乡村振兴、城乡发展，人才必不可缺，其发挥的作用也至关重要。然而在城市的虹吸效应下，包括人才在内的各项要素仍然在源源不断地流向城市，在城乡二元结构仍未得到根本瓦解之前，如何使人才回到乡村成为一项重大的挑战。

人才回流的问题在村民身上得到了同样肯定的回应，调查数据显示，超过 50% 的受调者认同"人口外流是本村产业发展需要解决的核心问题"这一观点。通过与村民的访谈，团队了解到外出务工的主要原因是寻求较高的收入水平，部分村民表示，如果收入水平相当甚至稍低，将考虑回乡工作的可能。

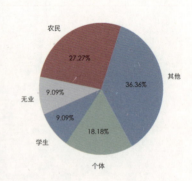

职业构成分析图（邱瑞祥绘）

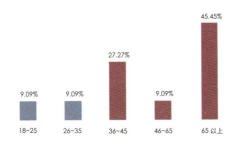

年龄结构调查分析图（邱瑞祥绘）

内生动力不足，自主建设意愿低下：
通过对上述问卷的整理分析，团队发现目前村民整体表现出人口年龄结构老化、普遍文化程度较低这两个显著的主要特征。数据显示，超过45%的村民为65岁以上的老人，且仅有9%的村民文化程度在大专及以上。由于村中以中老年为主（且文化程度不高）、平时年轻人大多外出务工，乡村缺乏新鲜的血液和能动的人，其内生动力明显不足。同时在这一过程中，乡村本身对于外出务工的村民的意义也在被不断削弱而至于仅仅作为栖脚之地，因此村民自身自主建设乡村的意愿也不高。问卷显示，愿意投入一定资金以改善自身居住环境的村民不到一成。

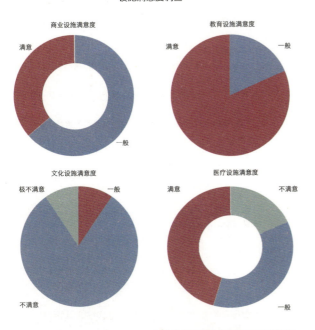

设施满意度调查分析图（邱瑞祥绘）

基础设施服务能力低下：
通过对村内基础设施的满意度调查可以发现，村内居民对村内的教育设施和医疗设施总体较为满意，对于商业设施总体满意度一般。但对村内文化设施极度不满意，这是因为高崖村目前缺乏公共活动空间，唯一的一处公共活动空间位于省道旁边，且器材设施老化，存在极大安全隐患。村民缺少公共活动空间，村民相互间走动受到限制，导致村内整体活力不足。

2 产业规划

现状概述：

第一产业主要为农业种植，产业规划程度低。高崖村里的耕地以沙土地为主，目前的主要种植作物为花生、地瓜、玉米、春雪桃等，人均耕地面积不足半亩。村里的耕地流转情况较少发生，多为村民自己种植作物并出售未经加工的新鲜农产品。由于耕地少、土质差、产品附加值低，在村务农的村民收入长期处于低水平，且农业经济脆弱性明显。
第二产业、三产业主要为花生、红枣精加工产业，有一定产业基础。村镇上的"长红"牌长红枣、"莺歌"牌花生酱、"元丰"牌花生油，获得了国家商标注册和绿色食品认证，经济效益可观，在未来可成为高崖村产业发展的切入点。

产业SWOT分析：

S 发展优势
宏观区位：位于济宁、枣庄、临沂三市交界，滕平公路贯穿，区域交通便捷。
特色产业：特色作物种植有花生、地瓜以及春雪桃。
旅游资源：高崖村西依莲青山，内有一地质公园，南抵岩马水库，东部有莲青湖湿地公园，村庄周边山水旅游资源丰富。
人文风貌：村庄民风淳朴，村民热情好客，具有较好的人文基础。
文化资源：从自然资源到村庄建设、居民生活，石文化融入了高崖村的生产生活，是具有社会凝聚力的文化资源。

W 发展劣势
基础设施：沿村干道基础设施较好，村庄内部存在主要街道硬化、电网老化、夜间亮化、垃圾处理等问题。
公共空间：村内公共空间缺失，未能满足村民日常需要。
生态环境：村庄水污染较为严重，村民饮水工程亟待解决。
社会结构：高崖村面临空心化、老龄化，村庄建设缺少劳动力支持。
经济建设：集体经济薄弱，留村村民以低效传统种植为主，产品附加值较低，产业发展滞后。
历史资源：高崖村为库区移民村，原址历史遗迹拆除，现址历史较短，缺少可利用历史资源。
文明建设：村民集体意识、责任意识较为淡薄，文明建设亟须改善。

O 发展机遇
政策支持：乡村振兴战略规划，可积极申报相关建设项目实现高崖村未来发展。
资金支持：市派书记驻村带有一部分启动资金可用于村庄前期基础设施改善。
领头效应：村内食品加工大户意愿在合理发展计划条件下参与推动高崖村产业发展。
信息资源：信息化、智能化的发展为村庄对外推介提供丰富平台。

T 发展挑战
建设用地：用于发展村庄产业的建设用地空间从何处划拨需待上级政府与市场相关者再讨论商议。
产业配套：高崖村食品加工产业配套尚不成熟，难以形成精加工与物流一体化发展产业链，产业联动发展尚待商榷。
优势打造：高崖村周边村庄已有依托当地优势资源建设美丽乡村的先行者，作为经济社会建设相对较落后的弱势村庄竞争优势尚不突出。
村庄吸引力：村庄现有发展条件难以吸引外流劳动力、外村劳动力驻村发展。

产业资源现状（王雪梅摄）

发展论证

发展定位：
通过对高崖村进行历史及现状分析，发现其自然资源禀赋一般，生态环境保持良好，历史文化较为匮乏，基础设施有待完善，交通条件得天独厚，拥有个别特色农产品，其中花生产品具有一定产业基础，因此高崖村的建设发展适宜走以产业发展实现乡村振兴的道路。

发展目标：
至 2035 年（近期）：
基本完成闲置宅基地征用，完成用地被征村民集中安置，成立村民经济合作组织与龙头企业建立合作。基本完成电商系统的构建，建立首批花生产品加工厂，产房面积不小于 1 万 m²。

至 2050 年（远期）：
基本建立较为完整的花生产业链，完成员工住宿等配套设施建设，拥有至少一个高崖村特色花生产品品牌，建立至少一个农贸市场，引入科研机构不少于两家，至少与两所学校合作，建立花生教育基地，至少每年举办三次花生节。

发展可行性：
高崖村周边其他村镇大多种植花生、地瓜。但花生、地瓜种植面积小，多为直接对外销售鲜地瓜，没有产业基础。而店子镇上有生产花生酱的莺歌食品有限公司、守信花生米加工厂、花生油坊等花生产业基础，因此可将花生这一具有发展潜力的产品作为激活高崖村未来产业发展的触媒。

发展路径：
熊彼特创新理论指出，创新是经济增长和发展的动力，没有创新就没有资本主义的发展。龙头企业若要保持持续发展的动力，就需要在产品、技术、市场、资源配置、制度等方面不断创新。同样，地区经济的发展也需要积极创新，不断寻求新的经济增长可能性。由此便可建立高崖村与龙头企业的合作，寻求合作共赢的发展机会。

店子镇上有许多小型花生作坊进行花生初级加工并零散经营，产品附加值低，总体效益低下。镇上有枣庄龙头企业莺歌食品有限公司长年生产花生酱，已形成一定的品牌效应，但产品种类单一、缺乏创新，亟待寻找新的增长点。店子镇长红枣曾红极一时，但近年来已受到新疆大枣的冲击，长红枣产业日渐衰弱。

高崖村现已有村民闫吉芳在村内办有元丰食品厂，其生产的花生油已取得绿色食品认证，但还未通过国家 QS 认证，因此其销售范围主要还在枣庄市及其周边地区，并未能走出去。村集体应积极鼓励类似村内大户牵头兴办村内企业，在合理范围内给予政策及资金支持，带动高崖村经济发展。

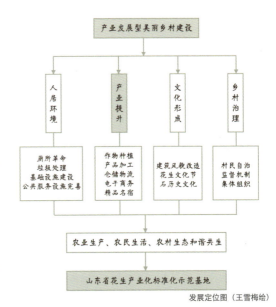

发展定位图（王雪梅绘）

发展路径图（王雪梅绘）

产业资源现状（王雪梅摄）

111

产业理论：

微笑曲线

施振荣1992年提出著名的"微笑曲线"理论，后加以修正推出"产业微笑曲线"。该理论指出产业若想持续发展与永续经营，需不断往附加值高的区块移动与定位，即研发和销售两个区块。高崖村的产业链条后期定会受用地、人口等因素的限制，产业重心将会向其中某些环节倾斜，彼时更应抓住其特有的交通优势，发展仓储物流、电子商务等销售服务环节，并打造地方花生文化，形成地方特色。而产业链其他环节可转至周边其他村镇承担，实现区域经济共同发展。

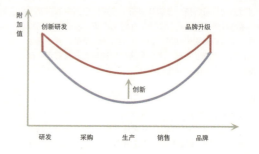

微笑曲线（王雪梅绘）

钻石模型

波特钻石模型由哈佛商学院著名战略管理学家提出，用于分析一个国家某种产业如何形成整体优势，因而在国际上具有较强竞争力。此模型后也大量应用于分析某一地区某种产业如何具有较强竞争力。因此将钻石模型用于分析高崖村（店子镇）产业链建成后是否具有产业竞争力。

政府：产业自有其内在发展动力，政府不能过分干预，但可以在政策上为当地产业发展提供助力，鼓励当地人返乡就业，同时吸引外来人员到此工作创业。

机会：我国社会发展已进入新时期，人们对美好生活的需要日益增长，更加追求食品的安全与质量，此时研发一批优质营养花生产品为明智之举。

生产要素：拥有适宜花生种植的沙土地，交通区位优越，村内有闲置用地可用于产业开发，有一定的产业基础。

需求条件：当地及周边地区的人喜爱食用花生油，且对其品质有较高要求。国内、国外（如日本、韩国）对花生休闲食品及高蛋白花生产品有大量需求。

同业竞争：店子镇形成了完整的花生产业链，拥有当地特色品牌，且通过合理营销手段打开了知名度，满足不同地区、不同层次消费者的需求。

支持性产业：经过多年积累，店子镇已拥有各类花生产品加工厂、电商运营区、各级花生产品交易市场以及发达的仓储物流产业，支持产业链的运行。

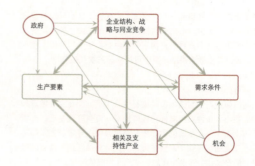

钻石模型（王雪梅绘）

周边情况图（邱瑞祥绘）

产业链延伸

产业链图（邱瑞祥/王雪梅绘）

产业治理模式

现状问题

责权落实：第一书记与原村书记责任重复，责权划定模糊。

经济建设：村财务决策管理非公开透明，经济建设相对消极，对于农村经济组织的培育积极性不高，集体经济发展滞后。

监督机制：村庄治理自上而下，缺少村民集体组织对于村务工作的监督。

单主体治理：高崖村现有治理机制仍是政府承担主要责任，"等、靠、要"仍是村庄建设的主要现状，村民自发建设的积极性和能力缺失，内生发展动力不足。

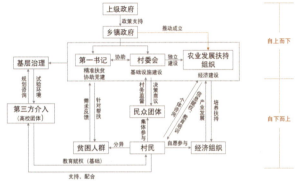

治理模式图（刘沅沅绘）

产业活动设计

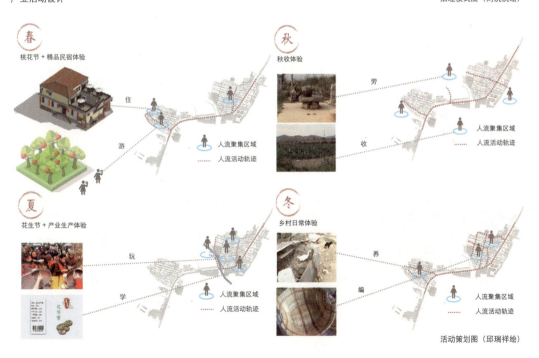

活动策划图（邱瑞祥绘）

113

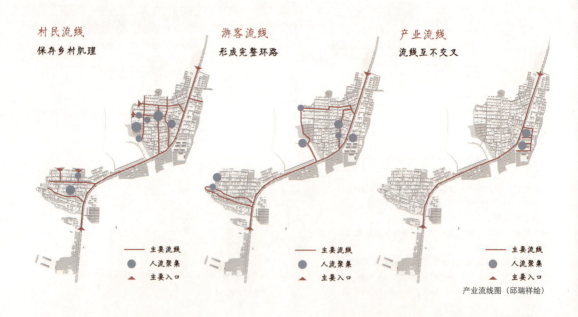

产业流线图（邱瑞祥绘）

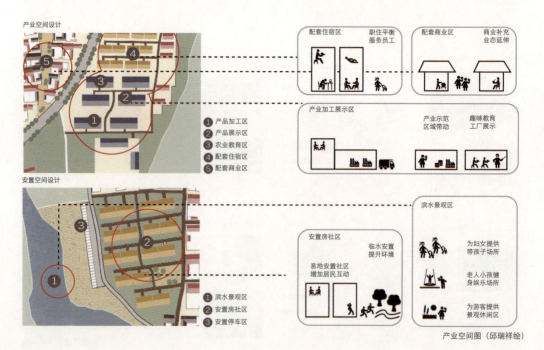

产业空间图（邱瑞祥绘）

114

3 空间规划与分析

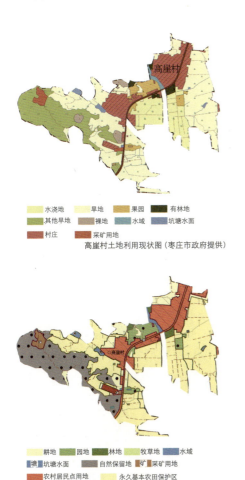

高崖村土地利用现状图（枣庄市政府提供）

高崖村土地利用规划图（枣庄市政府提供）

规划设计理念

对高崖村进行规划设计的一个重要限制因素是可利用建设用地资源的紧缺，在此前提下，我们在高崖村规划设计中引入乡村触媒理念。

点触媒：通过文化休闲广场的规划以及特色民宿建筑的改造优化乡村节点空间品质，从而激发村庄发展活力。
线触媒：以休闲商业街及滨河带状休闲空间等对村庄活力激发发生作用，辐射带动线性空间的品质提升。
面触媒：片状开发特色产业区，从而对整个村庄发展共同产生触媒作用。

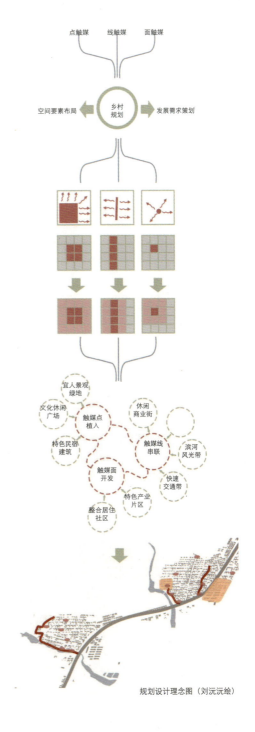

规划设计理念图（刘沅沅绘）

115

空间规划

在尊重土地利用规划与适度开发的前提下，对高崖村的道路进行了系统梳理，优化公共服务设施供给并选择局部节点进行开放空间设计，置换打造产业空间，创建宜居品质乡村。

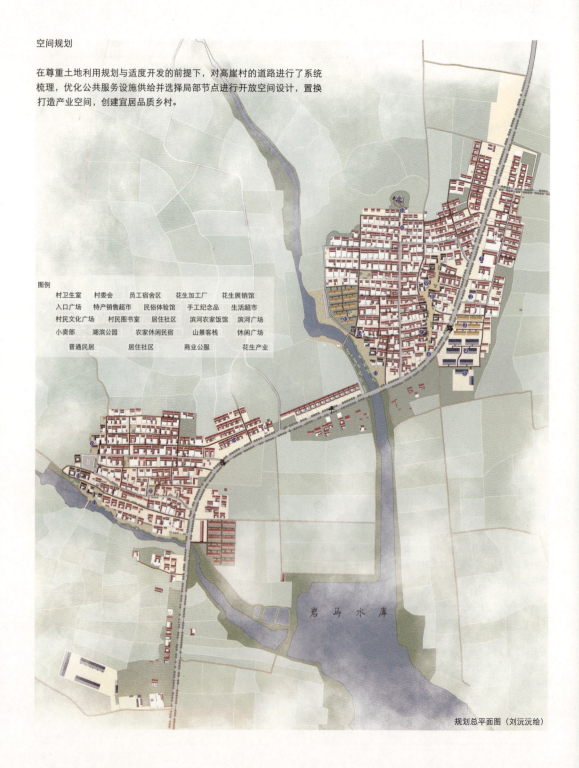

规划总平面图（刘沅沅绘）

功能分区

民居片区：在规划设计中保留的原有居民住房。
居住社区：集中安置的农村居民社区点。
民俗体验区：以特色产业、本地文化景观资源为依托打造的商业休闲片区。
加工厂区：花生产业发展片区。

道路系统

梳理现有道路网络，以滕平路省道为连接线，形成车行主要道路—次要道路—人行街巷道路三级道路体系，优化村庄道路连通性与系统性。

景观系统

沿省道优化沿街绿地景观空间，打造主要交通景观轴线；
结合绿地广场打造生态景观节点，串联形成村庄主要景观轴线；
结合村庄主要水系打造丰富滨水游憩空间，形成品质化滨水景观轴线。

功能分区（邱瑞祥/刘沅沅绘）

道路系统（邱瑞祥/刘沅沅绘）

景观系统（邱瑞祥/刘沅沅绘）

村庄建筑保留

保留品质较好的民居建筑，结合村庄商业、旅游业发展策划对部分民居进行适度改造以适于民宿、店铺功能需求。适度整合建设用地用于发展村庄产业，从而实现带动村庄经济发展的目标。

村庄建筑保留（刘沅沅绘）

公共设施分布

优化村庄公共设施供给，增设垃圾投放点与公厕，优化村庄卫生环境；选取合适的开敞空间打造经济型文化休闲广场，丰富村民活动空间；置换建设公共图书室，丰富村民精神文化生活。

公共设施分布（刘沅沅绘）

村庄鸟瞰图（于昕彤绘）

4 建筑设计

现状景观（王雪梅摄）

村民文化广场设计

通过调研发现，村里缺乏用于村民休闲与交流的公共活动空间，且村内已计划建设村民文化广场。

村内荷塘边有一块平坦的玉米地，水岸已建起近1m高的石堤，将U形玉米地围合起来，天然的围合感为广场建设奠定基础。

广场铺地以及景观设施取材当地特色材料，以石头、木材为主，具有本地特色，呼应当地石文化，且造价较低。

木材搭建矩形舞台，用于举办村内中小型公共活动，加强村民交往，丰富村民休闲娱乐生活。

广场设计效果（王雪梅绘）

119

景观街道设计

东高崖只有一条主街进行了水泥硬化，却是一条断头路，计划整治村内一条状况较差但宽度较大的道路，连接到主街形成环路，改善村内交通。同时将这条道路设计成为具有观赏性的景观道路，为未来可能的旅游发展做小小的触媒，也可做村民公共活动空间。

道路现状（王雪梅摄）

利用原有地形高差，进行高差分级，创造有层次、有韵律的街道空间。以当地石材作为街道铺地材料，将建筑立面进行简单整治，增设坐椅、路灯等设施，创造良好的公共交往氛围，为村民提供公共交往空间，也为外地游客提供观赏空间，初探村庄旅游发展潜能。

道路改造图（王雪梅绘）

当地民居形式

高崖村居民住宅多为院落式，围墙将每一户隔开，并与U形布局的房间围合出较为宽敞的庭院。主屋高二层，两侧厢房为一层，屋顶用于晾晒作物。

庭院外有宅旁绿地，种植蔬菜或者其他植被，乡村特质显著。

当地民居（王雪梅摄）

宅旁绿地（王雪梅摄）

当地建筑立面

当地建筑大多为砖结构坡屋顶式房屋，表面刷水泥抹灰，缺乏特色。部分墙面喷有小广告，影响整体建筑风貌。

部分房屋为石砌建筑，用于砌筑房屋的石块多种多样，有毛石乱砌而成，有条石叠砌而成，有多色石块混合砌筑而成，也有少数为裸露红砖砌成，颇具地方特色。

建筑立面（王雪梅摄）

民居改造

部分民居濒临水边，旁有园地，景观较好，且为石砌建筑，颇具地方特色，具有开发精品民宿的潜力。若在高崖村临水一侧开发民宿，出可欣赏山水景观、体验务农乐趣，入可栖息于宜人空间，感受自然与人工之结合。

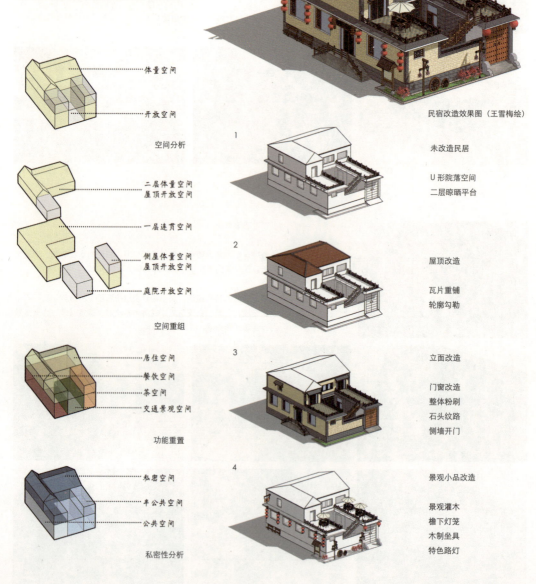

民宿改造效果图（王雪梅绘）

空间分析：体量空间、开放空间

空间重组：二层体量空间、屋顶开放空间、一层连贯空间、侧屋体量空间、屋顶开放空间、庭院开放空间

功能重置：居住空间、餐饮空间、茶空间、交通景观空间

私密性分析：私密空间、半公共空间、公共空间

1 未改造民居
U形院落空间
二层晾晒平台

2 屋顶改造
瓦片重铺
轮廓勾勒

3 立面改造
门窗改造
整体粉刷
石头纹路
侧墙开门

4 景观小品改造
景观灌木
檐下灯笼
木制坐具
特色路灯

微更新设计

实地调查访谈发现，村中极度缺乏文化设施，因此在村民文化广场上做一微更新设计，结合图书自助借阅、绿植观赏、休憩坐具为一体，为村民提供文化与休息空间，同时也成为一处精神空间。

此设计全部由玻璃和木材建成，将乡土性与现代性融为一体。

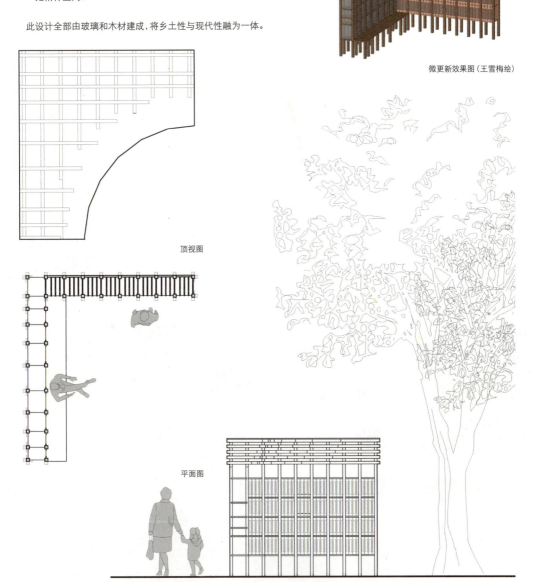

微更新效果图（王雪梅绘）

顶视图

平面图

立面图

5 厕所设计

调研背景

习近平总书记强调"小厕所，大民生"的厕所革命；
自2017年开始，枣庄市山亭区逐步开展农村无害化卫生厕所改造活动；
高崖村2018年进行了厕所改造的系列工程。

问题梳理

公厕内部卫生条件较差，有明显的异味、蝇虫；
缺少粪便处理装置；
取消村内原有公厕时，未考虑村民需求；
公厕长期处于无人管理的状态；
户厕普遍通风、照明不良，缺少清洁工具。

高崖村区位图（李民健绘）

既有改造

拆除村内原有的公厕（旱厕）两处；
村委大院内的厕所外接屋顶水箱实现冲水；
滕平路以西靠外侧的农户家中的传统旱厕改造为新型粪尿分集式厕所。

未改造旱厕外景（蒋欣怡摄）

村委公厕外景（李民健摄）

未改造户厕内景（刘沅沅摄）

未改造户厕内景（于昕彤摄）

村委公厕内景（李民健摄）

户厕改造后内景（蒋欣怡摄）

村民呼声

我们与村民中的不同群体都进行了交谈，归纳提炼出他们各自的关注点和利益诉求。

设计理念

绿色：生态造绿水，设计归自然
经济：材料取当地，村民共参与
地域：用材符传统，外貌合景观

存在问题

粪尿分集式旱厕使用不便，环境差；
原有井水污染严重，庭院井处于闲置；
储物空间较少，杂物堆放庭院；
空间利用率不高。

村民呼声（蒋欣怡/李民健绘）

户厕改造

粪便无害化处理；
旱厕改造，使用冲水；
增加储物空间，恢复庭院整洁；
整合空间，提高空间利用率

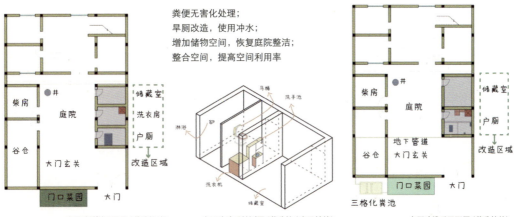

户厕改造前平面图（蒋欣怡绘）　户厕改造后轴测图（蒋欣怡/李民健绘）　户厕改造后平面图（蒋欣怡绘）

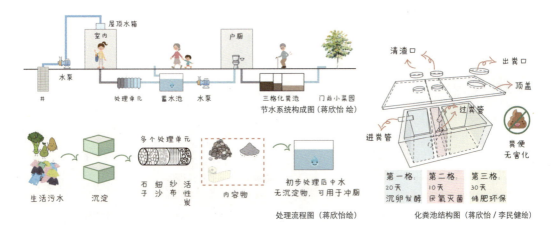

节水系统构成图（蒋欣怡绘）

处理流程图（蒋欣怡绘）　化粪池结构图（蒋欣怡/李民健绘）

公厕设计

综合布点

综合布点图（李民健绘）

根据实际需要将公厕分为广场公厕和田间公厕两种类型，并分别进行设计。

广场公厕选址位于高崖河畔的村民活动广场，是东、西高崖居民日常交流活动的聚集地。其服务半径为500m，主要服务人群为本村村民和潜在的外来游客。

田间公厕选址位于村内农田间的道路上，是村中农户生产生活的必经之路。其服务半径为300 m，以公平和高效为原则在村内共设计4处，主要服务人群为本村农户。

立面设计

立面与村庄建筑风格协调，取材当地，符合村庄贫困特征。

立面分析图（李民健绘）

田间公厕设计

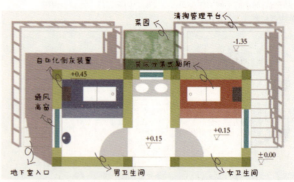

田间公厕平面图（李民健绘）

男女厕分开，各一个蹲位，考虑到村庄田间缺水，采用粪尿分集式旱厕，方便堆肥还田。屋顶设置太阳能电池板，充分利用当地光照资源。

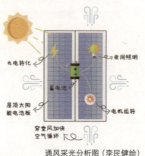

通风采光分析图（李民健绘）

通风采光分析

屋顶铺设太阳能板，结合蓄电池，充分利用光照，可以提供夜间照明电量。

梁下设计窗户，形成穿堂风效果，自然通风，加快空气循环。

粪便处理分析

设计自动倒灰系统，便后通过按钮触发，倾倒一定量的草木灰。厕所地下设计贮粪箱，方便堆肥还田。

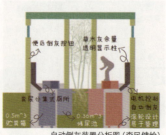

自动倒灰装置分析图（李民健绘）

堆肥还田

尿液放置数天，可以直接作为菜园肥料。

粪便经草木灰覆盖，干燥脱水，由专门负责人进行定期清掏，可作为肥料改良农田土壤。

实现无害化循环利用

效果图

田间公厕旁有绿色植物，处理过后可以直接浇灌植物。

田间公厕效果图（李民健绘）

广场公厕设计

区位分析

广场公厕位于高崖村荷塘广场当中，在东西高崖的连接处，有优美的荷塘景观。旁边有公共活动设施，吸引人流。

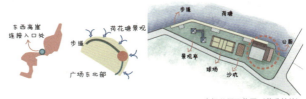

广场公厕区位图（蒋欣怡绘）

平面设计

公厕主体部分由男厕、女厕、残疾人卫生间和配套清扫间组成，设计了地下化粪池实现粪便无害化处理，处理后直接向池塘中排污。配有公共活动休憩区，拥有良好的景观条件。

广场公厕平面图（蒋欣怡绘）

效果设计

广场公厕效果图（蒋欣怡／李民健绘）

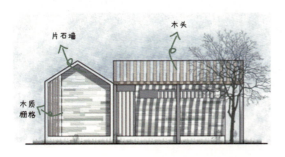

广场公厕立面图（蒋欣怡／李民健绘）

广场公厕效果图（蒋欣怡／李民健绘）

摄影作品

《牧羊》
摄影：王文露

造化钟神秀
摄影：王文露

《夕阳》
摄影：王文露

乡村振兴语境下的建筑设计下乡路径
——第一届南京大学乡村振兴论坛及成果展侧记

黄华青 周 凌

为发挥高等学校在人才培养、科学研究、社会服务、文化传承创新和国际交流合作等方面的作用，响应教育部2018年颁发的《高等学校乡村振兴科技创新行动计划（2018—2022年）》，南京大学建筑与城市规划学院于2019年4月26—27日举办了"第一届南京大学乡村振兴论坛"，同期进行了"2019年南大乡村振兴工作营成果展"。论坛的目的在于从理论与实践视角探讨新时代乡村建设中的问题，让乡村相关知识和经验实现多学科的交流互动。本次论坛和展览的举办有几方面原因：第一，党的十九大提出实施乡村振兴战略以来，中央农村工作会议紧接着做出具体部署，将实施乡村振兴战略作为新时代做好"三农"工作的总抓手、新旗帜；高校教师和学者应积极参与国家建设，以专业回报社会。第二，十八大报告与全国教育大会把立德树人作为我国教育的根本任务，教育部制订乡村振兴行动计划，鼓励学生参与乡村振兴社会实践，回应立德树人目标。第三，南京大学师生长期参与乡村研究实践，完成了多项课题与研究，乡村实践有一定的理论基础和实践经验。

本次论坛邀请了国内在此领域有成就的30余名著名专家学者与建筑师参加，包括来自北京大学、清华大学、东南大学、同济大学、南京大学、中国美术学院等高校的同行，涉及两个方面：一方面是宏观政策、乡村治理、乡村社会、乡村产业的探讨，主要报告人为长期从事乡村社会研究的著名学者、长期从事规划管理的住建部门老领导以及对最新乡村现象进行跟踪调研的教师；另一方面是乡村物质空间建设方面的讨论，由在乡村参与建设的建筑师、规划师参与，主要涉及乡村环境改善、乡村建筑修缮改造与创新设计以及乡村建筑设计方法与建造技术的讨论（图1、图2）。

在高校举办乡村振兴论坛有独特的意义。高校不仅是乡土建筑、乡村社会等学术研究的阵地，也是各个层面乡村振兴实践的重要力量。南京大学乡村振兴工作营取得的阶段性成果就是理论与实践结合的有益尝试（图3）。如南京大学副校长邹亚军在开幕辞中指出，南京大学一直有关注乡村的传统，建筑与城市规划学院举办的论坛与工作营活动不仅在南京大学具有重要价值，更是响应乡村振兴国家战略的号召，在扶贫攻坚、全面建成小康社会的冲刺阶段贡献高校力量。先后致辞的南京大学建筑与城市规划学院院长吉国华、清华大学建筑学院党委副书记张弘、东南大学建筑学院副院长鲍莉等，也高度肯定并展望了高校在乡村振兴中发挥的积极作用。高校拥有跨学科背景及人才储备优势，为建筑师下乡的路径提供了一种参考和契机。

1 为什么要"下乡"

本次论坛和展览举办的背景，既是乡村振兴事业发展到一定阶段必要的回顾与探讨，也是在城乡关系和乡村内部剧烈变迁的新时期，对"建筑设计下乡"路径的反思与展望。在历史视野下，乡村振兴是民国以来近百年的乡村建设、新中国成立70年来的乡村变革、改革开放40多年来的城乡发展、近20年来的新农村建设等若干视野与使命下的必然选择。从19世纪末开始，晏阳初、梁漱溟、陶行知等一批知识精英为挽救衰败的乡村社会和经济而发起"乡村建设"运动；20世纪末以来，在温铁军、

图1 论坛开幕式嘉宾与师生合影

图2 论坛现场

图3 2019年南大乡村振兴工作营成果展

杜晓山、茅于轼、贺雪峰、李昌平等一批"三农"问题学者的研究与实践中得到延续和发展。近年来，"建设社会主义新农村""美丽乡村""特色小镇""特色田园乡村"等一系列乡村建设动议在国家力量推动下快速重塑着乡村的物质环境、经济产业与治理模式。当代乡村振兴的初衷，一方面是城乡发展差距的不断扩大，乡村空间与社会问题日益凸显，反哺乡村成为城市发展到一定阶段的必要责任。另一方面，受食品安全、住房紧缺、交通拥挤、休闲匮乏等"城市病"困扰的主观原因，和拉近城乡关系的高速交通网、互联网经济等客观条件的驱使，乡村成为城市人渴求而可及的桃花源；农村"空心化"亦为城市资本转移、农民创业兴业带来契机，资本下乡成为制度与市场的双重选择。据研究，中国乡村至城市人口迁移对城镇化率的贡献达到 45% 以上，乡村振兴是在建设农村人与城市人共同向往的一片美丽家园与精神归宿。

建筑师"下乡"一直是乡村振兴事业中的积极力量。1950 年代中期，建工部就曾组织设计人员下乡辅助人民公社规划和建筑设计工作；1980 年代，在"建设一个农、林、牧、副、渔全面发展，农工商综合经营，环境优美，生活富裕，文化发达的新农村"的目标下，新农村建设转向对农村环境建设、农民自建房问题的关注，建设部门多次组织乡村建筑设计竞赛、通用设计图集编集；21 世纪以来，多次新农村建设浪潮将越发广大的建筑界推向"设计下乡"的前沿——从初期主要由慈善基金会赞助、集中在边缘地区和弱势社区的公益性探索，到十年前在大范围新农宅建设与灾后重建背景下的建筑师集体下乡，再到近年来在乡村旅游休闲、乡村产业振兴等促动下形成的愈发多元化、综合化的乡村建筑探索——建筑师参与的乡村项目不仅数量及规模急剧增加，地缘范围从边缘拓展至全国，乡村建筑本体的功能类型、建构方式与价值取向亦呈现出百花齐放的姿态。

当代乡村内部社会构成及城市关系的变迁，给建筑师提出了新的命题和挑战。一个相关前提是城乡协调视野下乡村不断增强的混合性：包括产业功能的混合、人口构成的混合、形态风格的混合。在西方发达国家乡村，随着工业化改变乡村生活基础、逆城市化加剧乡村社会变迁、乡村旅游活动普遍增长、全球化、新闻媒体和互联网普及等因素的驱动，西方国家乡村从 1990 年代起步入"后生产主义"时代，传统的粮食生产功能被高品质的食物生产、美好宁静的公共空间、居住用地、环境保护等多样化功能取代。在当代中国，乡村的多功能化趋势同样与社会构成的多元化产生互动。一方面因农村进城务工人口和留村人口形成以代际分工、半工半农为特征的农村家庭经营模式，城市的农村移民与家乡之间的密切联系形成一个时空压缩的城乡空间混合体；另一方面，农村集体经营性用地、空闲农房及宅基地得到盘活利用，土地流转政策的落实和推行，带来对农村土地价值的普遍预期，带动城市人群进入乡村旅游、休闲乃至兼业、居住。可以预见，大量随城镇化发展而进入都市圈范围的农村、小城镇和居民点，不仅将负担农业职能，也需承接和疏解从城市中释放出来的作为城市经济发展提升的必要职能；未来乡村将成为一个由乡村居民与迁入者、农业工人、休闲顾客、旅行者、土地所有者、政策制定者、媒体从业人员以及学术研究者等不同利益相关者的共同体验与表现所塑造的混合网络化空间。这为当代建筑师的"下乡"建构了新的前提。

2 乡村复杂性的多学科视野

在此语境下，建筑师需要重新认知乡村社会的构成，重新审视乡村建设的价值，重新反思乡村发展的路径。为此，三位跨学科专家分别从政府管理、基层治理、经济地理的视角，对如何认知和应对当代乡村的复杂性带来不同层面的启发。

江苏省住房和城乡建设厅原巡视员、中国城市规划学会副理事长张泉的报告《关于乡村三态的探讨——生态、形态、业态》探讨如何从生态、形态、业态的角度认知传统和当代乡村，并借助规划工具有效引导乡村保护和发展。生态层面包括环境生态、资源生态、景观生态、人文生态、社会生态等维度，强调在山水景观中的乡村规划要做到"六适"：功能适地、规模适度、设施适用、污染适治、景观适宜、管理适恒。形态层面，他提出"绿、土、小、曲、新"原则——"绿"强调乡村景观绿化的适生性、经济性、时效性、地方性；"土"指向三农文化、本地文化、土壤文化；"小"指乡村建筑体量不应太凸出；"曲"指向平面地形、空间地貌、建构筑物、植被绿化等多层次要素的设计原则；"新"则呼吁融入新观念、新生活、新科技，与时俱进。业态是乡村振兴的核心。产业发展是一个涉及文化保护、生产创新、人才培养、经营方式的综合性问题，需先进行包括产业规模、收入情况、生产组织方式、发展条件在内的传统产业梳理，进而制定发展战略、布局空间引导策略。最后他强调，乡村振

兴的核心是农民,关键在农业,如此才能借助乡村规划做好建设管理,寻求因地制宜、以人为本的长效发展策略。

北京大学社会学系教授、北京大学人类学民俗学中心主任朱晓阳的报告《关于乡村治理——从地势—生境视角》从乡村治理角度,重塑对乡村社会的认知以寻求介入乡村振兴的前提,从而实现有效治理,寻求乡村振兴的内生动力和可能撬动点。他指出,近20年乡村治理中的问题,包括国家下移、村政上浮等,造成行政村的"非社区化"及自然村被虚化,导致自治落空、法治不彰、德治无根。尤其是德治,依托于血缘/地缘性的乡村共同体(community),应有共同的生活方式和价值取向,是乡村治理内生动力所在。因此,自然村才是基层治理的自然单位,不能为了眼下的效率和直接效益,而牺牲国家安身立命的基础。他从"地势—生境"角度,认为大部分自然村并不"空心",原因是在当代中国的乡城两栖现象下,家庭的基本单位导致家庭成员在城乡之间的穿梭成为常态,自然村成为一个"空间上撑开的村庄",村庄的"生境"(niche)也扩张到一个包括乡下老家和县域城市的场域。最后他提出,要建立自治、法治、德治相结合的当代乡村治理体系,应确立自然村/村小组为社会治理的基层单位,以"空间上撑开的村庄"为基层治理单位,建设多元参与的基层治理组织——成立包括自然村/小组、村民代表、行政村代表、返村乡贤、"旅外人士"和驻村社会组织的村庄理事会。在清晰认知过去半个多世纪中国乡村社会的社区性及其空间边界的基础上,只有保障乡村作为空间/地势/生境存在,才能谈"振兴"。在此振兴即让其"自然存在",让其自治存在。

南京大学建筑与城市规划学院教授罗震东的报告《移动互联网时代的新乡村》面向未来,积极展现了移动互联网发展给乡村带来的机遇。他认为,移动互联网时代传播的去中心化、碎片化、高频化,使城乡营销的主体、模式、广度发生转变;移动互联网用户的分布下沉,成为农村网民传递和满足物质与精神需求的主要载体,给乡村带来多层面的机遇。例如"网红"现象促进了乡村及乡村美景的营销推广,淘宝村推动了普通乡村产业的兴旺,"直播"销售则重塑当代城乡空间。这类新经济驱动的新乡村,正在掀起一轮迅猛的乡村产业化与城镇化浪潮,促发了乡村生活方式的系统变革,同时又反向促进传统产业的升级、产业链的延展。最后他总结了移动互联网对乡村社会的三方面积极意义:第一,乡村信息基础设施建设作为乡村振兴的重要阶段,有助于弥合城乡信息鸿沟,弥合地理空间阻隔;第二,高质量的内容生产日益凸显,如乡村传统手工艺、分散化生产设施得到复兴,乡村环境特色得到尊重和凸显;第三,乡村人居环境的改善更加迫切,对乡村公共服务设施和基础设施建设的需求日益提升,应致力于让乡村为完整的家庭日常生活提供良好的支撑。

3 建筑学的路径探讨

在多学科讨论的基础上,本次论坛邀请的八位建筑师结合在乡村中的实践与研究,主要从两个层面继续呈现了建筑师介入乡村振兴的基本路径。一方面是对乡土建构文化的传承与重塑,从建筑选址、布局到形式层面对乡村肌理的修复及对自然环境的融入,到在材料、构造、细部层面对乡村传统的传承及新技术体系的介入,试图通过建筑唤醒乡里人、城市人对乡村文化的认知及认同。另一方面是对社会性介入的探索,有些建筑师营造片段的、时尚的空间,以心无旁骛的方式复兴乡村的仪式感,塑造乡村对城市消费者的吸引力;有些建筑师则将建筑作为社会触媒,通过本地化、参与式的建造方式,直面当代乡村更严峻、系统化的政治/社会/经济问题,引导村民身份与场所感的重建。

清华大学建筑学院教授、素朴建筑主持建筑师宋晔皓的报告《可持续的乡村修复》认为,乡村修复不仅要应对在乡村空间环境凋敝境遇下,对乡村肌理和公共空间的物理修补,也要针对乡村的空心化、老龄化等问题,寻求社会修补的可能性。在尚村竹蓬乡堂项目中,建筑从老屋废墟蜕变为村民公共活动场所的过程,带来从空间到社会层面修复的契机。一方面是村落空间的修补、场地的整理,决定了建筑的功能与布局;材料选择及形式创造则来自快速建造要求下的结构合理性。另一方面,在规划、建筑与社会学学者的共同介入模式下,村民全方位参与建筑的策划、建造到使用过程中;村中借此机会成立村民合作社,联合管理村内公共设施与资源,为村民自治打下基础。此外,宋晔皓教授将1990年代张家港生态农宅实践开始的对农宅性能的长期关注贯穿于设计中,如池州奇峰村村史馆,在大部保留重修的情况下仅通过增加天窗,改善室内采光通风环境。他总结,建筑师在乡村的工作不只是形式创造,核心是如何在建筑层面对乡村居住舒适度有所贡献(图4)。

同济大学建筑与城市规划学院教授、创盟国际主持建筑师袁烽的报告以《数字人文时代的乡土建构实践》为题,阐述了数字化建造技术对传统技艺和当代乡村带来的变革。他认为,机器人建造技术作为一种新的技艺,为当代农村提供了更高的建筑品质和性能；由此，建筑未来的形态不一定是以完全协调的姿态面对，可以以全新的视角来看待乡村建筑。在成都竹里项目中，通过机器人建造的预制木结构体系，实现超短时间的、高质量的现场拼装建筑实验；同时它作为乡村产业复兴的引擎，让乡村拥有了能够承载新知识结构的新生产方式，继而构成一个社会生产体系，面向更大范围的田野场景，在农村、农民层面激发更深刻的内涵。他将建造作为一种产业化的研发过程，包括新技术、新工艺、新工具的开发与实验，进而大胆提出一种基于不同设计师、农民的能力与介入程度的超小型、定制化、批量化建筑服务体系，面向更广大的基层农村，以构想未来建筑与社会更可持续互动关系的前景（图5）。

图4 尚村竹蓬乡堂

中国美术学院建筑学院副教授、山上建筑事务所主持设计师陈浩如的报告《可持续的乡村建造》，指向另一种传承乡村文化与技术传统的路径，即建筑师与农民共同参与的一种自然主义自建活动。他提出，中国乡村不仅仅是个粮食生产基地，而且具有诗意和艺术的传统。乡村建筑一直倡导就地取材，本土而生，在山水之间自然融合。自然主义建筑，就是要寻求一种乡村中原真的、没有建筑师的建造状态。如临安太阳公社的猪圈、鸡舍、鸭寮等项目，用当地的竹子、茅草和农民劳动力，基于传统建构方式，不仅建造资金很低，也通过当地人的参与而将建造获益留在村里。他试图以建筑作为一种"乡建宣言"，通过全村人参与的集体营造，保持乡村自建的传统；鼓励乡村不仅向城市输出劳动力，也要输出文化和技术传统。最后，他认为"没有建筑师的建筑"这一乡村建筑传统是由背后的社会体系及规则所塑造的。下乡建筑师应积极思索如何回归建筑师的责任，回归悟性的表达（图6）。

图5 竹里

南京大学建筑与城市规划学院教授、副院长周凌的报告《乡村的功能修复与风格修复》，从功能修复和风格修复两个视角，探讨建筑师介入乡村所面临的主要问题及可能的解决路径。他认为，修复不仅意味着建筑学意义上对真实的建构传统进行克制的、面向历史的恢复和重塑，也要探索在社会意义上如何恢复乡村的功能、乡村的秩序和在城乡体系中的位置。因此，乡村的风格修复是建筑学问题，乡村的功能修复则是社会学问题。他回顾了明清以来包括自治、宗教、语言等层面的乡村治理政策，到现代主义以来城市发展的空间结构经验，提出乡村的功能修复和风格修复是乡村振兴的一体两面。例如在南京江宁的苏家文创小镇，随着大城市近郊乡村被纳入都市圈的功能体系中来讨论，乡村提供面向城市的服务功能也就成为自然现象，成为建筑操作的前提；在徐家院特色田园乡村，他则探讨了在江苏这类风貌极为普通的乡村，如何借鉴宁镇地区民居的实用性建造传统，塑造一种当代而可溯的建构体系，并通过功能和业态的植入为这类乡村寻求出路（图7）。

图6 临安太阳公社猪圈

中国建筑设计研究院城镇规划总建筑师、本土中心研究室主任郭海鞍以《竹木砖瓦——新乡土文化改变乡村》为题，从建构文化与社会参与两个层面讨论了介入乡村的不同方式。他通过对近现代乡村所经历的经济衰败和"文化堕距"现象的剖析，发现乡村失去文化自知和自信，是导致乡村传统建筑材料衰败并转向城市材料的主因，乡村风貌也因此走向失序。在玉山昆曲学社项目中，基于对玉山雅集中的物境、情境的提炼，促进当地文化的复兴，在建构中探索竹、砖、瓦等传统材料的传

图7 南京徐家院村民中心

133

图 8 昆曲学社

图 9 唐山乡村有机农场

图 10 东梓关回迁房

图 11 蒋山渔村改造

承与现代演绎。通过这个项目，乡村肌理得到恢复，尤其是村民开始对昆曲、家乡和家乡的建筑有了认知和认同。在尚村的快速竹结构施工试验中，项目组只用一两天、一两名竹匠，探索一种以地方技艺、地方人力介入地方环境微更新的理想模式，继而在乡村栖居地激发出深远的社会人类学、现象学内涵。这种社会学视野的乡村介入，从与地方社会组织、村民个体以及个体栖居空间的互动场域中，寻求一种轻微、谦卑的介入模式，试图让建筑师在乡村消隐，从微小的设计开始慢慢改变乡村（图8）。

中央美术学院建筑学院副教授、建筑营设计工作室主持建筑师韩文强的报告《从城到乡》表达了面向乡村建筑的另一种坦然态度，以此在地方建构一种新空间场所的表达。由于其项目的非典型功能及使用群体，他得以剥离大多数乡村建筑面临的具身性和社会性环境，超然地坚持对于建筑品质及空间感的本体性追求。从旧城改造的扭院儿、曲廊院等项目开始，经历"从城到乡"的历史环境变迁，他认为建筑应是中性的，根本上是对新的变形、空间场利和复合使用的探讨。如唐山乡村有机农场，既是一栋缺乏周边环境限制的独立建筑，也是一个自成一体的小聚落，高水平的木结构施工确保了建筑的空间品质；水岸佛堂同样在抽象的自然场景中，试图从形态、功能、结构和材料层面接近一种自然的状态，营造一种自持的美学。在他看来，乡村在一定意义上是城市的延伸，尤其是在这类"在乡村而不是为乡村"的建筑，城市消费功能作为使用的主要面向，建筑的高品质、追逐时尚的空间感自然成为更真实和理性的选择（图9）。

gad•line+studio 主持建筑师孟凡浩的报告《与日俱新，回应自然》讨论了如何在建筑形式操作层面，创造适于当代乡村社会条件的新传统，并在人工与自然之间寻求平衡。杭州东梓关回迁房作为移动互联网时代最成功的建筑现象之一，其价值不仅在于形成了一个具有乡村旅游价值的"网红"村，更在于如何在建筑层面协调解决低造价的工业化材料以及农民对性价比、公平性、日常性的需求与建筑形式及空间原形之间的矛盾，进而衍生出一种普遍性的推广价值。在另外几个地处风景优美的传统村落中的商业项目——如松阳陈家铺飞鸢集民宿、松阳揽树山舍、建德渔香茶舍中，他孜孜不倦地探索了如何借助建筑形式塑造"自然化的人工"与"人工化的自然"，用发展寻求真正的保护，也逐步形成一套适应于这种独特乡村环境的形式语言和建构体系（图10）。

图12 圆桌论坛

米思建筑主持建筑师周苏宁的报告《乡村建筑社会性与体验性实践》，同样以新一代建筑师擅长的一种时尚、精致、内向的仪式感，提供了在近郊型乡村中面向城市消费人群为主的前提下乡村闲置空间再利用的设计策略。扬州春沁园休闲农庄改造是面向小城镇新兴行业需求的场景式表达，以奇观化的方式为当代乡村日益兴盛的公共娱乐活动提供所缺乏的大型公共空间。蒋山渔村的片段式更新实践中，面对作为城市空间延伸、环境单调乏味的城市近郊乡村，通过微小的更新策略在老屋改造中重塑内向、自持的礼仪性，营造符合当代美学的精致感和体验性，从而构想了修复当代乡村空关房的一种策略（图11），寻求一种轻微、谦卑的介入模式，试图让建筑师在乡村消隐，从微小的设计开始慢慢改变乡村。

4 讨论与反思

最后，在南京大学鲁安东教授、同济大学戴春教授、东南大学李华教授共同主持的圆桌论坛中（图12），进一步针对建筑师介入乡村振兴的论题进行了激烈讨论，主要集中在两方面。其一，乡村究竟仅仅是为当代建筑师提供了一个异质化的干预背景，还是作为乡村条件下一种新的建制，对建筑学本体问题带来另一种思考方式与可能解答？乡村建筑应作为从建筑类型、建筑形式、建造方式到建造技术等方面的自省性探索，还是回应社会性、回应使用端变化的一种开放性研究？是否需要、是否能够打破城乡建筑的边界？建筑学能否通过对乡村经济社会文化的综合回应，提供一个关于乡村未来的整体图景？建筑师介入乡村，收获的不仅是经验，还应展现新的理念。其二，建筑介入乡村的能动性问题。城市化建筑体系和美学的介入，尽管在面向城市消费者、具有地缘优势的近郊型乡村具有一定意义，但如何克服费孝通所谓的"文字下乡"困境，适应乡村这一"非标社会"的种种限制和机遇，挖掘和发挥建筑的能动性，进而融入和改变乡村生活，将成为一个长期的社会问题。在此意义上，要振兴乡村，贯彻以人为本的社会性思考，在功能和文化层面重建乡村的尊严、重建乡村在当代城乡体系中的位置，将成为建筑设计下乡应该坚持的原则；而建筑师作为乡村不可或缺的整合者和能动者，也必将在乡村发挥持续、重要的角色。

图片来源：图1～图3、图12 孙磊、谢军、黄瑞安摄；图4～图11 由建筑师提供

图书在版编目（CIP）数据

知行路上：南京大学乡村振兴工作营·2019 / 周凌等编著. — 南京：东南大学出版社，2019.12
（南京大学建筑与城市规划学院乡村实践丛书）
ISBN 978-7-5641-8751-4

Ⅰ. ①知… Ⅱ. ①周… Ⅲ. ①农村 – 社会主义建设 – 成果 – 汇编 – 中国 – 2019 Ⅳ. ①F320.3

中国版本图书馆CIP数据核字（2019）第285835号

书　　　名：	知行路上：南京大学乡村振兴工作营·2019 ZHIXING LUSHANG: NANJING DAXUE XIANGCUN ZHENXING GONGZUOYING · 2019
编　　　著：	周　凌　华晓宁　黄华青
责任编辑：	魏晓平　姜　来
出　　　行：	东南大学出版社
地　　　址：	南京市四牌楼2号　邮编：210096
出　版　人：	江建中
网　　　址：	http://www.seupress.com
电子邮箱：	press@seupress.com
印　　　刷：	南京新世纪联盟印务有限公司
经　　　销：	全国各地新华书店
开　　　本：	700 mm × 1000 mm　1/16
印　　　张：	27
字　　　数：	890千字
版　　　次：	2019年12月第1版
印　　　次：	2019年12月第1次印刷
书　　　号：	ISBN 978-7-5641-8751-4
定　　　价：	150.00元（全三册）

（若有印装质量问题，请与营销部联系。电话：025-83791830）